U0919318

国家"211"工程二期项目报告

中外传媒体制创新丛书

主编 童兵 副主编 孟建 张涛甫

唐亚明 王凌洁 / 著

英国传媒体制

British Media System

图书在版编目（CIP）数据

英国传媒体制 / 唐亚明，王凌洁著. —广州：南方日报出版社，2007.4
ISBN 978-7-80652-598-2

Ⅰ. 英… Ⅱ. ①唐…②王… Ⅲ. 传播媒介—体制改革—研究—英国
Ⅳ. G219. 561

中国版本图书馆 CIP 数据核字（2007）第 040456 号

英国传媒体制

著　　者：唐亚明 王凌洁
出版发行：南方日报出版社
地　　址：广州市广州大道中 289 号
电　　话：（020）87373998-8502
经　　销：全国新华书店
印　　刷：佛山市浩文彩色印刷有限公司
开　　本：787mm×1092mm 1/16
印　　张：17. 75
字　　数：350 千字
印　　数：1-4500 册
版　　次：2007 年 5 月第 1 版
印　　次：2007 年 5 月第 1 次印刷
定　　价：35. 00 元

投稿热线：（020）87373998-8503　读者热线：（020）87373998-8502

网址：http://www.nanfangdaily.com.cn/press　http://www.southcn.com/ebook

目录

目录 MULU

目录 MULU

下编
广电产业篇

目录 MULU

总　序

为传媒体制改革提供理论支持

童　兵

这是一套以中国文化体制改革，特别是以中国新闻传媒体制改革为研究对象的书系，共计10本。其中4本分别考察中国报刊、广播电视、出版、网络等传媒的现行体制及其改革，1本不揣冒昧地研制了一套观察与评估体制优劣的结构模型与指标体系。另外5本则由五位考察过美国、英国、日本、俄罗斯、韩国传媒体制的专家执笔，评介这些国家传媒体制的形成、特色及沿革，以作他山之石，为中国传媒体制的改革与创新提供参照与借鉴。

这套书系是复旦大学新闻学院“211”工程二期的子项目“中外传媒体制创新”的主要成果。这个子项目花费了课题组十余位成员两年多时间和不少的精力。在这800多天时间里，我们几次赴中央文化体制改革与发展主管部门请示、求教和研讨，四出拜访考察传媒体制改革试点单位和取得初步成效的单位，几次三番地约见专家学者恳谈讨论，千方百计地收集与研讨各国传媒体制改革创新的经验与教训，课题组成员无数次地围坐在一起分析与梳理传媒体制创新的意义、特点、政策、步骤、模式、方法、利弊……上下结合，内外协作，齐心协力，才有了这套浸润着团队汗水心血，展示着初步发现与集体智慧，但依然不那么成熟与完善的研究书系。

一

“中外传媒体制创新”课题的结项，是我们不断深化对中国文化体制改革，尤其是对传媒体制改革重要性与必要性认识的结果。课题的推进，是我们课题组的认识不断拓展的过程。

以党中央、国务院的名义颁布文件《关于深化文化体制改革的若干意见》，这在新中国50多年的历史上还是第一次。这充分表明，以胡锦涛为总书记的党中央对社会主义文化建设的高度重视，标志着我们党和中央政府对社会主义文化建设规律的认识达到的新的高度和新的境界。当今世界，文化与经济、政治相互交融，在综合国力竞争中的地位与作用越来越突出。文化的力量，是一个民族生命力、创造力、凝聚力的重要体现。大众传媒的受关注度及其巨大的全球影响力，被称为一个国家的软实力，是一个国家综合国力的主要构成要素。文化产业在世界各国正在成为或已经成为最重要的支柱产业之一。而在构成文化的各个部类中，大众传媒是一个起着顶梁柱作用、塑造国家形象和展示民族精神的重要部门。传媒产业是诸种文化产业中集聚着巨额资本、具有极强的产业孵化和资本增殖功能以及可持续发展活力的大产业。因此，本课题研究的重点是中国的大众传媒产业，只是在研究产业政策时，才在一般层面上讨论文化和文化产业。本课题立项时取名“中外传媒体制创新”，也是出于这样的考虑。

在研究中，我们深深感到，正是人民群众日益增长的文化需求，呼唤着中国的文化体制改革，特别是传媒体制的改革与创新。由于物质生活水准的提升，广大人民群众的文化消费能力大为提高，生活质量的改善也使他们有了更多的休闲时间。今天，中国人的精神文化需求正在向多方位、多层次、多样化的方向发展。随着经济全球化和跨文化传播的深入，人们对外来文化的需求也不断扩大。面对这么普遍和迫切的群众文化需求，我们的传媒产业现状如何呢？从数量上看，改革开放20多年来，传媒业有了长足发展，林林总总，增长了10倍、20倍，但传媒布局和设置不尽合理、不尽平衡的问题还远没有解决。从质量上看，过去那种“千报一面少特色，上传下达少新闻，舆论一律少监督，高调自赏少知音”的旧格局、旧脸孔有了很大改观，但离让亿万群众对我们的传媒感到可信、可亲，喜闻乐见，爱不释手的喜人局面仍有相当大的距离。如此众多的传媒依然无法满足群众广泛的文化消费需求。

在新的传媒生态条件下，不少传媒由于旧体制的保护和老传统的痼疾，加上新的形势下新体制的缺失和不健康传播习惯的惰性，在市场经济大潮冲击下，又出现了新的弊端。诸如“明星取代了模范，美女挤走了学者，绯闻顶替了事实，低俗代替了庄重”等所谓“娱乐对文化的全覆盖”，使传媒远离文化，文化人成了“商人”（不是有真正人格的顶天立地的商人）。

体制是根本的组织制度，是特定社会制度下社会组织对资源进行配置、管理的制度安排和结构方式。只有坚定不移、大刀阔斧地实行体制改革，才能祛旧布新，才能使中国的传媒成为群众欢迎的传媒，使记者成为群众满意的文化使者；才能使中国的传媒适应新的时代要求和新的生态环境，满足亿万群众的广泛多样的精神文化需求。

在研究中我们还认识到，党中央全面建设小康社会和社会主义和谐社会的远大理想，呼唤着推进传媒体制改革与创新。小康社会是物质文明、政治文明和精神文明高度发展的社会，和谐社会是人们的物质需求、民主需求和精神文化需求得到充分满足，人得到全面发展并相互间平等、幸福相处的社会。在这个社会里，大众传媒固有的传递信息，沟通意见，传承文化，娱乐身心，促进经济、政治、文化、社会事务自由有效展开的功能要得以充分实现，前提是传媒本身具有良好、科学、高效的体制。只有这样，人民群众才能够自由而及时地收受未知而欲知的信息，能够就国家事务、社会事务等公共问题充分而公开地表达自己的意见，能够对执政党和政府的行政行为和官员品质实施无畏而彻底的监督问责，能够参与对报刊、广播电视、互联网等大众传媒的管理与检查。而我们都清楚，目前的传媒体制还难以保障上述在小康社会、和谐社会必须具备的传媒功能的实现。因此，传媒体制的改革与创新，必须尽早提到改革创新的议事日程上来。

社会主义市场经济的建设，也呼唤着传媒体制的改革与创新。长期以来，我们对公益性文化事业和经营性文化产业不加区分。文化主管部门习惯于用计划经济的一套理念和办法办文化、管文化。作为重要文化部门的大众传媒，始终作为党的宣传思想工作部门，游离于社会主义市场经济体系之外，被视作单纯的意识形态部门而忽视其文化产业属性，市场机制在传媒业资源配置中的基础性作用难以发挥。对于传媒业的布局、运行、盈利、竞争也不善于甚至不会使用市场经济手段加以引导与规范。中国的传媒业还没有完全进入市场经济状态，还没有同市场经济体制接轨，同其他产业的市场化水平相比有着很大的差距。因此，加强传媒体制改革，使之同社会主义市场经济体系相适应，在当前显得十分重要和迫切。

传媒业不仅是党领导下的重要的思想舆论工作部门，它还是在社会生产中占有很大份额的支柱产业。在当今世界，像中国这样由党和政府把一大批传媒包下来、养起来的国家大概已经很少了。从产业发展的角度看，中国传媒业也必须及早走向市场，建立同市场机制相适应的，不仅能够经济自立，而且能为社会产出财富的新型传媒业体制。

推进以法制化、民主化为重要内容的政治文明建设，同样呼唤着中国传媒体制的改革与创新。社会主义市场经济是法制管理和调控下的有序经济，依法治国是建设小康社会、和谐社会的重要保证。长期以来，党和政府对中国大众传媒的领导与管理，以政策调节、领导人指示、阅评监控为主要手段，缺乏完备的传媒法律体系和成熟的文化执法经验。《中共中央关于加强党的执政能力建设的决定》提出要求："善于使党的主张通过法定程序成为国家意志，从制度上、法律上保证党的路线方针的贯彻实施，使这种制度和法律不因领导人的改变而改变，不因领导人看法和注意力的改变而改变。"这一要求对于传媒业体制的改革具有特别的针对性与现实性。改革开放20多年来，相对于经济立法，文化立法尤其是新闻立法，显得更为不足。这种不足，同传媒业落后的体制不无关系。因此，从依法立国的长远方针来看，抓紧传媒业体制改革与创新，也就更为迫切，更为重要。

最后，从新闻传播学教学与科研来看，推进传媒体制改革与创新也有着重要的现实意义。中国从1992年确立社会主义市场经济体制以来，经济改革突飞猛进，经济体制改革的成效尤为明显。在传媒业，印刷、发行、广告、资本运作、人事管理、技术装备等下游部门不断传来改革的消息，有关这些部门改革创新的论文也时有所见。可是一涉及采写编评等上游部门同体制改革相关的问题，讨论便戛然而止，文章更难以面世。在新闻传播学科的教学与科研工作中常常出现这样令人不解的情况：不管业界的改革实践多么轰轰烈烈，学校的讲坛和学术期刊常常远离实践，远离改革，对体制的改革与创新总是退避三舍。论文不敢触及那些业界最为关注、最需要理论支持的有关传媒体制的所谓敏感问题。现在好了，借中国文化体制改革的春风，有关传媒体制与机制的讨论不仅可以自由展开，而且已经成为学术刊物和学术会议最受欢迎的话题。相信通过对传媒体制改革与创新的研究，必将有力地推动有中国特色的新闻传播学学科建设，推动新闻传播教学与科学研究向纵深发展。

总而言之，排除各种障碍，积极深入地进行传媒体制改革与创新，于国于民，于社会主义市场经济和传媒产业，于新闻学科建设和新闻传播教育，都是非常重要和十分迫切的。参加"中外传媒体制创新"项目的同仁们，正是本着这样的神圣使命感，投入到这个项目的研究和这套书系的写作的。

二

传媒体制如何正确进行改革与创新？我们是在对传媒体制不断进行考察、分析与研究中逐渐厘清思路的，是在对大量传媒体制改革的案例进行解剖与分析比较中加深认识的，是在学习与领会中央关于文化体制改革一系列文件精神过程中统一思想的，是在借鉴吸纳许多专家学者的研究成果中拓展视野的。我们在这种不停的学习、考察、思考、讨论中，使自己的研究心得趋于理论化、系统化，并最终呈现为奉献给各位读者的这套书系。

传媒体制改革与创新，首先要以科学发展观为统领，牢牢把握先进文化的前进方向。传媒体制改革与创新的目的是为了满足人民群众日益增长的精神文化需求，为了巩固发展社会主义思想舆论阵地，因此必须贯彻为人民服务、为社会主义服务的根本方向，坚持“双百”方针，大力发展先进文化，支持健康有益文化，努力改造落后文化，坚决抵制腐朽文化，把实现好、维护好、发展好人民群众基本文化权益作为改革的根本出发点，把围绕中心、服务大局、贴近实际、贴近生活、贴近群众，作为传媒体制改革的基本价值追求。

其次要不断地解放思想，与时俱进，树立新的传媒发展观。在经济全球化和跨文化传播不断拓展的新环境下，我们要随着媒介生态和传播任务的发展变化，自觉以新的观念看待新的事物，以新的思维研究新的情况，以新的方法解决新的问题。要坚决冲破一切妨碍传媒发展的思想观念，坚决改变一切束缚传媒发展的做法规定，坚决革除一切制约传媒发展的体制弊端，做到思想上不断有新解放，理论上不断有新发展，实践上不断有新创造。

第三要根据中央的统一部署，两手抓，两手硬，实现“两个轮子一起驱动，两个翅膀一起振飞”。一手抓公益性传媒事业，一手抓经营性传媒产业，努力实现社会效益和经济效益的统一。正确区分公益性文化事业和经营性文化产业，是十六大以来我们党对文化建设规律认识的新成果，是深化文化体制改革的基本思路。发展公益性文化事业是国家向社会提供公共文化服务的重要手段，要坚持以政府为主导，鼓励社会参与，在改革中贯彻“增加投入，转换机制，增强活力，改善服务”的方针，最大限度地发挥公益性文化事业的社会效益。发展经营性文化产业是在社会主义市场经济条件下繁荣发展社会主义文化，满足人民群众精神文化需求的重要途径，要充分发挥市场配置资源的基础性作用，坚持以市场为导向，贯彻“创新体制，转换机制，面向市场，壮大实力”的方针，调动社会力量参与，在市场竞争中发展壮大。传媒业也是这样，一部分维持公益性传媒事业性质，一部分转型为经营性传媒产业，按中央的不同要求积极实现机制转换，服务群众，占领市场，最大限度地发挥传媒引导社会、教育群众、推动经济发展的功能。

第四要注意把握传媒体制改革的规律和特点，既要积极，又要稳妥。大众传媒一方面具有意识形态属性，一方面又有产业属性。传媒体制改革与经济体制、政治体制改革相比，有共性也有个性。传媒体制改革，既要遵循改革的一般规律与特点，又要遵循社会主义思想文化建设的特殊规律与特点；既要顾及各种传媒事业、传媒产业的普遍特点，又要顾及不同介质的传媒事业、传媒产业的个性；既要积极抓紧，又要稳妥有序。

第五要正确把握改革创新的目标和任务。中央深化文化体制改革的目标任务是按照以发展为主题、改革为动力、体制机制创新为重点的要求，努力实现“六个形成”，即形成科学有效的宏观文化管理体制，形成富有效率的文化生产和服务的微观运行机制，形成以公有制为主体、多种所有制共同发展的文化产业格局，形成统一、开放、竞争、有序的现代文化市场体系，形成完善的文化创新体系，形成以民族文化为主体、吸收外来有益文化，推动中华文化走向世界的文化开放局面。以这“六个形成”为参照，大众传媒体制改革的目标任务大致可以这样规定：经过一个时期的改革实践，形成党和政府科学有效管理传媒事业与产业的体制，形成一套传媒生产与服务社会的高效运行机制，形成以党报、国家通讯社、电台和电视台为主流传媒，各种资本依法进入的各种介质传媒共同发展的传媒产业新结构，形成舆论导向统一、实现有序竞争的富有活力的传媒市场体系，形成领导有力、传媒自主、群众参与的传媒生产与管理创新体系，形成以本国文化为主体、吸收外国有益文化，推动中华传媒走向世界的传媒开放新格局。

根据中央的要求和部署，为实现文化体制改革的“六个形成”的目标任务，目前列入文化体制改革的各种文化事业、文化产业部门正着手抓好重塑市场主体、完善市场体系、改善宏观管理、转变政府职能四个环节。中央指出，抓住这四个环节，就抓住了改革的关键，抓准了改革的突破口，就能推动改革顺利进行。这一分析十分正确，完全符合文化体制、传媒体制的实际。这里，结合传媒界实际和这些年传媒体制改革试点单位的经验，谈一些不成熟的看法。

一是要下决心，把那些符合政策规定的传媒培育为真正的文化市场主体。试想，一个不被视为市场主体的传媒，如何走向市场？如何在市场上大显身手？因此，属于经营性文化事业单位的传媒，在条件成熟之后，要鼓励、支持它们坚决转制，成为经营性传媒企业，划归传媒产业。同时，要积极推动有实力、有规模的国有传媒企业进行公司制或股份制改造，使之成为传媒市场的主导力量和传媒产业的战略投资者。要鼓励和支持民营企业有序进入传媒产业，参与传媒产业改革和建设，共同把中国的传媒产业做大做强。

二是要下大力气完善传媒市场体系，充分发挥市场机制作用。当前，首先要下决心建立传媒市场的准入与退出机制，让那些符合法律规定、具备一定实力、通过合法程序的传媒进入市场，把业绩很差、失去活力、屡次违反市场规则的传媒清除出市场。为此要通过立法手段，建立合法、合理又便于操作的准入与退出规范及指标体系，建立由政府主管部门和相关人士组成的公正、有水准的执行机构。要积极促进完善市场中介机构和行业组织，提升这些机构和组织的权威性、公正性和活力。还要鼓励和支持有实力的传媒企业实施“走出去”战略，主动参与国际传媒市场竞争，打造一批具有国际竞争力的传媒骨干企业，扩大我国传媒业在国际传媒市场的市场占有率并增强传媒影响力。

三是要进一步解放思想，不断创新传媒管理体制，提高宏观管理能力。为此，首先要健全和完善党委领导、政府管理、行业自律、传媒企事业单位依法运营的具有中国特色的“四管俱下”的传媒管理体制，努力提升党委管媒体的执政能力和政府监管媒体的行政水平，尊重传媒行业组织，增强传媒行业组织在自我调控中的信誉、权威和能力。传媒事业与传媒企业依法运营，照章办事，充分发挥积极性与创造性，自觉接受党委、政府的领导管理以及行业组织的协调监督。其次，要健全与优化党委领导与法人管理结构相结合的新型传媒企事业单位管理体制。党委对传媒企事业的领导，主要是管方向、管路线、管政策、管干部，抓大政方针，抓编辑方针，抓舆论导向。而传媒企事业作为独立的企业法人或事业法人，是独立的市场主体，完全有权依法行使自己的职权。对此，一些党委与政府还不适应，还缺少相应的运作机制。促进党委领导与法人管理结构相结合的新型管理体制的完善，是今后一项重要而迫切的任务。要创新传媒管理体制和提升宏观管理传媒的能力，还要大力推动新闻立法。党管媒体长期以来主要靠新闻政策和领导人指示。这些政策与指示针对性强，但常常缺少稳定性，难免会受到领导人关注重点和执政风格的影响，主观随意性比较明显。随着传媒体制改革的深入，要努力在新闻立法的过程中，实事求是地对这些政策和指示来一番清理，把行之有效、对目前中国传媒依然有指导性和约束力的政策通过立法程序转变为国家意志，即法律化，而将那些已失去指导性、已不再适用于现今环境与形势的政策与指示，坚决废除。同时，要下决心，排除一切障碍，尽早完成传媒管理的基本大法的起草与出台，彻底改变传媒运作无法可依以及低层次规章管理代替传媒大法的落后状态。

四是要自觉转变政府职能，彻底理顺政事、政企关系，改变以党代政、以政代法、政事与政企不分的现象。中央要求，必须适应发展社会主义市场经济的要求，实现政府职能由办文化向管文化转化。贯彻和落实这个要求，是文化体制改革的重要任务和关键一环。传媒主管政府部门要划清职责，做到政企分开、政事分开、政资分开、政府与市场中介组织分开，从根本上做到职能分开、机构分设、财务分离、人员分列。在此基础上，政府主管部门要积极推进依法行政，改换管理方式，创新管理手段，努力实现以行政手段管理为主向综合运用法律、经济、行政等手段管理转变。同时，要力求政务公开，规范程序，减少环节，增加透明度，提高公信力，增强服务意识，健全服务职能。

我们相信，不折不扣地按照中央的规定和部署去推进传媒体制改革与创新，积极稳妥地把每个环节的工作做深做细，中国新闻传媒体制改革工作一定能够顺利完成并不断深化创新。我们课题组为这套书系设定的任务，就是为报刊、广播电视、出版、网络等传媒的体制改革提供成功的范例，并展示美国、英国、日本、俄罗斯、韩国等五国相应的情况和经验，以作参考借鉴。作者自己对这些范例与经验的解读是次要的，根本之点在于向读者们提供的必须是真经，是可资借鉴的有用的东西。我们期待着改革者能够从中发现“金子”，给中国的传媒体制改革添一把火，加一把力。

三

中央文化体制改革工作培训班结束之后，各省市自治区马不停蹄地举办相似的培训班。目前，包括传媒体制改革在内的文化体制改革正在中国大地有序地、紧张地展开。

这样一项伟大的事业，其难度与规模空前巨大，肯定会出现一些设计者、领导者、参与者意料之外的问题与困惑。这是十分自然的事。尤其是传媒体制改革，意识形态特征那么鲜明，历史的传统与历史的包袱同样那么沉重，人们对其又是那么关注，出现一些问题与困惑是不可避免的。传媒体制改革只能且行且思，且做且善，态度要十分积极，行事又必须非常谨慎。

我们在调查、考察与研究分析中，觉得传媒体制改革有三个困惑应该引起主管部门和参与者的高度关注，并努力去破题与解决。

第一个困惑是“两分开”。中共中央、国务院《关于深化文化体制改革的若干意见》中规定，新闻媒介中的广告、印刷、发行、传输网络部分，以及影视剧等节目制作与销售部门，可从事业体制中剥离出来，转制为企业，进行市场化运作，为主业服务。以此规定，新闻媒介将呈现一体两制的状态，即传媒下游部门为企业，上游部门如采访、编辑、评论，也就是内容生产部门为事业。这样的改革思路，符合国际上编营分开的原则和传统，有利于采编人员全心全意投身于新闻一线工作，也有利于防范商业因素对健康的采编机制的侵蚀。但从操作层面上看，目前的规定尚有不小的困难，个别细则，看来也有进一步改进的必要。这是因为：一、作为下游产业的投资方，下游产业的盈利手段必须依托上游部门的业绩，广告的吸纳、印刷的数量、发行的扩张，主要由编辑部工作状态的优劣决定。投资者会把眼光紧紧盯着上游部门的动作，没有相应的运作机制，投资者的积极性与能动性就会大打折扣。二、上游部门的投入产出，人力资源的组织与运作，要视下游产业的业绩而定，它的产出要依托下游部门的实力与运作机制。可是现在是两个单位，两种所有制，两种体制与机制，操作起来相当困难，中间缺少必要的纽带与联络机制。我们接触的传媒改革试点单位，基本上还没有理顺和有效解决这一困惑。

第二个困惑，是如何全面落实和保障投资者的利益与权利。按照目前的规定与要求，经批准，其他所有制形式的投资者也可以进入传媒产业与传媒事业，但这些投资者一不能参与传媒上游部门的任何工作，无权对编辑方针、采编业务以及新闻运作机制等发言，二无权参与传媒经营管理，无权就传媒发展的战略和目前管理的战术发表意见，进行监管。这种规定，尤其是不准参与传媒经营管理的规定，试问怎么能调动投资者的投资与管理积极性，又如何吸纳这些人的聪明才智与丰富的企业管理经验？加上投资传媒又是一个高风险的产业投资，这是目前相当一批有实力的投资者对传媒产业抱有期待又止步观望的一个原因。

第三个困惑，目前的传媒体制改革思路与安排对内容产业的构建着墨不多。传媒的内容产业是整个传媒业的核心，是传媒最主要的赢利手段和最重要的影响力所在。而目前的传媒体制改革的规定、要求和举措中，对此重视和强调不够，既缺乏对内容产业的特殊优惠政策，又不强调对这一产业的政策保护。我们觉得在传媒体制改革今后的运作中，在思想上要重视起来，而在操作层面上应有具体而有力的措施，对内容产业及其衍生产品的生产部门加以引导、扶植与保护。

我们提出以上三个问题，只是一种责任感使然。我们愿意同参与传媒体制改革的同志们一起，为这一改革的顺利推进尽一分绵薄之力。

四

“中外传媒体制创新”这一项目从立项到结项历经近三年时间。随着这一项目的推进，我们深感中央和政府对文化体制改革的高度重视和万分谨慎。我们同时还感到，文化体制改革，尤其是传媒体制改革，的的确确是一个伟大而复杂的系统工程，而我们有幸随着这个项目对传媒体制改革进行跟进研究，令我们从中既得到了锻炼又获益匪浅。因此，我们严格自律，老老实实地学习领会中央文件精神，老老实实地向参与传媒体制改革的广大新闻一线人士学习，既忠实地反映和总结他们的经验，又如实地提出改革中出现的困惑与问题。

在这篇长长的序言行将结束的时候，我还有几句话要说。参加这一项目的，主要是复旦大学新闻学院的教师与研究生，后者中既有博士研究生，又有博士后在站研究人员和出站研究人员。此外，还有几位学界和业界朋友。在这近三年的共同学习与研究中，我们结下了深厚的友谊，形成了许多学术共识，也同时得到了许多朋友的支持和关爱。如果列出来，将是一长串名单。南方日报出版社慧眼识金，责编和出版社领导选中了这套书。在此，请允许我利用写序的机会，向新闻学院领导、出版社领导以及责任编辑，表示我们诚挚的谢忱。同时，也向参与本课题的各位同事，表达我和孟建教授作为本课题负责人对各位的敬意。课题组学术秘书张涛甫博士协助我做了大量组织与协调工作。他恪尽职守，吃苦耐劳，为课题组同志树立了好榜样。在这里，我和孟建特别向他表示衷心的感谢。

2006年7月16日

英国传媒管理体制十大关键词（代序）

英国是一个老牌的传媒大国，也是世界上第二大的媒体消费国。论报业，英国已经经历了300年的辉煌，《泰晤士报》、《卫报》、《金融时报》、《太阳报》等报纸在世界报坛可谓无人不晓；看广电，BBC更是被称为英国的四大品牌之一，独立电视台的许多经典节目在全球被不断复制；在传统的出版业及新兴的网络业方面，英国也保持着领先的优势……作为现代传媒业的重要发源地，英国的传媒理论、新闻理念以及传媒管理体制，对西方各国传媒体制曾产生重要的影响。而众多原英国殖民地国家和地区，直到今天仍在沿袭英国的传媒管理体制。因此，研究英国传媒管理体制，对我们认识西方传媒管理体制的形成和发展，无疑有着重要的借鉴作用。

当今世界，或许没有任何一个产业，像传媒产业那样集合了如此繁多的因子。作为一个社会经济、政治和文化传播的主导力量和越来越重要的支柱产业，传媒产业的发展变迁及其生存状态受到各个领域多种力量的影响。而一个国家传媒管理体制的选择，也蕴含着复杂的政治、经济、文化、社会、历史以及技术等动因，很难用三言两语来描述。正因为如此，当我们试图用一个东方人的眼光，去探究英国传媒管理体制这个庞杂的课题时，我们感到颇为吃力。在这个艰难的研究过程中，我们尝试就英国报业管理及广电管理分别梳理出五个关键词，这些关键词，从一定程度上触及了英国传媒管理体制的主要节点，也可大概描摹出英国传媒管理体制的主要特色，也许，这些关键词，可以成为认识英国传媒管理体制的切入口。

1. 分而治之

英国政府对报业和广电产业分而治之，采取不同政策。

英国报业发展史是与民主政治以及市场经济的发展紧密联系的。传统上，报纸被视为公众获取信息、意见和见解的重要渠道，是言论自由的重要载体，报纸自己更是自诩为新闻自由的化身以及权力的监督者。这一系列特殊的背景，无疑为报纸蒙上了一层神圣的面纱。为了保障报纸的独立性、公正性，同时也为了避免背上压制新闻自由的骂名，在选举以及施政中争取报界的支持，英国历届政府在报业管理中均刻意淡化直接的行政干预，采取“无为而治”的策略。比如，英国对报纸出版实行登记制而不是核准制，创办报纸与成立一般商业机构在手续上几乎没什么差别。

与报业管理的宽松政策相比，英国对广播电视行业从一开始就实行严格的监管。在英国，广播电视从创立到节目制作播放、资金来源乃至广告时间等都有非常具体的规范。在这个自由市场高度发达的国度，自由竞争在广电行业却从来就不曾被允许过，广播机构被创办成公共服务的垄断组织。对广电行业严加管制的一个主要依据是，因为波段是一种稀缺的公共资源，为了公共利益要妥善管理。

不过，从20世纪80年代后期开始，随着技术的发展和更多新媒体的不断涌现，英国的媒体政策也开始出现一些变化，其中最突出的一点就是媒体政策有走向统一的趋势。许多人提出，由于有线电视、无线电视和数字电视的发展，“波段稀缺论”已经成为历史，广播电视事业应该更多地由市场来调节，少一些行政干预。相反，由于报业集中化不断加剧、报纸整体风格日趋低俗，要求通过立法对报业加强管理的呼声却越来越高。

伦敦的标志性建筑大本钟。

2. 行业自律

英国没有专门的新闻法，一个重要的原因是，媒体在英国不具有特殊的法律地位，编辑和记者都是普通公民，因此可以将适用于一般商业机构的法律同样适用于规范新闻机构的权利，而没有必要针对媒体专门立法。英国报纸的普通规范管理，更多的是通过自律体制来实现，而具体履行这一职能的，则是报刊投诉委员会（Press Complaints

Commission，简称PCC）。

PCC是1991年由报刊行业发起成立的行业自律机构，专门负责受理公众对报纸及杂志报道内容的投诉，以《业务准则》为依据，协调解决投诉者和报纸或杂志之间的争端，在规范新闻行业行为和道德水准、维护公众利益的同时，保护新闻自由。PCC成立十多年来，尽管在提高英国新闻水准方面取得了一定成绩，也得到了业内人士和公众的肯定，自律机制从总体上看运转得也还不错，但其本身存在的一些缺陷，向来为评论所诟病。如，有人认为PCC既缺乏法律的权威性，也缺少道德权力。还有评论认为，PCC处理投诉的手段太软，在许多情况下，报纸所受到的惩罚和他们所犯的错误相比太不相称。因此，PCC在发展的过程中也承受着报业内外的双重压力。

3. 报业集中化

和西方其他国家一样，“二战”以来英国报业产权集中化趋势日益突出。在全国性报纸市场，目前86%的发行量出自新闻国际、三一镜报、每日邮报和通用信托、北壳四大报业集团。地方性报纸市场情况也类似，约翰斯顿新闻、三一镜报、纽斯奎斯特以及每日邮报和通用信托四家控制了72%以上的份额。

为防止报业集中化带来的垄断问题，战后几十年来，英国政府先后就报纸兼并收购出台了一些政策，如，大的报纸的收购及兼并需符合公平贸易法案的要求。如果有关的两家报纸的总发行量超过50万份，或者可能形成某种垄断地位，竞争委员会和贸易工业部要介入调查；1996年后，报纸持有者在其核心发行区域拥有电视台、广播电台的数量也受到限制。只有某一地区的发行量占其报纸总发行量不到20%，才能在该地区持有一份电视经营权。但这些措施实际收效甚微，政府对大部分报业兼并个案都是睁一眼闭一眼，报业集中趋势有增无减。

4. 市场低迷

低迷、不景气，几乎是近年来英国报界在谈论业态时使用频率最多的词语。最近几十年，英国报纸销量在持续下降。半个世纪前日报每天的销量是1440万份，星期天报的销量是2530万份。特别是近年来，在互联网等新媒体的冲击下，传统报纸的发行量“跌跌不休”。与此同时，由于经济不景气，英国报纸的广告收入从2001年开始连年下滑，一些曾经日进斗金的知名报纸如《金融时报》也出现亏损，英国报纸正经历一个前所未有的艰难时期。

面对挑战，英国报纸也在经营和采编方面不断创新，千方百计寻求出路。近年来最为引人注目的一个创举就是大报小报化。2003年9月，一向以标新立异闻名的大报《独立报》率先推出小报版本，在拉动发行量方面收到奇效，从而在英国乃至全球范围内掀起一股大报小报化浪潮。在英国，《泰晤士报》、《苏格兰人报》、《卫报》、《观察家报》等纷纷跟进，其他国家的大报也争相效仿， 2003年到2005年，全球共有60家大报变身为小报。大报之所以竞相缩身，主要是为了方便读者阅读，同时也在采编方针、版式设计等方面更好地适应新一代读者的口味。几家大报小报化后，不约而同地加强了娱乐、体育、社会新闻等软新闻的报道，在版面编排、写作方式上也在悄悄地套用小报的一些做法。传统上大报和小报之间那条清晰的界线，正变得越来越模糊。

英国报纸应对挑战的另一招数是免费化。1999年3月，由联合报业集团投资1500万英镑创办的英国第一份全国性免费日报——《地铁报》横空出世。这份以乘坐公共交通工具上下班的都市白领为主要的目标读者、让人免费取阅的四开小报，版式前卫，文章短小精悍，资讯丰富，备受年轻人的欢迎，2003年报纸开始盈利，目前日均发行量已经超过100万份。

免费报纸异军突起，给传统报纸的经营管理、采编理念产生强烈的冲击。传统付费报纸不得不以实际行动应对免费时代的到来。2005年，同属联合报业集团的《伦敦晚旗报》推出了一张名为《旗讯》（*Standard Lite*）实为《伦敦晚旗报》简化版的免费报纸，在午餐时间赠送到许多写字楼的白领手里。《曼城晚报》（*Manchester Evening News*）、《金融时报》（*Financial Times*）也出版了各自的免费下午版。一张名为《城市上午》（*City A.M*）的财经生活时尚报纸开始在伦敦金融城免费发行。2006年，对免费报纸市场虎视眈眈已久的默多克终于出手，创办了一份免费晚报——《伦敦报》（*London Paper*），并计划复制《地铁报》模式，在英国主要大中城市创办系列免费晚报。几乎与此同时，联合报业集团也将《旗讯》改造为一份免费晚报，与《伦敦报》分庭抗礼，伦敦报业市场的免费报纸大战，愈演愈烈。

5. 政治立场

几乎所有国家的报界和政界都有着纠缠不清的瓜葛，在英国，这种关系显得更为复杂。虽然英国主要报纸都是商业性报纸，和政府或政党之间没有直接的隶属关系，但由于历史原因，各大报纸都有其鲜明的政治立场，分别支持不同的党派。比如，《每日电讯报》、《每日邮报》是典型的右翼报纸，是保守党的坚定支持者；《卫报》、《观察家报》和《每日镜报》传统上则是支持工党的左派报纸。这些报纸之所以都坚守自己的政治立场，不仅仅是因为政治诉求上的一致性，同时也出于商业利益考虑。20世纪80年代初，默多克在撒切尔政府的强力支持下，才成功收购《泰晤士报》和《星期天泰晤士报》。由于这层关系，默多克属下的报纸当然也就对以撒切尔为首的保守党报之以李。但时易事移，在1997年大选期间，默多克意识到保守党大势已去，其麾下的《太阳报》临阵倒戈，转而支持工党候选人布莱尔。后来布莱尔如愿以偿坐上首相宝座，并于2001年成功连任至今。布莱尔与默多克旗下的几家报纸也开始了一段前所未有的蜜月。另外，这些年默多克在英国的电视产业拓展方面得到了政府的不少关照。

不管在政治上属于哪派报纸，英国各报与政府之间都存在一种既对立又合作的关系。一方面，报纸自视为权力的监督者，报纸对政府总是保持一种质疑的姿态，并把这一点当作独立性的重要体现；另一方面，报纸在消息来源、经济利益和政策上也有求于政府，因此并不愿时时与政府唱对台戏。政府也会合理利用手中的权力和资源，控制舆论导向。这种关系对英国报业管理模式也有着微妙的影响。

6. 公共服务

追根溯源，英国的电视政策最初是以公共服务为核心原则的。即使是后来创建的商业电视台也都从不同程度上承担公共服务的责任。20世纪50年代，独立电视台（ITV）的成立虽然打破了BBC的垄断地位。但由于ITV特殊的产权结构以及专门管理机构——独立电视局（ITA后改为独立广播局IBA）的严格节目管理，商业行为一直是在政府的严格管制之下的，比如黄金时间必须有新闻与时事节目，必须有一定数量的本国节目和地方节目，广告不准与节目挂钩等等。商业电视追求广告收入带来的弊病被减到最低限度。与此同时，垄断的打破带来BBC与ITV之间节目上的竞争，这种政策安排使英国不仅避免了商营广播电视介入后低质量节目挤掉高质量节目的一贯倾向，而且使两大系统在竞争中各自提高了质量。ITV带来的这种正面刺激，被一些史学家称为“BBC最美丽的遭遇”。这段时期，也因此被称为英国电视史上的黄金时期。从此定下了以商辅公的英国广播电视基本原则。

无论在管理上还是在理论上，商营的ITV都被看作英国公共广播电视系统的有机部分和服务公众的有效补充。为了进一步完善公共广播电视制度，英国于1982年成立了以“创新和反叛”为使命、服务日益分化观众口味的第四频道。这一频道以其独特的“出版商模式”和间接广告资助模式，一方面利用了社会上的节目制作能力和商业性资金，另一方面避免了节目商业化的倾向。第四频道的成功，为它赢得了“将资本用于公共服务的典范”之称号。新颖和富有挑战精神的节目编排是第四频道胜出的关键。即使是在1993年第四频道商业化以后，虽然有人批判第四频道是

"披着公共服务羊皮的商业电视之狼"，来自300多家独立制作公司源源不断的新颖节目还是使第四频道的品牌形象卓尔不凡。第四频道后来出品的以公共利益为主要题材的系列节目不仅赢得了收视率，更赢得了人心。第四频道的例子说明，在特定的产业结构和管理体制下，商营广播电视也能很好地服务于公众利益。

7. 放松管制

最初的公共服务电视理念带来的是严格管制下的双头垄断和有限竞争。但是，20世纪80年代以来，保守党政府在以公共服务为基础的同时推行的"市场经济政策"从根本上改变了英国电视产业政策的走向。最明显的例子是伯特时期的BBC"制片人选择制"和独立电视委员会一步步施行的放松管制。全球商业化竞争的大趋势表明，娱乐性节目在整个广播电视节目中比重的增加，新闻时事节目数量相对减少，新闻节目娱乐化和小报化等进一步促进了"信息娱乐"的发展。本书第四章详细阐述了在商业化和放松管制的大趋势下，独立电视台如何遭遇新闻庸俗化，传统强项"地区性"制作和儿童节目份额严重削减等一系列问题。直到2006年7月传出独立电视一频道收视率跌破20%的残局。显然，并不是任何形式的竞争都能带来高质量的节目。

随着电视发行科技的日益成熟，特别是录像机、DVD播放机和数字视频点播业务的普及，人们对看电视的时间和内容都有了更多的控制，电视广告业务因此不断受到挑战。为了保证商业电视台的经济来源，英国通信办公厅（Ofcom）在2006年4月提出新的议案，放开对赞助整个商业电视频道和广播电台的控制。而在此之前，赞助商只能赞助和冠名单个的节目。虽然频道和广播电台仍然不能以赞助商的品牌命名，这一次修法可谓英国政府对15年来坚守的英国广告赞助规则放松管制的又一重大举动。然而，赞助商的接入会不会对频道和整个商业广播电台编辑政策带来负面的影响；商业化的大趋势下，如何监管广播电视将又一次成为争论的焦点。

8. 收视许可费

所有英国家庭只要拥有电视就要依法缴纳收视许可费，作为公共服务电视BBC的主要财政来源，而且收视许可费由BBC独享。进入21世纪，面对多频道时代"广播"变成"窄播"的大趋势，越来越多的英国家庭平均接收50个左右的频道。只有四五个公共服务频道的时代从此成为历史，而BBC不得不面对民愤日益高涨的收视许可费问题。随着2006年《皇家宪章》重审工作尘埃落定，BBC带着领军数字电视的重托迎向下一个十年。但是2006年9月底刚刚传出的消息再一次引起众怒。据闻，BBC一面裁减新闻编播人员，一面又花费1200万英镑巨资打造BBC 1新的系列频道形象广告。收视许可费到底缴得值不值？这个原本就敏感的问题又一次成为各大报纸讨论的焦点。BBC将如何合理利用纳税人的钱在越来越激烈的商业竞争中保持收视份额似乎是越来越棘手的问题。

BBC的创始人约翰·瑞斯在1924年曾有过“广播服务不应有一等和三等公民之分”的名言。这一在英国甚至整个西方世界都基本实现了的原则，在商业化进一步深入、数字电视即将出现的时候，面临着被抛弃的危险。20世纪80年代以来，新技术带来的新的电视传输平台到底是增加了人们的选择还是减少了选择？随着电话、有线电视、计算机网络和数字电视的进一步融合，看电视的成本将越来越高，电视“欺贫爱富”的倾向将更明显。CNN创始人特纳1978年向广告商推销他的新有线电视频道时的名言“我们并不把贫民窟连接上”，正说明这一趋势。随着付费平台的推广，各大传输平台都将通过提高有线电视基本费率积累资金，投资先进的图像电视、网络服务等，以便更好地在对高消费阶层的竞争中获胜。这种“劫贫济富”的现象是商业电视完全市场化的结果之一。 而公众被动地承受信息接收领域的不平等，形成信息富裕者和信息贫困者两大阶层。现任BBC总裁在1998年4月欧洲的一次影视会议上呼吁，公共广播电视机构在数字电视时代力量的削弱将意味着社会在信息接受方面的两极分化。而这正是新时期收视许可费存在合理性的重要论据。

9. 市场准入

英国电视产业严格监管的“公共服务”模式，是为了防止出现美国式的混乱局面。从初期的BBC绝对垄断发展到“双头垄断”下的有限竞争。最初规定除英国广播公司外，每家广播电视公司拥有的英国观众量不能超过15%，报纸发行量不能超过20%的市场份额。然而20世纪90年代以来，市场逐渐放开。《1996年广播法案》放松原有的市场份额不能超过15%的限制。在这种法律精神鼓舞下，企业兼并加剧，广播公司由16家合并成2家。随着《1996年广播法案》的生效、1997年五频道的成立和天空卫视在英国市场的全面成功，英国电视市场的竞争日益激烈，国内市场的竞争很大程度上已经超出了政府所能掌控的范围。加之世界传媒界兼并风潮的影响，英国政府的媒介政策已经逐渐转变为建设“最具活力和竞争力的传媒市场”。

2000年12月，英国政府发布了题为《通信的新未来》的白皮书，强调在数字时代政府有放松管制的必要性，并建议成立一个综合广电和电信行业的超级监管机构通信办公厅（Ofcom）。英国新通信法律终止了“许可”制度，进入英国通信、广播、电视、网络等市场不再像以前那样需要提交申请，只要向通信办公厅报告自己的意图即可。从市场结构的角度看，2001年12月，英国文化部长泰莎·乔尔(Tessa Jowell)重申了对跨媒介所有权的规定：任何一个媒体所有者在三种媒介市场不得分别拥有超过20%的受众，在两种媒介市场分别占有率不得超过30%，但拥有报纸20%的市场份额就不能同时拥有无线电视或广播。但是，在卫星电视领域，英国政府对默多克的强硬手段显得无能为力。因为卫星电视发射端不受单一国家法规限制，天空卫星频道躲过了严格的英国境内诸多有关电视产业的限制。

两年以后，2003年新《通信法》又进一步放松了这方面的管制。根据新的《通信法》，除了默多克集团可以购买ITV以外的商业无线电视台之外，迪斯尼、维亚康姆等跨国集团，因为不拥有英国报纸，可投资英国无线电视的空间更大。虽然不算完全解除限制，但这个传统上几乎被视为神圣不可侵犯的无线电视领域的让步，在英国境内一度引起相当激烈的反对意见，最终还是以适当的附加条件得以通过。

然而，2006年11月18日刚刚传出的消息称：天空卫视击败有线电视大鳄NTL，以9.4亿英镑购得独立电视台17.9%的股份，虽然没有超过规定的20%的上限，但这也使他成为目前独立电视台最大的股东。媒介市场逐渐开放，政府放松管制，推行市场化的政策最终导致默多克除了在报业、出版领域独占鳌头，还得以操纵英国卫星电视平台，并成功入侵英国媒介政策保护了几十年的无线电视领域。更令人吃惊的是，这次的目标不是业界一直担忧的弱小的第五频道，而是曾经的“双头（垄断）”之一的独立电视台。

10. 数字化

在天空卫视以“选台革命”为口号横扫70%英国家庭的时候，英国电视产业的生态环境出现前所未有的危机。习惯于规划有致的5个频道的人实在太低估消费者对于多频道所提供的更多收视选择的胃口了。到20世纪90年代中期，英国电视政策的核心问题已经转变为如何阻止天空卫视在地面付费电视领域的势力扩展到数字电视领域。传统无线电视台要在多频道竞争的环境下保持现有收视率已经勉为其难，还要承受商业电视大鳄最终抢滩无线平台的巨大压力。在推行数字化之际，政府不得不仰仗BBC来挑战天空卫视独霸英国市场的危机。然而正如斯蒂夫·巴奈特（Steven Barnett）教授所推断的那样：“猩猩只有一个，其余的都会变成猴子”。天空卫视独霸英国卫星电视平台，并且在数字付费电视领域全面布局，英国政府正在为自己日益放松的市场准入机制付出代价。

上编　报业管理篇

第一章
走进舰队街

【本章提要】

300余年来，英国报人谱写了一部轰轰烈烈的报业发展史章。如今，尽管国势大不如前，但英国报业在世界上仍有很高的知名度，其专业水准向来为各国同行所推崇。目前英国共有10份全国性日报、10份全国性星期天报和1300多份地区性、地方性报纸。

由于特殊的政治、经济、地理、交通等原因，全国性报纸在英国报业市场上占绝对的主导地位。根据读者对象的不同，这些全国性报纸又被细分为上游市场、中游市场和下游市场三大板块，形成了相对稳定的分层市场格局。另外，英国的日报星期天均不出报，由此衍生出一个特有的繁荣的星期天报纸市场。从产权关系上看，几乎所有报纸均属上市公司或私人企业所有。“二战”之后，报纸产权集中化趋势明显，这一问题也成为政策规范的重要对象。英国报纸是一个高度市场化的产业，庞大的报纸供应量与狭小的市场空间导致高度紧张的竞争，英国特别是伦敦报业市场竞争之惨烈，世所罕见。这些要素构成了英国报纸的主要特色。

受新兴媒体冲击和人们信息、娱乐消费方式变化等因素影响，近年来英国报纸读者流失严重，报纸发行量持续下滑，加上经济不景气，各报广告收入锐减，经营遇到前所未有的困难。受小报式新闻的影响，公众对报纸的信任度屡创新低，报纸的社会影响力也有所下降。

为了扭转颓势，英国报纸纷出新招，应对挑战，在采编和经营方面创出了不少新经验、新做法，引领了世界报业新潮流。近年来最引人注目的变化是，《独立报》、《泰晤士报》、《卫报》等著名大报为吸引读者，纷纷小报化，在促进销售方面起到了立竿见影的效果；免费报纸大行其道，给传统报纸带来巨大压力。而一些传统报纸也开始同时出版免费版本以应对市场需求；不少英国报纸还开始进军广播、电视领域，并且越来越重视加强网络市场开发，但在如何实现与网络媒体的结合方面，还没有找到最佳的方式。

舰队街评论家们认为，英国报业正处于一个动荡不安的变革时期，对报业的前景，舆论普遍认为难以预料。这种不确定性，不仅对报纸的经营者提出新的挑战，也给报业的管理者提出许多新的课题。

2006年岁末，伦敦。

英伦三岛的冬天，一如既往的沉郁。泰晤士河畔的舰队街上空，更是笼罩在阴霾之中。曾几何时，这条承载着英国300余年报业沧桑的小街，报馆云集，一派繁华。如今，虽然大多数报纸已经在伦敦的其他地方另觅新址，但人们仍习惯以“舰队街”代称英国报业。从某种程度上讲，它已经成了英国报人的精神家园。

盘点一年的收成，舰队街的报业主们实在难以找出几个满意的数据。尽管采取了各种招数，但大部分报纸的发行量曲线还是顽固地向下滑动；已经持续5年的广告不景，仍没有明显的好转迹象；紧缩开支、控制成本成为报纸经理人最为操心的大事，圣诞前后，三一镜报集团、快报集团先后传出裁员消息，绝望的记者们甚至提出罢工的动议……

不过，愁云惨雾之中也不乏几分亮色。过去两年，《独立报》、《泰晤士报》、《卫报》这几家先后小报化的报纸，发行量均有显著上升。另一个颇令舰队街感到振奋的消息是，2005年底，当联合报业集团决定出售旗下的地方性报业子公司北岩报业公司时，尽管价格不菲，但市场反应热烈，跃跃欲试者众多，反映出投资者对报业市场中长期前景的信心。新闻大王默多克在接受行业杂志《新闻公报》采访时断言：报纸仍将存在许多、许多、许多年！

英国报业到底怎么啦？让我们一起走进舰队街，去探个究竟。

第一节　报业大国余威犹存

英国是世界近现代报业的发源地。早在1702年，伦敦舰队街就诞生了世界上最早的一张定期出版的报纸——《每日报》。300余年来，英国报人谱写了一部轰轰烈烈的报业发展史章。如今尽管其国势已大不如前，但该国报纸在世界上仍有很高的知名度，其专业水准向来为各国同行所推崇。《泰晤士报》、《金融时报》、

曾经报馆云集的舰队街，是英国报人的精神家园。

《太阳报》等著名报纸，在世界范围内都具有很高的影响力，在各自领域均是许多国家报纸效仿的对象。

目前，英国共有10份全国性日报、10份全国性星期天报（还有一种算法是把几份专业性报纸及苏格兰的部分报纸如《苏格兰人报》、《每日记录报》也列为全国性报纸，因此口径上有所不同），另有1300多份地区性、地方性报纸。英国全国性日报一周的总销售量是7820万份，星期天报的销量是1320万份。加上地区性报纸，每周在英国销售的报纸多达1.6亿多份，平均每人每周购买报纸近2.8份。这一数字在世界上即使不是最高的，也肯定位居前列。英国报业之发达，由此可见一斑。根据英国报业广告协会的数字，从报纸广告收入来看，2004年英国整个报业的市场规模是78亿英镑左右（约合1170亿元人民币）。

英国国家虽然不大，但全国性报纸的发行量之大，却让人觉得不可思议。以下是英国发行稽核局（ABC）公布的英国主要全国性报纸的最新发行数据：

（1）全国性日报发行量

报纸	发行量（万份）
《泰晤士报》	66
《每日电讯报》	90
《卫报》	38
《独立报》	26
《金融时报》	44
《每日邮报》	235
《每日快报》	79
《太阳报》	311
《每日镜报》	160
《每日星报》	77

（2）全国性星期天报发行量

报纸	发行量（万份）
《星期天泰晤士报》	129
《星期天电讯报》	67
《观察家报》	49
《星期天独立报》	23
《人民报》	79
《星期天邮报》	241
《星期天快报》	86
《世界新闻报》	345
《星期天镜报》	138
《星期天星报》	41

资料来源：英国发行稽核局（2006年11月）

英国报纸发行量之所以会如此之高，与英国人爱读报的传统密切相关。根据英国报纸协会的调查，英国人是世界上最喜欢读报的人之一，84%的英国成年人每天阅读地区性或地方性报纸，2/3的人阅读一份全国性报纸。每周在英国销售或免费赠阅的报纸有1.6亿份。其中约58%（9800万份）是全国性报纸。全国性报纸在平日的总销售是1240万份，在星期天的销量是1320万份。

舰队街的英国名记雕塑。

地区性报纸是英国报业中一股重要力量。在1300多份地区性和地方性报纸中，有25份晨报（其中6份是免费报纸），74份晚报，21份星期天报，509份付费周报，640份免费周报。英国每一地区都有地方性报纸，大的有如发行量达66.6万份的《苏格兰邮报》，小的有如发行量仅1000份的金卡迪尼郡（Kincardine shire）的《观察者》周报。每一周，在全国销售或免费赠阅的地区性日报有3750万份，另有600万份周报被销售，

3000万份免费周报被投递到千家万户。

具体说来，英国报业呈现以下几个主要特点和最新发展趋势：

一、全国性报纸唱主角

如果把跌宕起伏的英国报业市场比喻为一台大戏的话，那么全国性报纸堪称戏中当之无愧的主角。一批以伦敦为基地、发行量巨大的全国性报纸处于绝对的主导地位，是英国报纸的重要特征。全国性报纸虽然数目不多，但从发行量看，却占了全国的近六成，而全国性报纸的经济实力、覆盖面、影响力更是地方性报纸所无法比拟的。相形之下，1300多份地方性报纸中，虽然也有如《伦敦晚旗报》这样发行量近40万的“大报”，但大多是发行量不足10万份的小报纸，其中1000多份只是面向社区的小型周报，有的报纸的发行量仅有1000多份。

英国报业的这种全国性报纸占主导的结构，成因非常复杂，比较清晰的有下面几条：

一是人文地理因素。英国国土面积22万平方公里，人口约6000多万，与我国一个中等省份差不多。而且主要人口集中在英格兰东南部的狭小地带，这为全国性报纸迅速到达较大的读者群提供了便利。

二是交通因素。早在19世纪，英国就建立起比较完善的铁路网，伦敦的报纸通过四通八达的铁路网络，可以轻易覆盖英国全境。而在美国，当时火车从纽约到洛杉矶，则需要几天时间。因此，历史上美国报业都是以地区性报纸为主。直到20世纪80年代，由于卫星传版等新技术的发展，才出现了第一份真正意义上的全国性报纸《今日美国》，另外《华尔街日报》也得益于新技术而把覆盖面延伸到全国。至于大名鼎鼎的《纽约时报》和《华盛顿邮报》，尽管从影响力上讲堪称世界级大报，但它们均自称是地区性报纸。

三是政治经济文化因素。在美国或欧洲的德国等国家，政府在权力分配上大多是“小中央”“大地方”，而英国刚好相反，英国是一个高度中央集权国家，伦敦是全国的政治、经济、文化中心。而各地的地方政府权力相当有限，主要承担一些相对次要的职能。因此，传统上，一个英国人如果想知道这个国家政治经济生活的大事，就必须看来自伦敦的全国性报纸。

全国性报纸的强悍之势，对地方性的报纸的生存形成巨大压力。位于英格兰中部的考文垂市的《考文垂晚电讯报》是当地唯一的日报（2006年中期已改为早报），该报副主编查尔斯·巴克（Charles Barker）在接受笔者访问时坦承，英国全国性报纸实力太强大了，地方报纸很难与其进行正面竞争，只能在全国性报纸无法顾及的市场里寻找活路。巴克介绍说，为了在全国性报纸的重压下寻找生存空间，英国地方性报纸普遍都非常重视本地新闻报道，把它视为地方报纸最大的优势。因为人们可以通过电视、广播、互联网、全国性报纸得到很多国际新闻和全国性新闻，但本地新闻却不是到处都可以看到的，地方性报纸正好填补了这个市场空缺。《考文垂晚电讯报》每天有90个版左右，共有20多个新闻版，其中全国性新闻和世界新闻只有一个版，其他都是本地新闻。12个体育版中，也有大半是本地比较热门的足球、拳击、摩托车、橄榄球、板球、滑冰等体育活动报道。由此可见，该报在本地新闻报道方面的确是不惜版面。

二、市场细分各据一方

国内学者和报业人员谈起英国报纸，通常笼统地把它们分为大报、小报。在英语中，也有broadsheet（大报）、tabloid（小报）之谓，不过这更多的是就报纸的开本而言。若从市场定位上说，英国人对报纸有精确的划分，他们把报纸分为上游市场报纸、中游市场报纸和下游市场报纸。

在英国的10份全国性日报中，处于上游市场的报纸包括《泰晤士报》、《每日电讯报》、《卫报》、《独立报》、《金融时报》，这五份报纸的每天总发行量在280万份左右。这类报纸以前均为对开大报式样，读者对象主要是面向受教育程度较高、收入也较高、有一定社会地位的高端读者。近几年由于《泰晤士报》、《卫报》、《独立报》均进行了小报化，因此如果光从开本上看，大报与小报的区别已经模糊。上游报纸比较注重政治、经济和国际新闻报道，版面编排比较庄重，写作水平较高。因此也有人称之为严肃报纸或质报。

中游市场小报有《每日邮报》和《每日快报》。此类报纸采取小报式样，主要瞄准富裕的中产阶级阶层，特别是女性读者。发行量达235万份的《每日邮报》是中游市场的领导，广告收入、效益也是英国报纸中最好的，该报每年的广告收入可达2.3亿英镑左右，利润可达9000万英镑。女性读者占该报读者的52%，这一比例也是英国报纸中最高的。该报总经理盖伊·齐特尔（Guy Zitter）在接受笔者采访时，这样描述该报的读者定位：

我们的报纸首先是为吸引女性读者设计的。你可以从报纸上很多地方看到这种迹象。我们瞄准的是这个国家的富裕家庭，因为这是钱的所在，这样我就可以在广告上要更高的价格。我们沿用了很多年的一项技巧就是吸引妇女买我们的报纸。

我们和《金融时报》的读者群有很多相似性和重叠。因此，在一个家庭里，丈夫早上去上班时读《金融时报》。当他晚上回到家时，他已经非常疲惫了，那他干什么呢？他从背面开始读《每日邮报》，首先看体育版，看足球，看贝克汉姆，以及其他体育报道。然后他想看看金融市场上发生了什么，他在金融版上可以看到一些财经要闻集粹，接着是卡通版。然后他又翻过去看理财版上有什么东西，他还想看看有些什么电视节目。因此，这张报纸的设计是让男人从背面看起，女人从头版看起。这种设计在我们这里是成功的，请注意，我所说的这一套在英国是非常有效的。我想如果在20世纪五六十年代在英国也这么做，可能就行不通。我不知道这在中国是否有效，但在我们这里效果很好。对我们来说，我们之所以能取得成功，很重要的一个原因就是我们很清楚我们的报纸是为谁办的，我们是为这种家庭办的，像你我这样的家庭。她把报纸买回来，他随后再读它。我知道不管我们的记者每天在写什么，我总能清晰地看到这么一幅理想的受众画面：那就是丈夫、妻子、两个孩子和他们的狗。他们的年纪在三四十岁或五十来岁，他们只是些普通人，工作刻苦，他们只是希望他们的孩子有一个更好的生活，接受更好的教育，他们希望治安良好、孩子安全，希望有更好的健康服务，希望有足够的钱供房，逐渐富裕。

位于下游市场的小报有三家，分别是《每日星报》、《每日镜报》和《太阳报》。这类报纸主要针对年轻人和中低层阶级，主要以娱乐新闻、体育新闻、社会新闻取悦读者，版面花哨，语言通俗，炒作手法变化多样，有耸人听闻之感。下游小报普遍被看作是男人的报纸，名人、足球和性是报纸的三大促销工具。它们是那些专盯名人行踪的狗仔队的最大雇主。体育版在下游小报普遍占15%左右的版面。《太阳报》副主编弗格斯·沙纳汉（Fergus Shanahan）告诉笔者，只要哪一天报上有贝克汉姆的新闻或照片，报纸销量就会明显上升。还是《太阳报》，30多年来每天在第三版登一幅裸体女郎大照片，成为一道招牌菜。弗格斯·沙纳汉不无得意地告诉笔者："三版女郎其实就是逗人一乐，我们不觉得这么做会冒犯了谁，很少有这方面的投诉。倒是有的时候碰到特别大的新闻，我们不得不用八九个版来集中报道，把三版女郎给撤了，那么第二天我们就会接到上百个读者来电，问我们为什么不见了三版女郎？他们说你们撤什么也别撤三版女郎呀，我买你们的报纸就是为了她啊！"

对于不同市场报纸读者群的细分，广告商最有研究。为了便于市场操作，提高广告的针对性，英国广告界根据收入、消费习惯、教育背景等因素，将报纸读者分为六个等级：

A（Upper Professional，高级专业人员）

B（Lower Professional，低级专业人员）

C1（Routine Clerical，普通职员）

C2（Skilled Manual，熟练技工）

D（Unskilled Manual，非熟练技工）

E（Economically Inactive，经济不活跃者）

根据这一分类，在5家上游市场报纸中，50%的读者属A、B类别，两家中游市场报纸的A、B读者占20%~30%，而下游市场报纸的读者则以C类别以下为主。对于读报者是一个百万富翁还是一个穷光蛋，广告商非常在意，因为他们的消费能力、方式大为不同。如果你想销售一批度假别墅，你肯定希望有尽可能多的百万富翁能看到这则广告，你对讲师、学生读者不感兴趣，因为不是目标客户；相反，如果你想招聘一位传媒专业的讲师，那么，你对百万富翁读者就不感兴趣。

值得一提的是，英国的日报星期天都不出报，加上过去星期天是个“死”日，商店、餐馆、酒巴都不开门，人们除了读书看报，侍弄一下花园，没什么娱乐。这就造就了一个繁荣的星期天报纸市场。在去英国之前，笔者误以为《星期天泰晤士报》只是《泰晤士报》的星期天版，去了之后才知道根本不是这么回事。《星期天泰晤士报》创办时除了名字上与《泰晤士报》有点相似之处外，两者没有任何的产权或业务联系，只是后来几经转手，到了20世纪60年代才被加拿大富商罗伊·汤普森（Roy Thompson）先后收编，目前两报同属默多克属下的新闻国际集团。不过即便如此，两家报纸在业务上也是各干各的，交流并不多。《泰晤士报》财经主编佩兴斯·威特克劳福特（Patience Wheatcroft）在接受笔者采访时甚至视《星期天泰晤士报》为竞争对手。后来访问的报纸多了，笔者发现不仅《泰晤士报》和《星期天泰晤士报》如此，在英国，属于同一集团的日报与星期天报都是完全分开运作的，属两份报纸，都存在着或明或暗的竞争关系。

和日报一样，全国性星期天报纸也有上、中、下游之分。处于上游市场的有《观察家报》、《星期天独立报》、《星期天电讯报》和《星期天泰晤士报》。《星期天泰晤士报》以129万份的发行量成为当之无愧的领导者。这一数字比其兄弟《泰晤士报》多了近一倍，比其主要竞争对手《星期天电讯报》则多出约60万份。《星期天泰晤士报》被认为是目前英国最赚钱、最有影响力的报纸之一，该报记者常在暗地里抱怨默多克拿着《星期天泰晤士报》的钱去养活《泰晤士报》。处于中游市场的是《星期天邮报》和《星期天快报》。创办于1982年的《星期天邮报》，在1989年即超过历史悠久的《星期天快报》，和《每日邮报》一起在中游市场一统天下。处于下游市场的是《世界新闻报》、《星期天镜报》、《星期天人民报》、《星期天星报》。《世界新闻报》在下游市场的霸主地位不可动摇。该报创办于1843年，一出世就靠色情、罪案打天下，经常在一些暗杀事件庭审前一周透露案件细节，对读者极具诱惑力。1950年8月，该报销量达到了惊人的840万份。目前该报发行量仍达345万份，高居英国各报之首。

英国的星期天报纸以厚、大、全著称。大部分报纸都有150个甚至200多个版面，分10个左右板块，并附送精美杂志，除正常的新闻版外，各星期天报大多还包括调查报道、新闻回顾、财经、书评、房地产、家居、旅游、汽车、休闲时尚、园艺等板块。一报在手，恐怕一个星期都难以读完。

过去，星期六是报纸销量、广告收入最差的一天。20世纪90年代初，英国全国性日报开始重金投资星期六版，并很快收到回报。如今，英国全国性日报的星期六版几乎与星期天报纸一样厚重，当天也是各报发行、广告收入最多的一天。

三、产权姓“私”趋向集中

英国政府机构不直接办报，也不似北欧的瑞典等国家对一些小众报纸采取资助政策，传统上政党报纸亦非常弱小，自从40多年前工党的机关报《每日先驱报》停刊以来，几乎没有一份严格意义上的政党报纸。目前，几乎所有英国报纸均属私人企业或上市公司所有，在市场经济中按企业化运作。按照英国学者科林·斯帕克斯（Colin Sparks）的说法：

报纸在英国首先是一个企业。他们的存在，不是为报道新闻或者作为公众的看门狗；不是作为政府的监督者，保护普通民众免受权势的欺凌；不是为揭露丑闻，或者任何冠冕堂皇的事业，就像报业主有时声称的那样。他们的存在，就是为了赚钱，就像任何其他公司一样！在某种程度上，他们不承担任何公共职能。如果他们这么做的话，那也是为了生意上的成功。这种商业逻辑在英国通行无阻。[①]

和西方其他国家一样，“二战”以来英国报业产权集中化趋势不断加剧。如果以发行量来衡量，目前，86%的全国性报纸出自四大报业集团——新闻国际（News International）、三一镜报（Trinity Mirror）、每日邮报和通用信托（Daily Mail & General Trust）、北壳（Northern & Shell）。在地区性和地方性报纸方面，72%由约翰斯顿新闻（Johnston Press）、三一镜报、纽斯奎斯特（Newsquest）以及每日邮报和通用信托这四个最大的出版者控制，他们合起来共拥有1269份报纸。

① The Media in Britain, current debates and developments, edited by Jane Stokes and Anna Reading, P46.

默多克控制着英国八大著名报业，图为他和华裔妻子邓文迪。

新闻国际在全国性报纸市场占统治地位，该公司出版《太阳报》、《泰晤士报》、《世界新闻报》和《星期天泰晤士报》。新闻国际的母公司是世界上第二大媒体集团、市值450亿英镑的新闻集团，该集团在纽约上市，属下还拥有哈珀柯林斯出版公司（Harper Collins Books）、天空电视（Sky TV）、福克斯电视（Fox TV）和天空卫视（B Sky B）等著名媒体公司。

三一镜报集团拥有《每日镜报》、《星期天镜报》、《人民报》和在苏格兰发行的《每日记录报》、《星期天邮报》，以及230多份地区性报纸。这个集团是1999年三一集团和镜报集团合并而成的，当时创下了地方性报业集团兼并全国性报业集团的先例。不过，新的集团由于磨合不顺，加上管理层次过多、官僚作风严重、市场定位不清，兼并没能达到优势互补的目的，集团总裁也因此被迫辞职，新上任女总裁斯莱·贝利（Sly Bailey）正对集团的组织架构和管理模式进行大整顿。

每日邮报和通用信托的老板是乔纳森·罗斯米尔勋爵（Lord Jonathan Rothermere），他是该集团创始人的后代。该公司出版两份全国性报纸——《每日邮报》和《星期天邮报》，以及超过100份地区性报纸，包括全国最大的地区性报纸《伦敦晚旗报》和最大的免费报纸《地铁报》。

北壳集团的老板是色情杂志出版商理查德·戴斯孟德（Richard Desmond），他于2000年以1.25亿英镑的价钱购买了他梦寐以求的快报集团属下的三家报纸——《每日快报》、《每日星报》和《星期天快报》，从而成为全国性报纸老板俱乐部的新成员。由于戴斯孟德的特殊背景，当时报界及公众对这宗并购颇多非议，但工党政府并没有采取阻止措施。

《金融时报》的出版者是国际传媒及教育集团皮尔森公司（Pearson plc），其总裁是美国人马乔丽·斯卡迪诺（Marjorie Scardino）。除了《金融时报》外，皮尔森公司还拥有英国著名政经杂志《经济学人》50%的股权。

《每日电讯报》和《星期天电讯报》原来隶属于霍林格公司，其老板是出生于加拿大的报业大亨康拉德·布莱克（Conrad Black）。2003年，布莱克因任意贪污挥霍公司公款而被迫辞职，2004年中，这两家报纸被以6.65亿英镑的价格卖给了已经拥有《苏格兰人报》的英国富豪巴克利兄弟，易主带来的震荡，余波至今未了。

《独立报》和《星期天独立报》由独立新闻与媒体公司拥有，该公司的老板是爱尔兰富翁托尼·奥莱利。《卫报》和《观察家报》由斯科特信托经营。

报纸集中化趋势在地区性报纸领域体现得更为明显。10年前共有200家公司出版地区性和地方性报纸，其中很多是家族拥有。如今只有97个出版者，其中前20大出版者拥有了84%的报纸和96%的发行量。61%的报纸由4家出版者拥有：约翰斯顿新闻占19%，三一镜报占18%，纽斯奎斯特占16%，每日邮报和通用信托占8%。他们共控制了72%的发行量。虽然仍有45个出版者只出一份报纸，但地区性报纸的集中化趋势仍在持续。

从1995年开始，4/5的地区性报纸已经换了主人，交易额达65亿英镑。英国许多地区的报业市场都被四大出版者中的一个垄断。他们之间好像有一个非正式的市场份额安排。这一现象引起了政府的关注。2002年，约翰斯顿公司购买三一镜报集团在英格兰中部的4家报纸，如果这一交易完成，将使约翰斯顿公司在该地区的报纸市场拥有100%的垄断。竞争委员会和贸易工业部阻止了这宗交易。

按照经济学家的说法，英国报业市场已经形成了典型的寡头垄断市场。报业产权集中化趋势引起公众和政府的广泛关注，迫于公众压力，英国政府曾采取一些政策试图限制这一趋势，但收效甚微。对此我们将在下一章中进行具体介绍。

英国全国性报业集团市场份额及控制者

集团名字	市场份额	属下报纸	控制者
新闻国际	37.89%	《泰晤士报》、《太阳报》《星期天泰晤士报》、《世界新闻报》	鲁珀特·默多克
三一镜报	20.5%	《每日镜报》、《星期天镜报》、《人民报》	维克托·布兰科
每日邮报和通用信托	18.7%	《每日邮报》、《星期天邮报》	罗斯米尔勋爵
北壳集团	9.6%	《每日快报》、《每日星报》、《星期天快报》	理查德·戴斯孟德
霍林格国际	7.0%	《每日电讯报》、《星期天电讯报》	巴克利兄弟
卫报媒体集团	3.3%	《卫报》、《观察家报》	斯科特信托

（续上表）

集团名字	市场份额	属下报纸	控制者
皮尔森集团	1.9%	《金融时报》	皮尔森董事会
独立媒体集团	1.8%	《独立报》、《星期天独立报》	托尼·奥莱利

资料来源：《卫报媒体指南》

第二节　流年不利遭遇寒冬

历经300年辉煌之后，近年来英国传统报纸在新兴媒体冲击、经济不景气等多种不利因素的影响下，步履维艰，经营上面临着前所未有的困难。按报界人士的说法，舰队街正经历一个严酷的寒冬。

一、竞争惨烈成本大增

英国报纸面临的第一个困难来自报业内部。由于特殊的地理、交通、历史原因，英国全国性报纸均重点瞄准英格兰中、南部地区特别是伦敦地区的市场，争夺的是同一个读者群。庞大的报纸供应量与狭小的市场空间，导致高度紧张的竞争。为了争夺市场份额，各大报之间展开殊死搏杀。

首先是纷纷扩版增刊，报纸越办越厚，特别是星期六、星期天的报纸，动辄一两百个版、10多个板块。《独立报》主编西蒙·凯尔纳（Simon Kelner）曾作了一个统计：如果一个读者买下所有四份星期天大报，他将得到67个板块，包括18本杂志，140个体育版，70个专栏作家以及8本的一周电视广播指南。这一切只需花7.75英镑，相当于两杯咖啡伴侣的价钱。尽管如此，星期天报纸的销量还是从5年前的380万份下降到现在的330万份。他警告说，读者已经被这种超厚报纸给炸晕了，由于这么多的报纸在同一个市场上竞争，许多读者不知道该怎么去寻找他们喜欢的报纸。他说：“我曾经试图把《星期天独立报》办成一份板块较少的星期天报，但事实证明这行不通，因为所有读者仍然希望得到尽可能多的板块。星期天报纸在多板块化上已经走上了一条不归路。”

然后是加大营销力度，电视、广播、互联网、户外广告牌上，报纸的促销广告随处可见，随报附送的各式各样的奖品小到热门CD、电影票，大到免费机票、免费旅游、豪宅靓车，一家比一家诱人。2004年报业的潮流是送CD，2005年则是DVD。当然，也有些报纸赠送一些象征性的、纪念性的小礼品，目的与其说是增加销售，不如说是增加现有读者的忠诚度。但是，星工厂媒体（Starcom Mediavest）的一份研究报告认为，促销的作用有限，“报业习惯于各种各样的促销，但问题是，如果所有的人都这么干，整个报业会进入一个恶性循环。如果你是唯一一家不搞促销的报社，你的发行量就会遭到重挫。”笔者在《每日电讯报》采访时了解到，该报每年的促销经费高达500万~1000万英镑。《太阳报》则在促销活动中，每年把差不多50万读者送上免费旅游之途，该报副总编沙纳汉笑称“我们是英国最大的旅行社”。

价格战也弄得英伦报界硝烟弥漫。从20世纪80年代以来，英国报界大大小小的价格战从未停止过，仅2002年一场发生在《太阳报》和《每日镜报》之间的价格战，两报在发行方面的损失就高达4000万英镑左右，而发行量却未见上升。2006年一开年，《每日快报》老板戴斯孟德为扭转颓势，出人意料地再次祭出价格战这一古老的武器，将旗下《每日快报》和《每日星报》的零售价分别从40便士和35便士降到30便士。报界人士估计，这次降价每周将花去戴斯孟德50万英镑。或许是考虑到高昂的代价，《每日快报》的死对头《每日邮报》此次不敢恋战，只是跟着降了几天价，虚晃几招，就高挂免战牌，恢复原价，留下戴斯孟德一人自弹自唱。

还有一些急红了眼的报纸，不惜冒犯舰队街上不去触及竞争对手报纸老板私生活的行规，互相攻讦，把对手祖宗三代的老底都揭个底朝天。这种竞争不仅加剧了报纸之间的紧张关系，还使报纸的生产、营销成本大幅上涨，赢利能力大降。《观察家报》主编罗杰·阿尔顿（Roger Alton）透露，他担任主编5年多来，该报的成本上涨了将近40%。曾经在澳大利亚、中国、美国、英国工作过的《泰晤士报》主编罗伯特·汤姆森（Robert Thomson）在接受笔者采访时感叹道：“英国特别是伦敦是世界上竞争最激烈的报业市场，这种竞争是割喉的。”甚至有人说，如果一份报纸能够幸存于伦敦，那它就可以生存于世界上任何地方。

二、读者流失销量下滑

尽管出版商们使尽浑身解数，各报的发行量还是难阻下跌之势。挑战首先来自不断涌现的新媒体，尤其是互联网。历史上广播、电视诞生时，英国报纸也曾惊呼“狼来了”，但是直到面临互联网的冲击，传统报纸才感受到真正的危机。

与此同时，素有浓厚读报传统的英国，年轻人正在丢掉他们父母买报读报的习惯。最近几十年，英国报纸销量在持续下降。半个世纪前（1952年）日报每天的销量是1440万份，星期天报的销量是2530万份。许多人放弃报纸而转向电视、广播、电影院、书籍、杂志和互联网。1988年，英国只有4个电视频道，今天超过70个。当时的电台是60座，现在是260座。当时只有16座多维电影院，现在是143座；当时没有任何网页，现在则有10亿个。显然，人们获取信息的渠道比以前丰富多了。

自1990年以来，24岁以下报纸读者的数量减少了1/3，而65岁以上读者则下降了6%。《每日电讯报》的读者堪称“花甲之冠”，其读者中29%年龄超过65岁。但其他报纸的老年读者比例上升得也很快，包括《独立报》、《泰晤士报》、《每日镜报》。年轻的英国人从网络、电视或广播上获取新闻，他们只是在一天中的某个时候间或地攫取新闻，而不是坐下来认真地读。部分由于商业电台的不断增加，同时由于人们遇到塞车的时间越来越多，在过去5年英国广播听众增长了1/4。2002年由Freeserve所作的一项调查显示，英国超过一半家庭可以上网，网络超过报纸成了人们的主要新闻来源，仅次于电视和电台。全国报纸读者调查协会负责人说：“报纸现在已经不是年轻人获取新闻的第一个地方。”这意味着报纸产业很难培育它的未来读者。这一代人是在没有对哪一种报纸有特别的忠诚的氛围中长大的，他们更没有那种在早餐桌上阅读日报的习惯。当年轻的英国人真的读报纸时，他们喜欢读那些没有很多新闻但充满娱乐感的报纸。

《太阳报》海报，内容是讽刺其竞争对手《每日镜报》主编面对发行量日益下滑的困境。

此外，经济社会转型、人们生活方式变迁，也在影响着报纸的销量。英国全国性报纸近年来饱受发行量下跌之苦，地方性报纸日子也好不到哪里去。以《考文垂晚电讯报》为例，20年前最高峰时，该报发行量曾达到10万份，此后这么多年，发行量一直在下滑，现在每天只卖6万多份。该报副总编巴克忧心忡忡而又无奈地说：

这个国家的所有报纸现在都处于困难时期，发行量可以说是“跌跌不休”。造成这一结果的原因，也许和其他报纸告诉你的一样。首先，人们现在有了更多的选择，20年前，没有互联网，电视新闻也远没现在这么多，人们有更多时间读报。其次，过去工厂比现在多得多，我们在工厂门口摆上报摊，当人们下班时，习惯顺手买份报纸。现在，很多工厂都关门了，人们的生活习惯发生了很大变化。而且，20年前，人们可能一天会买几份报纸，现在他们只买一份。全国性报纸、地方性报纸、电视、电台、互联网，都在同一市场上争夺读者。第三个原因是，现在人们的流动性也比过去大多了，考文垂过去是一个非常稳定的城市，许多人都在这里生活了几十年，但现在人们随时都有可能离开。这一点对我们的主要影响是，由于人们经常流动，他们对这个城市的归属感就没那么强，对这个城市的兴趣就没那么浓。所有这些都使卖报变得越来越难，我们不得不做的就是努力促销自己，不停地给读者额外的东西，提供各种优惠，以吸引他们买我们的报纸。说实在的，我们干得挺累。

三、广告不景利润缩水

雪上加霜的是，经济衰退给英国报业带来沉重打击。在经历2000年的一个暴涨后（当年英国报纸广告收入增长了12%），当年年底，广告业的寒冬开始降临，技术、电信和金融服务等行业大幅减少广告投入。2001年，全国报纸广告收入下降了2%，2002年又降了3%。2003年，这一跌幅进一步扩大，各报的收入均告下滑，就连一向被视为“印钞机”的《金融时报》，从2002年下半年开始也出现亏损，2003年更是巨亏3200万英镑，创该报历史之最。笔者采访过的各大报负责人均表示，从经营的角度看，英国报纸正经历一个前所未有的艰难时期。直到2006年，英国报纸的广告市场仍未见明显复苏迹象。

从2001年中开始，报纸老板们开始大幅裁员，报界陷入一片惶恐不安之中。首先遭殃的是各报下属的网络公司。然后是采编人员。各报的采编人数普通下降，记者们必须工作得更辛苦，新的空缺大多由自由撰稿人填补而不是招聘新员工。最典型的是三一镜报集团。2001年底，该集团裁员800人，“这是一个非常艰难的时期”，它在年度报告中说。2002年第一季度，又有300人丢了工作，主要是在数码领域，因为和它的竞争对手一样，他们两年前在这个新闻领域的投资未见任何赢利迹象。但与此同时，该集团于2002年实施了一个总额达3700万英镑的新的投资计划，包括重塑全国性报纸品牌。《每日镜报》因为在“9・11”报道中的出色表现而获奖。这场灾难对报纸是把双刃剑：它使客户的广告投入少了，但促进了报纸的销量，虽然仅仅几周时间。

广告不景集中反映了各报于1999~2000年期间在网络方面大量投资没有回报的现实。这也导致了2001年各报在网络投资上的大幅削减。一些报纸开始战战兢兢地试着对部分网站服务内容收费。《金融时报》网站对其存档的报纸内容收费，《泰晤士报》对其在线填字游戏收费。这种启发来自《华尔街日报》，该报网站只对订户开放，并已取得64万用户。但到目前为止还没有哪家英国报纸敢对网站内容全面采取收费政策。2002年五六月份，《泰晤士报》网站对其世界杯足球赛报道专门收费。与此同时，已经投资2亿英镑的《金融时报》网站也开始对用户收取75英镑的年费。现在《泰晤士报》网站已对海外用户收费，《独立报》、《卫报》网站也开始对部分内容收费。

由于广告客户比较多样性，地区性报纸在2001年的广告不景中受到的影响比全国性报纸相对要小。地区性报纸是英国继电视之后的第二位广告媒体。2001年，电视广告收入下降了10.7%，而地区性报纸板块则上升了2.6%，从2000年的27.6亿英镑上升到28.3亿英镑。房产和超市广告依然强劲，但到了2002年初，全国性报纸招聘广告的急剧下滑也开始冲击到地区性报纸。地区性报纸也受到2000年网络狂潮的影响。两年后已经很清楚互联网不会取代地方性报纸媒体而成为社区的主要信息源，许多出版者因此也松了一口气。相反，印刷媒体和网络媒体发现他们最好是互相补充。像三一镜报这样的大集团减少了在网络方面的投资，采取合并操作而不是分开操作方式。公众发现当他们的地区性报纸与网站结合后成了一个很有吸引力的媒体，这给了地区性媒体一个光明的未来。

四、报纸信誉遭到质疑

传统报纸面临的另一个难题是公信力的丧失。报纸在英国公众心目中曾是言论自由、真相、正义的化身。但如今，这些光环已经逐渐褪去。

自20世纪80年代起，随着新科技的应用，市场竞争压力越来越大，在英国报纸市场中，一度导致报纸质量下降；有偿新闻比比皆是；记者们热衷于揭露隐私而不是维护公众利益；故意渲染那些虚构的民间鬼怪传说；黄色淫秽的东西泛滥成灾……在地区性报纸中，出现了一种煽情的、以公共关系为导向的新闻报道趋势，这种趋势因为编辑经费的裁减、销量的下降和赠报的合并而不断加强。

这种过分小报化的办报方式引起了舆论的强烈愤怒。到了1993年，只有10%的公众相信新闻记者通常是值得信任的，会报道事情的真相。与10年前相比，这个比例差不多下降了一半。这使得记者在公众信任度的排名中垫底，甚至比警察还差。2002

年，类似调查的结果更加令人寒心：75%的英国人说他们“不愿再相信”报纸，这个比例远远高于欧洲国家。在英国一些调查机构评出的最不受信任的三种职业中，政客、二手车经销商、记者名列前茅。

2003年4月初，笔者曾在伦敦旁听了一场关于报纸公信力的专门研讨会，会上，一些英国报界老前辈对此忧心忡忡。无论报纸从业者承不承认，一个不容置疑的事实是，报纸可以在国家政治、社会生活中翻云覆雨的时代已经一去不复还了。就算在世界上享有盛誉的《泰晤士报》、《每日电讯报》，他们的观点、评论，普通老百姓又有几个人在乎呢？

显然，传统报纸在观念、形态、生产方式、营销模式等方方面面，都已经到了必须改变的时候。

THE Sun

Touch of Klass on I'm A Celeb

BRITAIN'S BRAVEST HORSE DIES

DESSIE 1979-2006

SUN TRIBUTE

CHARLTON DUMP DOWIE

HEY HEY WE'RE THE JUNKIES

Laughing lags win £800k over drugs ban

影视明星绯闻是英国小报的主打菜。

第三节　三大热点昭示未来

一向喧嚣热闹的舰队街从来不缺乏热点，近几年，英国报纸最热的话题莫过于免费报纸、多媒体融合以及大报小报化，这几个热点不仅反映了英国报纸在艰难时势下所作的抗争与努力，同时在某种程度上也昭示着英国报业未来的发展趋势。

一、免费报纸大行其道

尽管免费报纸在英国早已有之，1300多份地方报纸中就有将近一半是免费周报。但过去的免费报纸，由于发行量不大且以面向社区为主，并未形成气候，传统报纸也没太把它们当回事。直到1999年3月，由联合报业集团投资1500万英镑创办的英国第一份全国性免费日报——《地铁报》横空出世，彻底改变了免费报纸在人们心目中的形象，并对传统报纸的经营管理、采编理念产生强烈的冲击。

简而言之，《地铁报》是一份以乘坐公共交通工具上下班的都市白领为主要的目标读者、放置在地铁站或公共汽车上让人免费取阅的四开小报。该报版数通常在50个左右，为了迎合年轻读者的口味，采取全彩印刷，版式前卫，文章短小精悍，且刻意不带政治倾向，自称“消息报”而非“观点报”。这份全新的免费报纸甫一亮相，就备受年轻人的欢迎。创刊初期，每天印刷10万份，根本就供不应求。联合报业集团迅速把印刷量增加到20万、30万，广告商也开始关注这一新型报纸，尝试着在上面投放些广告。看到势头这么好，雄心勃勃的联合报业集团开始把目光从伦敦投向全国其他各大城市。该集团以授权经营的模式，迅速把《地铁报》推向伯明翰、格拉斯哥、爱丁堡、纽卡斯尔、曼彻斯特、利兹、谢菲尔德等主要城市。在早晨上班高峰期，伦敦地铁车厢内经常是人手一份《地铁报》，读得津津有味，成为一道独特景观。该报在广告经营等方面也采取了一系列创新举措，收到良好效果。目前，该报日均发行量已经接近100万份，并于2003年开始赢利。

谈及《地铁报》成功的秘诀，《地铁报》执行总监道格·里德（Doug Read）在接受笔者采访时称：

《地铁报》之所以能够取得成功，很重要的一点是，它是免费的，但更重要的是它不仅是免费的，而且是优质的。过去公众对免费报纸有这么一个印象：它是免费，同时它看上去的确像是免费的。对不对？突然之间，《地铁报》出现了，它不仅是免费的，而且还很不错！设计精美，写作优秀，操作手法极棒。从编辑的角度讲，它是用来摘要新闻的，是娱乐的，是用来告知的，是用来向读者展示有趣的事，读者们从中可以获得他们需要的信息，可以去体验最新的流行时尚，所有这些都在20到25分钟之内完成！所以它是为读者设计的一个形式与内容完美结合的产物。我们是这样描述我们的读者的：他们属于上游市场，是白领一族，主要从事服务行业，就像我自己。因此它是为像我这样每天乘公共交通工具上下班的人设计的。所以这份报纸包含观念、编辑和受众这三个因素，然后通过销售队伍和营销队伍把这些受众的价值转化给广告客户。这些因素结合在一起，造就了我们的成功。

尽管《地铁报》社努力想淡化自己对现有付费报纸的冲击，并且一再声称他们是“发现了一个未被挖掘的市场”，但是，它给传统付费报纸带来震撼却是显而易见的。笔者在采访许多英国报纸负责人时，他们都把免费报纸当作一个巨大威胁。从其他报纸主编的反映看，免费报纸对传统报业的主要影响倒不在于它们抢走了传统报纸的多少读者，而是免费报纸和互联网的出现使读者产生这么一种观念：信息是可以免费的，因此就没必要花钱去买报纸。里德对这一观点表示赞同，他说：

是的，我认为是这样的。《地铁报》代表了未来的某种发展趋势。我们的读者是互联网时代的头两代人。《地铁报》所做的，就是向他们展示可以用一个免费的商业模式来经营报纸。现在的报业主面临的挑战是，当他们放眼未来时，他们常常自问：在未来10年，我想从事的是怎样的一个行业？因为报纸的发行量持续下降，从目前的趋势看，10年后他们的发行量可能还会比现在更少。我可以断言，传统报纸正在慢慢死去，很慢，很慢，但却是无可挽回地死去。现在的读者希望报纸提供给他们某种新奇、轻松、实用的东西，《地铁报》就给他们提供了这些。我想，免费就是大势所趋，免费就是报纸的未来。

其实，英国传统付费报纸已经悄悄开始以实际行动应对免费时代到来的现实。《曼城晚报》（*Manchester Evening News*）、《金融时报》（*Financial Times*）纷纷跟进，出版了各自的免费下午版报纸。一张名为《城市上午》（*City A.M*）的财经生活时尚报纸开始在伦敦金融城免费发行。2006年9月4日，早就想在免费报纸市场分一杯羹的默多克终于出手，强势推出免费的晚报——《伦敦报》（*London Paper*），并计划复制《地铁报》模式，在英国各主要城市出版系列免费晚报。此举对其他报业集团无疑又是一大冲击，首当其冲的是拥有《地铁报》及《伦敦晚旗报》的联合报业集团，为了抵消《伦敦报》的影响，联合报业集团于8月底率先出版一份名为《伦敦纳特》（*Standard Lite*）的免费晚报，与《伦敦报》针锋相对。英国免费报纸市场激战正酣。

二、合纵连横多媒融合

近年来，面对越来越多新媒体的轮番冲击，英国报纸在不断提升自身品质应对挑战的同时，还主动出击，进军互联网、广播、电视、出版等领域，努力在与其他媒体的结合中寻找新的机会。

在进军互联网领域，英国动手最早的是《每日电讯报》，但目前落力最足、成绩最为显著的则是《卫报》和《金融时报》。

《卫报》网站（www.guardian.co.uk）是大家公认最成功的报纸之一，现在有1100万用户，其中350万在英国。网站共有120多人，除了技术维护、网页设计等工作人员外，还有自己的采编队伍，许多突发新闻首先都是在网站发表的。特别是星期六，由于第二天报纸不出报，网站在采访突发新闻方面的任务就更重了。除新闻外，《卫报》网站目前还开设了艺术、书籍、经济、教育、电影、足球、招聘、生活、媒体、足球、购物、社会、旅游等13个站点。2002年，该报网站在“英国新闻奖”评比中荣获“最佳网站奖”。

近年来，尽管网络浪潮有所消退，但《卫报》在网络方面的投资却并没减少，《卫报》还是英国各大报中目前唯一仍然保留一个网络专刊的报纸。卫报集团把网络当作一个重要的新增长点来投资。除卫报网站外，卫报集团还拥有“曼彻斯特在线”和一家汽车交易网站。据卫报集团首席执行官鲍勃·菲利斯（Bob Philis）此前透露，卫报集团在网络上的投资不是已经开始赢利，就是接近赢利。

《金融时报》网站（FT.com）创办于1999年，数年来随着网络潮的涨落而波动。网站刚开张时，正值全球网络热勃兴，《金融时报》也摆出大干一番的架势，当时仅网站采编人员就招聘了100多名，数年内投在里面的资金超过2亿英镑。但随着网站潮的消退，这成了公司的一个沉重负担。2001年以后，《金融时报》开始适度控制在网站上的投资，并把网站资源和报纸资源进行整合，在裁减部分网站工作人员的同时，把网站和报纸的采编力量进行整合，网站记者同时为网站和报纸供稿，报纸的记者也为网站供稿，报社内部不再存在单独为网站写稿的记者。而在此之前，报纸采编人员和网站采编人员不仅在运作上各自为战，而且双方还存在严重的对立情绪，报纸记者普遍瞧不起那些资历、收入都比他们更低的网站兄弟。2002年第四季度，FT.com首次实现赢利。按《金融时报》高层人士的说法，网络是《金融时报》未来整体发展战略的一个重要组成部分和新的效益增长点。

FT.com在2002年5月开始对部分内容实行收费，这在英国各报尚无先例。从当月起，网站上除最新要闻以及个人理财和投资方面的新闻外，用户如想看其他内容，均需付费。另外，新闻检索也限在7天以内，如想查阅7天前的“旧闻”，同样需要交费。收费标准分每年75英镑和195英镑两档。付费75英镑的用户，可以查阅过去5年《金融时报》的所有内容，并可以在后半夜里提前阅读第二天报纸的PDF版。网站还可以根据用户的要求，通过电子邮件为他们提供本行业要闻集锦服务，以及《金融时报》关于市场和国际经济趋势的最新调查报告。交费195英镑的订户，除了享受上述所有服务外，还可以进入该网站上关于全世界1.8万家上市公司财务状况的信息库，以及超过500家报纸的旧闻资料。到2004年初公布的最新订户数是7.4万人。

在《金融时报》网站实行收费之前，英国报纸对网站收费普遍持比较谨慎的态度。各报纸网站都处于一个两难的境地：一方面，他们都意识到，从长远上看，单靠广告收入无法为网站提供一个长期稳定的收入来源；另一方面，他们又担心采取收费会令访问量大减。《金融时报》收费后用户的良好反应，多多少少给其他报纸一点信心。此后，英国其他一些报纸网站也开始尝试对部分内容进行收费。《泰晤士报》从2003年起对国外用户收费，每年40英镑左右。另外，对英国国内用户，该报网站也对网站上的餐馆和酒吧指南，以及一周以前的“旧闻”收费。《伦敦晚旗报》采取相似的做法，对网站上的娱乐指南收取每周50便士的费用。《独立报》、《卫报》网站也陆续开始对少数内容实行收费。各报网站都采取一个相似的赢利模式：以免费的新闻、特稿之类内容吸引更多的访问者，在建立起足够多的目标用户基础后，再要求他们为一些独家内容付一点钱，如填字游戏、旧闻、股票操作技巧、消费指南等。英国报界普遍的看法是，报纸网站收费时代已经越来越近了。

除互联网外，在英国其他媒体中，也出现越来越多传统报纸的身影，目前很多报业公司都已经成为多媒体集团，而且这种趋势正在向更深、更广的方向发展。默多克在英国除了拥有4家一流报纸外，在电视领域也有巨大的投资。评论甚至认为，过去默多克是拿报纸赚来的钱去投资电视，现在则是拿电视赚来的钱去养报纸。《卫报》集团除了拥有《卫报》、《观察家报》和《曼彻斯特晚报》等44家全国性和地区性报纸外，还购买了 5 家商业电台，并涉足印刷、出版、咨询等多项业务。参与图书出版也是英国报业的传统，连《地铁报》这样的新兴报纸也不例外，该报与出版公司合作出版了一系列的旅行、消费指南方面的图书。

三、小报化浪潮来势急

MUSIC MAGAZINE
THE GAY ISSUE
The Observer
Some sick babies must be allowed to die, says Church
As the fighting goes on, a young girl pays her own tribute to the fallen
BBC licence fee increase to be slashed

小报化后的《观察家报》。

大报“小报化”是这两年国际报业最热门的话题，从伦敦到瑞典，从亚洲到北美，大报“小报化”浪潮一浪高过一浪。据世界报业营销协会（INMA）统计，2003年到2005年，全球范围内共有60家大报变身为小报。而这波浪潮的发源地，正是舰队街。2003年9月和11月，《独立报》和《泰晤士报》先后推出小报版本，引领了大报小报化的潮流。

经过精心筹备，2003年9月30日，一向以标新立异闻名的《独立报》率先推出小报版本，与大报版本在市场上同时销售，价格也一样，读者可根据自己的喜好选择大报或者小报。从市场反应看，小报版本明显更受欢迎。第一个月，该报发行量增加了1.7万份，增长7.74%。伦敦地区

《独立报》的发行量劲增了50%。接下来几个月的数据更是令人鼓舞。到了2004年2月份，《独立报》的发行量达25.6万份，比上年同期增长了近20%，创下1996年以来的新高。在总发行量中，小报版本占了70%。

theguardian

Backlash over Blair's school revolution

City academy plans condemned by ex-education secretary Morris

UK link to terror snatches

Bigger isn't always better...

小报化后的《卫报》头版。

《独立报》推出小报版本后，人们就开始议论其他大报会不会步其后尘。果然，2003年11月26日，已经有218年历史的传统大报《泰晤士报》在伦敦地区推出4开小报式样的版本，与大报版本同时发行。在业界和社会上引起强烈反响。《卫报》的一篇评论称这是一个“地标式的决定”。和《独立报》一样，《泰晤士报》的小报版本也备受读者追捧。经过几个月的市场测试后，两报均取消了大报版本，在式样上成了彻头彻尾的小报。到2005年底，这两家报纸的发行量比小报化前分别上涨了近20%和10%，成为全国性报业市场的大赢家。

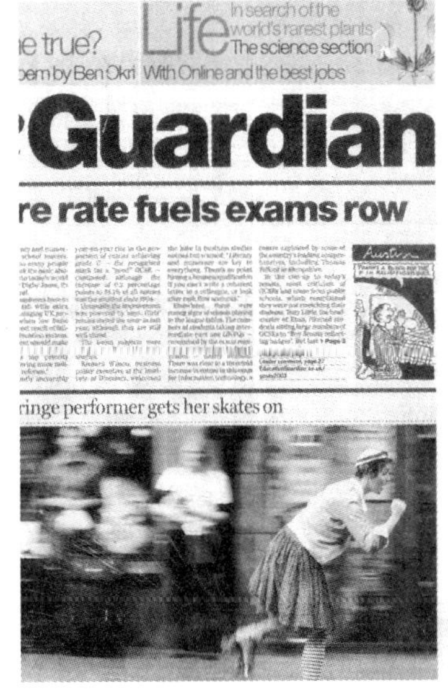
Life In search of the world's rarest plants The science section

With Online and the best jobs

Guardian

re rate fuels exams row

ringe performer gets her skates on

小报化前的《卫报》。

2004年8月，在爱丁堡出版的《苏格兰人报》由大报改为小报。2005年9月，已经观望了两年之久的另一家大报《卫报》终于也按捺不住，步人后尘走上小报化之路。不过在版式上《卫报》选择的是一种比普通小报略大的“柏林式”小报，该报同时投入8000万英镑的巨资，全面更新印刷设备，聘请大师改革版面语言，实现全彩印刷。如人所料，面目一新的“柏林式”《卫报》一炮打红，改版第一个月，发行量就增长了近10%。2006年初，《卫报》的兄弟报纸《观察家报》亦改版为“柏林式”小报。目前，上游市场大报中，只有《每日电讯报》和《金融时报》对是否小报化犹豫不决。

大报纷纷小报化，在英国报界引起强烈反响。因为在英国，传统上大报小报不仅仅是报纸式样上的差别，同时也是报纸身份和地位的一种象征。大报主要面向上游市场读者，内容严肃，版式谨严，可信度、权威性较强，一副正人君子模样；

小报则面向中下游市场，以猎奇、煽情、揭隐见长，报上每天总有许多耸人听闻的大字标题及俗艳的半裸女郎照片。和大报相比，小报给人的印象有点像街头无赖。因此，多数英国人在谈及“小报”（Tabloid）这个词时多多少少带有轻蔑之意。不过，不管人们怎么看它，小报在英国却依然大行其道。发行量排在全国性报纸前列的几份日报都是小报，仅《太阳报》一家的发行量就超过所有5家全国性大报的总和。这不得不让那些在为阻止发行量持续下跌而苦苦挣扎的大报主编三思。

舆论认为，一向自视甚高的大报之所以愿意“屈尊”进行小报化，主要还是为了讨好读者。英国报纸发行主要靠零售，上班一族大多是在上下班途中顺手买份报纸，利用乘车时间浏览一下。而在拥挤的地铁或公共汽车车厢里，要展开一份大报颇不容易。相形之下，阅读一份小报则要方便得多。事实上，早在1992年，《卫报》就已经把其第二板块以小报形式出版，并冠以“G2”（《卫报》的英文报名为*Guardian*）的名称，这个板块主要刊载类似国内报纸专刊副刊的内容，吸引了不少分类广告。近年来，《泰晤士报》、《独立报》也相继推出自己的小报板块，大报夹小报，成为上游市场大报的模式化板块组合。但把整份报纸的式样“小报化”，则还是头一回。

“大报正经历一场革命！”英国报界在惊呼之余，也在纷纷探讨大报的前途。甚至有评论说：鉴于大报小报化后的良好效应，预计5年之后英国将不会有大报存在。

也有许多人担心，大报小报化不仅是形式上的缩小，同时也会出现报道格调上的降格。还有许多老读者对大报小报化痛心疾首，有一些老读者甚至写信给《泰晤士报》主编罗伯特·汤普森，认为小报化是大报的耻辱，并声称要跟《泰晤士报》“再见”，改买仍保持大报式样的《每日电讯报》。或许是早已预料到这种质疑，罗伯特·汤普森曾在许多场合一再强调，《泰晤士报》在改版之后会继续追求质量，坚持自己的报道方针，绝对不会去追求名人隐私等耸人听闻的猎奇花边新闻。该报内部甚至避免“小报”的提法，而是称自己是一份“紧凑型报纸”（compact paper）。尽管如此，许多媒体评论家和读者还是注意到，几家小报化后的大报，不约而同地加强了娱乐、体育、社会新闻等软新闻的报道，在版面编排、写作方式上也在悄悄地套用小报的一些做法。毫无疑问，传统上大报和小报之间那条清晰的界线，正变得越来越模糊。

对于大报小报化后普遍出现的销量急升现象，许多评论人士也认为不宜高兴得太早，他们认为这更多的是因为读者对小报式样大报的一种新鲜感，而非报纸有了质的提高或市场发生了根本的变化。实际上，报纸发行量持续下滑的深层原因比报纸开本要复杂得多。如经济社会转型、生活方式变迁、信息消费形式变化等，都在深刻影响着报纸生产和消费的形态。从这些角度来观察，传统大报的生存环境并未因为开本的变化而有所改善，互联网、电视甚至广播等仍在蚕食报纸的市场份额，年轻读者还在一个个地离去，危机警报并未解除。

透过上述这些粗线条的描绘，展现在我们面前的是一幅斑驳陆离的英国报业图像。舰队街评论家们普遍认为，英国报业正处于一个动荡不安的变革时期，呈现在我们面前的是一个迷局，报业前景难以预料。传统报业要想在新的媒体地图中保持重要的一席之地，报界还要做不懈的创新努力。报业发展的这种不确定性，不仅对报纸经营者提出新的挑战，也对报业的管理者提出新的课题。

第二章
“有形之手”若隐若现

【本章提要】

英国报业发展史是与民主政治以及市场经济的发展紧密联系的。报纸被视为公众获取信息、意见和见解的重要渠道，是公民参加社会活动、政治生活时选择和判断依据的来源。为了保障报纸的独立性、公正性，同时也为了避免背上压制新闻自由的骂名，英国政府通常不愿对新闻界采取行政性的控制，对报业管理采取的是“无为而治”的策略。

在英国，政府对报业的管理和其他一般的企业一样，实行登记制而不是核准制。“二战”后几十年来，虽然政府也先后就报纸兼并出台了一些政策，如大的报纸的收购及兼并需符合公平贸易法案的要求。如果有关的两家报纸的总发行量超过50万份，或者可能形成某种垄断地位，竞争委员会和贸易工业部要介入调查；1996年后，报纸持有者在其核心发行区域拥有电视台、广播电台的数量也受到限制。只有某一地区的发行量占其报纸总发行量不到20%，它才能在该地区持有一份电视经营权。但这些措施实际收效甚微，政府对大部分报业兼并个案都是睁一眼闭一眼，报业垄断趋势有增无减。

传统上，英国政府对报业和广电产业分而治之，采取不同政策。从20世纪80年代开始，英国的媒体政策出现了一些转变。许多人主张，广播电视事业应该更多地由市场来调节，少一些行政干预，而对报业则应进行适当管制。随着时代的发展，英国对各种传媒的政策有逐渐统一的趋势。

在报业管理中刻意淡化直接的行政干预的同时，英国对报业的管理约束主要是通过法律手段来实现。英国并没有专门的新闻法，在大部分情况下，英国传媒是由普通法来管制的。其主要原因有以下两点：首先，英国的法律往往在具体的实施过程中针对出现的紧迫问题作出反应，因而英国人认为循序渐进的立法就比制定一项广泛、全面的法律体现出一些优势；其次，一个更重要的原因是，媒体在英国不具有特殊的法律地位，编辑和记者都是普通公民，因此可以将适用于一般商业机构的法律同样适用于规范新闻机构的权利，而没有必要使新闻界成为一项专门法律的立法对象。

不用说对于一个外来者，就算对英国人自己而言，想搞清楚这个国家报业的管理体制，也是件颇不容易的事情。跟许多英国同行聊起政府在报业管理中的角色这个话题，他们大多一头雾水，末了往往半开玩笑地说：“我的眼里只有老板，没有首相。”

这其实怪不得他们，政府这一在许多国家报业管理体制中居核心地位的角色，在英国的报业管理体制中，实在有点模糊。

从机构设置上看，虽说英国也有个“文化、媒体和体育部”（DCMS），但这个脱胎于梅杰政府时期“国家传统遗产部”的部门，职能涉及艺术、体育、全国彩票、旅游、图书馆、博物馆和艺术馆、广电、电影、音乐产业、新闻自由和规范、赌博业等诸多领域的政策制定，报纸只是其中微不足道的一小部分，报界对这个部门更是不屑一顾。至于另一个与报业沾边甚至被少数人称为“第二媒体部”的贸工部，其主要精力及资源都放在科技、能源、制造业、商务促进等方面，日常管理工作与报业基本无关，只是在逢有大宗的报业兼并收购出现时，才会偶尔露下脸。除此，英国报业管理链条中，再难找到政府的具体影子。从政策上看，按照学者杰里米·坦斯道尔（Jeremy Tunstall）的说法，“二战”后英国政府和议会吵吵闹闹几十年，在报业政策制定方面的唯一成果，就是在防止报业垄断形成了几条没多少效率的法规。可以说，政策对英国报业的约束作用并不显著。

有人把英国政府对报业的管理策略总结为“无为而治”，“有形之手”在大多数情况下是隐形的。不过，政府也并不总是缄默的。比如，当报业犯了众怒的时候，当有些牛气冲天的报业主不太听话的时候，当选举临近需要报业支持一把的时候，每每此时，“有形之手”就会不失时机地以一种合适的姿态浮现出来，动用手中的权力与资源，发出适当的警告，如果还不奏效，法律便是政府最后的武器。

因此，“若隐若现”，是英国政府管理报业的高明之处。而这点功夫，是他们在与报纸相处数百年之后修炼出来的。

第一节 报业独立路途维艰

英国今天的报业管理体制，其渊源可以追溯到数百年前近代报业的萌芽阶段。英国历史学家习惯把英国新闻史概括为报业反抗王室及政府压制逐步走向独立的斗争史，而这部斗争史的主线，是由“星法院”的废除、特许出版制的终结和“知识税”的废止等标志性事件构成的。

从某种程度上讲，这种历史在英国已经被蒙上了一层神圣的外衣，深刻地影响着今天英国报业的管理体制及新闻理念。

一、摆脱“星法院”的桎梏

1450年前后，德国美因茨的工匠古登堡（Johnnes Gutenberg）发明了欧式印刷术及印刷机。当时正值文艺复兴运动遍及欧洲，印刷技术和复兴思潮的结合在欧洲引发了一场思想大地震：“由于印刷机的出现，因而产生了‘危险思想’的传播，远远超过这种思想创始人的直接影响这一前景，于是问题尖锐了。”（《多种声音，一个世界》，联合国教科文组织，1980）

1476年，这种新型印刷术传入英国，各种各样的书籍、小册子在英国开始流行。这些印刷物中除了统治者喜闻乐见的歌功颂德之作外，也有一些“不谐之音”令他们寝食难安：随着宗教改革的发展，印刷物中反封建、反旧教的成分时有所见。封建王朝陆续采取了种种措施，对印刷出版物严加管制，其中最著名的是伊丽莎白一世建立的“星法院”。

1570年，伊丽莎白一世将参议院司法委员会改组为皇家出版法庭，史称“星法院”（Star Chamber）。“星法院”由枢密院人员（包括国会议员、财政大臣、掌玺大臣、1个主教、1个勋爵）和3个大法官组成。其审判程序有两种，一种是普通民事、刑事案件，审判程序与一般法院相同；另一种是政治案件，不公开审判。“星法院”虽然不能判处死刑，但对所谓的煽动叛国和诽谤宫廷案件，可以处以罚款、戴枷示众和坐牢，甚至可以采取鞭打、烙印、砍手断足等酷刑。

1586年，“星法院”颁布特别法令，严厉管制出版活动。该条令堪称英国封建时期出版管治条例的集大成者，主要规定有：一切印刷品均须送皇家出版公司登记，甚至连印刷机也不例外；除非教会同意，否则不再批准出版商的登记申请；伦敦市以外，除了牛津大学和剑桥大学，一律禁止印刷；印刷任何刊物均需事先请求许可，否则处以罚款或坐牢；皇家特许出版公司有搜查、扣押、没收非法出版物及逮捕嫌疑犯的权力等等。这项法令一直执行到资产阶级革命爆发。1641年7月，“星法院”才被正式取消。

二、特许出版制的终结

伊丽莎白并非扼杀出版自由的始作俑者，其先辈亨利八世、玛丽女王在位时都颁布过相关的法令来限制出版活动，巩固其极权统治，以期免受“异端邪说”的冲击，其中他们最为倚重的一条措施就是采取特许出版制，将印刷出版权牢牢掌控在手中。

1528年，亨利八世颁布法令，正式建立对出版物的审查制度，并开列了一大批禁书名单。1538年，他颁令建立皇家特许制度，规定所有出版商均需经过皇家许可，方可付印，否则禁止营业。

随后的玛丽女王以一种更为高明的办法来加强对出版物的管制。1557年，她将出版同业工会改造成为皇家特许出版公司，规定只有参加公司的会员和经女王许可的印刷商才能从事印刷出版业，其他印刷出版物均为非法。会员必须同意只刊登“有益于国家利益的消息”，并帮助当局查处非法出版者。皇家特许出版公司的建立，把王室的政治利益和办报人的经济利益紧密结合在一起，使英国封建王朝对新闻出版印刷业的控制变得更为有效。

1640年，英国资产阶级革命爆发后，包括“星法院”和特许出版制在内的许多封建王朝对出版物的压制措施就自动失效。此后，英国新闻出版业曾出现过一个短暂的繁荣时期。

然而好景不长。1649年，军事独裁者克伦威尔甫一掌权，就对印刷出版严加管制。他颁布法令，除特许者外，一律不准从事出版活动。他还恢复皇家特许出版公司，让该公司独霸出版业并查处一切非法出版活动。革命初期一度兴盛的定期报刊纷纷消失，只剩下效忠于克伦威尔的两份官报。

克伦威尔死后，1660年，斯图亚特王朝的查理二世复辟登基，他悉数恢复了旧有的出版管制方式，并指定两份保皇派的周刊为官方刊物。1662年出台的《印刷管理法》（又称《许可证法》），全面恢复以往的“星法院”的一系列规定。1663年，查理二世任命了皇室新闻检查官，对新闻出版业实施了更为严酷的管理措施。

1688年的“光荣革命”使资产阶级正式参与执政，备受压制的报业和出版业重现生机，它们纷纷要求取消限禁，实现出版自由。在这一形势下，被克伦威尔恢复的皇家特许出版公司也就名存实亡，失去作用。1694年，又正式废除了旧王朝的《印刷管理法》。于是资产阶级报业如释重负，出现了一个新的办报热潮。

三、 拒绝政府津贴收买

18世纪以后，为控制舆论，英国政府常给报人或报刊以津贴，以使报纸就范。著名报人迪福、斯蒂尔、爱迪生等都曾长期接受政府给的每年数百镑不等的年金，为政府歌功颂德，有时还因吹捧有功而被封以官职。例如，爱迪生在1695年发表《国王颂》，得年金300多镑，1704年布卢赫姆大捷，写长诗祝贺，得任上诉院评议员，第二年又发表《长征颂》得年金400镑，并委以国务大臣之职。辉格党人沃尔波先后两度出任首相共23年（1715~1717年，1721~1742年），他在位期间对报刊的津贴收买达到高峰，每年花去5万英镑。

在18世纪后半期和19世纪初期，英国一部分商业报纸广告收入有了明显增长，这使得报纸对政府补贴的依赖性大为减弱，报纸开始有勇气拒绝来自政治机构的秘密资助，并且有能力独立采集新闻，而不必完全仰赖政府提供的信息。广告收入的增加，还提高了新闻从业人员的工资和福利状况，使得他们不必一味顺从于政府立场。在某种程度上，经济上的独立促进了报纸政治上的独立性。1834年12月26日，羽翼渐丰的《泰晤士报》发表了一份措辞严厉的声明，宣布从此不再接受政府预先公布的任何信息，因为这与“本报的尊严和独立”相违背，而且首次态度严正地向公众表明“本报自己收集的信息更为快捷和可靠”。《泰晤士报》的做法，为各报所效仿。

四、 逐渐失效的法律管制

18世纪初开始，英国政府经常运用叛逆罪、煽动诽谤罪、总逮捕令等法律对新闻出版业进行制裁。其中最常用的是煽动诽谤罪，按照有关法令，凡批评国王、宫廷、内阁大臣及高级官员的，不管批评是否合理，均以此罪论处。

诽谤法的执行经历了几个阶段。18世纪初，政府基本上沿袭17世纪的司法原则，凡指责攻击国王、内阁大臣者均犯煽动诽谤罪；1730年以后，陪审团在审判中对煽动诽谤案开始可以自由表达意见，独立作出判决；1760~1780年间，政府对约翰·威克斯案与“朱尼斯”匿名信案等几宗著名诽谤罪案的审判因报界及公众强烈抗议而失败，使得诽谤罪的定罪越来越难；1792年，国会通过了《福克斯诽谤法案》，授予陪审团以最终裁决权以裁定出版物是否具有有害倾向。这一法案被认为又给新闻出版业增加了一点保障。1843年通过的《坎伯斯诽谤法案》加入了一项新规定：“代表公众利益的真实陈述，可在煽动与诽谤官司中免予起诉”，这进一步增加了相关法律的执行难度。

其实，早在《坎伯斯诽谤法案》通过之前，当局就已经意识到，通过诽谤罪起诉报纸，不能从根本上达到压制报纸的目的。尤其令当局难堪的是，许多报纸被起诉后，报纸的销量不降反升。因此，有官员称：“一个诽谤者最希望能够在法院进行公开审判，因为这是效果最好的广告宣传。”正因为这样，政府越来越不愿意用这个手段来起诉报纸，诽谤法案也逐渐名存实亡。

五、卸下“知识税”重负

随着一系列法律手段的逐渐失效，英国政府开始越来越侧重使用经济手段来加强对报纸的控制。1712年5月，英国国会在托利党（保守党的前身）的操纵下通过法案，规定所有报刊一律征收印花税，同时对报刊使用的纸张征收纸张税、刊登的广告征收广告税，三者合称为“知识税”。如有违反，则课以罚款或吊销执照。英国政府这一新发明的用意非常明显：迫使报纸涨价，使读者群限制在富人之中；提高出版成本，使报纸所有权尽量掌握在富人阶层手里。“知识税”既可为政府增加财源，又能限制报业，可谓一举两得。“知识税”开征以后许多报刊不堪重负，被迫停刊，半年之内伦敦12家报刊就停了7家。以后政府又多次提高税率，至1815年一张报纸的印花税高达4便士。此后相当长一段时间内，英国报纸积弱难返，报业发展停滞不前。

18世纪后期，报业的政治环境有所改善，但在经济上所受“知识税”的压力并没有减轻。进入19世纪后，许多报纸为了降低售价，只好逃避纳税，到1836年，逃税报刊的发行量甚至超过纳税报刊。政府屡查难禁，甚至越查越旺，颇有星火燎原之势。社会各界要求取消“知识税”的呼声越来越高。报纸纷纷逃避印花税现象，还使得报业管制成为一个重要的政治问题。在议会中，保守派和改革派就是否取消印花税展开激烈辩论。传统的保守人士主张采取更为严厉的措施来加强印花税的征收，而议会中的改革人士则认为，在大众抵抗的形势下，印花税已经无法强制执行，应该废除。保守派称，废除印花税将会使“劣质印刷品”泛滥成灾，改革派则反驳，印花税的控制作用已经越来越无效，并没有阻止激进印刷发行者的脚步，反而使他们拥有了自己的领地，可以毫无顾忌地向公众灌输那些“歪理邪说”，却没有任何竞争对手。政客们的辩论虽然热闹，不过，在英国学者詹姆斯·卡瑞（James Curran）看来：

事实上，在19世纪30年代对未缴印花税报纸的无情镇压，与20年后为争取报业自由的政治运动，其目的基本一致：使报业遵循既有的社会秩序。有所不同的是，能够通过廉价报纸对下层人民进行下面教导的信念不断增强。越来越多的人相信，通过自由贸易和制定标准规范来进行控制，会比由国家直接控制更为有效、更可取。这些转变的基础，是维多利亚时期中产阶级日益增长的实力和信心的体现，他们发起并主导了议会中废除报业税的运动，为了更好地获取利益，在不断扩张的报业中，形成了一股强有力的力量。

改革者们对于争取自由市场竞争的信心，最终转化成了实际的成果。在报业税赋废除之后，激进报纸却日渐衰败。[①]

迫于各方面的压力，政府不得不逐步降低“知识税”。经过一系列的斗争，1853年政府被迫取消广告税，1855年取消印花税，1861年又取消了纸张税。至此，英国报业背负了一个半世纪的沉重经济包袱终于解除。

“知识税”废止后，英国报业活力大增，发展步伐明显加快。1855年内就有多家周报改为日报，并有17家地方报创刊。一批面向社会下层的廉价报纸蓬勃兴起，包括后来发展成英国第一大报的《每日电讯报》。

学者斯蒂芬·高斯（Stephen Koss）认为，伴随着知识税的废除以及报业一系列反压制斗争的胜利，英国报业开始由“官方控制到大众控制的转变”，英国自由主义报业体制始得确立。

不过也有历史学家提出质疑，如詹姆斯·卡瑞认为，19世纪中期那段时间，并没有开创报业自由独立的新纪元，事实上，只是以一个新的报业审查系统取而代之，这个系统比以往任何时期的审查都更实际、更有效。在那些法律压制手段无法将报业纳入到社会秩序的领域中，市场力量开始逐渐发挥作用。

不管怎样，新闻自由在这个时期不仅已经成为报界的一个重要理念，而且在社会各界逐渐深入人心，这却是毫无疑问的。

---

① 詹姆斯·卡瑞，珍·辛顿著，栾轶玫译，《有权无责：英国新闻史》，清华大学出版社，2005年版，第20页。

六、新闻自由根深蒂固

如果说历史上报业与政府压制所进行的斗争，为今后英国新闻从业者反对各种由政府发起的新闻改革提供了实例和理论依据的话，那么，伴随这场斗争而诞生的新闻自由理论，则对后来英国报业管理体制的形成，产生了更为深远的影响。

在英国资产阶级革命的过程中，随着资产阶级民主思想的传播以及反对压制印刷出版的斗争的进展，出版自由的意识和理论悄然萌芽。

率先提出出版自由主张并加以论述的，有沃尔温（Willam Walwyn）、鲁滨逊（Henry Robinson）、李尔本（John Lilburne）等人，其中最受西方新闻界推崇，被视为新闻自由思想奠基人的是英国政论家、诗人弥尔顿（John Milton，1608~1674）。他在革命爆发后发表了许多文章和政府小册子，抨击封建统治，阐述主权在民的思想，从理论上对出版自由作出论证。

为了抗议国会恢复检查制，1644年，弥尔顿在国会上发表了著名的《论出版自由》，抨击检查制"对作者、对书籍、对学术的尊严和特权，都是一个莫大的污辱"，指出言论出版自由是"天赋人权"的首要问题。他首次提出，唯有保障言论出版自由，才能使真理战胜邪说。"上天给他理智就是叫他有选择的自由，因为理智就是选择"。

弥尔顿在人类历史上第一次提出"言论、出版自由"的口号，意义重大，影响深远。新兴资产阶级正是高举这面旗帜取得了资产阶级革命的胜利。他所首倡的出版自由观念，以及从中引导出的"观念的公开市场"、"自我修正过程"概念，后来发展成为新闻自由主义理论，而这个理论，正是近代资产阶级新闻传播的思想基础、西方文明的指导原则。弥尔顿被称为新闻自由运动的思想先驱，西方新闻学也将"出版自由"统称包含出版权利、报道权利和批评权利等在内的新闻自由。

其后，洛克（John Locke）、李尔本等继续就言论和出版自由作出论证，并且予以广泛传播。洛克的贡献主要在于他对人民和政府权力的关系的论述。他在《政府论》中，从"天赋人权"的立场出发，阐述了强调"主权在民、君权民授"的学说。其核心观点是：权力的中心是人民的意志，政府只是由人民授权的受托管理者，有责任维护人们的天赋权利；一旦政府失职，人民可以撤回授权。

李尔本是英国资产阶级革命的平均派领袖。他坚信天赋人权学说，认为人民的协议是一切合法政权的来源。17世纪40年代，他写了许多政论小册子，反对主教、国王，呼吁自由、民主，被称为"生而为自由的约翰"。

1688年“光荣革命”在英国确立了资产阶级政权后，1689年颁布了《权利法案》（*Bill of Right*）。该法第9条规定：“国会内之演说自由、辩论或议事之自由，不应在国会以外之任何法院或任何地方，受到弹劾或讯问。”这虽然只是就议员在国会的言论的特许权规定，但是连同法案中规定的人民请愿权，可以认为是在法律上最初就言论自由作出的规定。

在19世纪中叶，自由主义的理论渐趋成熟，自由主义的新闻体制也在西方各国先后确立。

西方理论家们对自由主义报刊理论形象地比喻成民主选举。他们认为，每一份卖出的报纸，都像是参加选举一样，把自己置于公众的评判之下，只是政治人物参加选举的次数不这么频繁罢了。因此，报纸比当选者更能代表实际的民意。按照自由主义的理论，报业有四个最重要的功能：告知公众，监督政府，组织公共辩论，表达民意。在这些功能之外，常常还会添加一些次要的或者辅助的功能，如表达公众的共享价值观，帮助社会去适应变化以及揭露恶行等。

随着西方新闻自由体制的建立，自由主义新闻理论在一些具体问题上的观念，化为一些基本的操作原则。这些原则是：政治上和经济上的独立性原则，新闻自由的界限问题上的（社会控制）法制化原则，以及传递信息内容上的市场化、多样化原则。①

自由主义的理论认为，传媒具有监督政府的作用，而为了保证这一作用的发挥，传媒必须保持政治上的独立性，这一点又必须以经济上的独立性为基础。那么，传媒业的经济支撑从何而来呢？自由主义的观点相信资本主义的私有企业制度会找到办法。就报业来说，通过刊登广告及出售报纸所获得的经济来源，是保持其经济上独立性的基本方式。

在新闻自由的界限问题上，自由主义的理论强调自由的新闻业在社会系统中的重要性。自由主义理论虽然也承认自由的相对性，但总体上他们认定政府的干预越少越好，强调非行政控制手段，主张政府在这个问题上的作用在于为传媒提供稳定的法律制度，使传媒接受法制化的限制，由司法体系充当主要的控制角色。

在对内容的控制方面，自由主义理论主张运用一种更加非正式的方式，即通过信息市场的自由竞争，通过允许各种观点自由进入言论市场的自我纠正过程，解决问题。西方的新闻自由观相信，公众通过接触各种信息，依靠其理性能够辨明真

① 魏永征、张咏华、林琳著，《西方传媒的法制、管理和自律》，中国人民大学出版社，2003年版，第321页。

理和谬误。从这一立场出发，西方的新闻自由观认为，虽然在传媒刊播的大量信息中，难免会有某些虚假信息和不健康的内容，但是，这不能由政府来干预，以免对政府的批评或与政府官员的看法相异的意见受到压制。自由主义理论提供的办法，是让公众接触多样化的信息内容，从大量的报道和意见中，作出理性的判断，抛弃谬误。也就是说，在信息传递的内容上，要遵循市场化、多样化原则。

传统的自由主义新闻理论，在促进西方报业的发展、推动社会民主进步方面发挥了重要作用。但这种理论本身也隐含着一些难以化解的硬伤，特别是在界定新闻自由和滥用新闻自由的界限方面，难以提出有说服力的解决办法；另外，过度商业化的运作方式，还导致报业垄断，以及多元化的失败。甚至连许多西方学者自己都承认，西方所谓的新闻自由，其实只是报业主的自由。

尽管如此，自由主义新闻理论对英国报业管理理念和政策的影响却是深远的。20世纪初开始，尽管自由新闻理论本身的许多漏洞、弊端也一再受到挑战，西方还产生了社会责任论等新的新闻理论，但时至今日，真正左右政府报业管理理念、政策取向的，还是自由主义理论，政府往往习惯于采取无为而治的策略。而自由主义新闻理念固有的一些隐患，也成为英国报业管理体制中的长期争议的核心问题之所在。

第二节 “无为而治”暗藏玄机

从上述内容可以看出，英国报业发展史是与民主政体以及市场经济的发展紧密联系的。报纸被视为公众获取信息、意见和见解的重要渠道，是公民参加社会活动、政治生活时选择和判断的依据的来源。正因为如此，西方发达国家十分注意保障媒体的独立性、公正性，允许竞争的媒体可以不受政府不必要的限制，认为这是民主政体正常运行必不可少的保证。

其实，从历史上看，早在资产阶级革命时期，争取新闻自由（以办报自由的形式出现）就成为这场革命中政治斗争的一部分。以言论自由和出版自由为主要内容的自由主义新闻体制，是资本主义政治体制的一部分。在资本主义制度建立的过程中，言论自由作为一项基本权利被欧洲、北美各资本主义国家的法律所确认并加以保护。

传统上，除了战争等非常时期外，英国政府通常不愿对新闻界采取规范性的控制。认为政府对报业的直接控制会产生存在国家审查制度的嫌疑，这在一个自由民主的社会里不仅不受到欢迎，而且容易引起新闻界的对抗情绪。在政府的管理理念中，报业和其他一般的企业一样，实行登记制而不是核准制。

不过，从20世纪80年代开始，英国媒体政策的思路出现了一些革命性的转变。许多人主张，广播电视事业应该更多地由市场来调节，少一些行政干预。另一方面，要求政府加强对报业进行适当管制的呼声也时有所闻。随着时代的发展，英国对各种传媒的政策有逐渐统一的趋势。

一、“二战”时期对报纸的管制

和许多国家一样，“二战”时期，英国政府对报纸实行了特别的管理制度。

1940年夏天，战争阴云笼罩英伦三岛。政府签署了特别许可令，授予内政大臣对报业实行全面控制的权力。其中最重要的是“2D”法令。依照该法令，内政大臣有权禁止任何“故意煽动反对女王领导的战争”的报刊出版，同时剥夺了遭禁报刊向法院投诉或申诉的权利。

不过，历史学家普遍认为，当时政府的这项政策，主要是用来对付“不听话”的共产主义报纸和左派报纸。1941年1月21日，共产主义报纸《劳动者日报》和《周报》被命令停刊。公开理由是这两份报纸鼓动人民反战，因此对政府的抗战政策产生不利影响。而事实的真相是，因为这两份报纸曾对备战中存在的许多敏感问题进行揭露，并批评了一些部长，从而得罪了一些人。另外，左派报纸《每日镜报》也因为经常批评政府，差点遭遇被查封的命运，后因报界强烈抗议而作罢。

“二战”期间英国政府对报业采取的另一管制政策是以经济手段调控报纸。为了节约资源，保证公平分配，1940年立法规定，新闻用纸实行配给制。这项制度带来一项意料之外的结果：原来制约激进报纸发展的经济压力，大大减轻了。

1940年，报纸的经营者们自动削减了广告的数量，因为在配给制下，新闻用纸比战前减少了1/3。1942年，根据新的规定，原来半强制的配给制度成为正式规定，并限制了广告在报纸上的比例。如此一来，发行收入就再一次成为支撑报纸运转的主要财政来源。例如，伦敦的日报在1943年的销售收入占其总收入的69%，而在1938年，这个比例只有30%。

由于广告空间的缩小，原来那些很难吸引到广告的激进报纸，也发现广告商在央求他们刊登广告。

第二次世界大战期间的管理政策，不仅没有阻碍反而有助于激进报刊的发展。政府想要激进报纸缄默的企图，被公众的抗议所打破，同时官方的经济控制使得报界能够更好地反映公众情绪的变化。

二、办一张报纸如开一家面包店

各国政府在规范新闻出版组织的设立方面一般分为两种方式。一是特许证制度，即建立新的新闻出版组织要经过政府有关部门的批准，获得政府颁发的许可证之后才能成立。16~18世纪，英法等国报刊出版特许证制度即属此类。另一种是登记制。目前英国实行的就是这种制度。

目前在英国，政府对创办广播电视采取严格的控制措施，但对创办报纸几乎没有限制。任何个人和组织都可以在任何时候、以任何形式创办一份报纸，只要他们履行一些简单登记手续，如每期报纸都必须注明出版者名字、地址，并向英国图书馆缴送样报样刊，以及在不能完全正常出版时必须向股东大会提交全年度报告时作出说明。由于手续简单，因此有人甚至说：在英国，办一份报纸和开一家面包店一样方便。

这种政策的理论基础是传统的自由主义新闻理论，按照这一理论，每个人都有表达的自由，因此，不应该对办报设立任何障碍。企业自由是报业自由的先决条件，只有不限制出版自由，才可以创造一个多样化和具有代表性的报业。

不过，理论与现实总是有相当的距离。创办一份报纸是一回事，而能否让报纸活下去，则是另一回事。随着报业产业化、商业化程度的不断增强，英国报业的进入门槛也越来越高。根据1977年的一份调查，当时即使是创办一份在城镇发行的、没有直接竞争对手的地区性报纸，投资也达到200万~300万英镑。而在主要消费市场办一份新的杂志同样需要大量投资。基于此，当年的皇家报业委员会在报告中承认：“任何一个人都有权力自由去创办一份全国性日报。但只有少数人有能力达到这个目的。”30年过去，如今想创办一份报纸的成本更是越来越高，非普通民众或企业所能承受。“二战”之后，新创办的全国性大报只有《独立报》一家勉强存活下来，这从某种程度上说明了问题。

三、反垄断法收效甚微

传媒业的所有权方式及兼并收购，向来是各国传媒管理的重点。英国政府战后几十年来在报业方面制定的为数不多的政策中，也主要与此有关。

从战后到撒切尔时代的34年（1945~1979年），英国报业政策主要是以分别于

1949年、1962年、1977年成立的三届皇家报业委员会的调查报告为基础来制定的。学者坦斯道尔在回顾这三届报业委员会的工作后认为，他们都没有形成什么像样的法规，唯一的成果是形成了一个报业自律体制，以及少量的反报业垄断法。所有的三届委员会都被在任的首相当作一种中立的机器，用来处理棘手的政治问题，一种提醒报业必须举止合适的最方便的方法。

1949年，英国报业垄断化日益严重引起各界的广泛关注和大量批评。首相克莱门特·安特利（Clement Attlee）下令建立首届皇家报业委员会，对报业的结构、财政状况进行调查，为报业政策提出建议。委员会得出的结论是，英国并没有不合适的报业产权集中现象，因此，政府也没有采取什么相应的措施。

20世纪60年代初，报业产权集中化愈加显著。1961年，首相哈罗德·麦克米伦（Harold Macmillan）决定建立第二届皇家报业委员会，调查英国报业的产权集中化情况，以及这些因素对公众表达自由的影响等。

经过调查，第二届皇家报业委员会于1962年提出调查报告。报告承认，报业产权集中化已经成为一个严肃的问题，需要采取特别措施加以控制。委员会建议成立一个报业合并法院，负责裁决重大的报业兼并收购案。这项提案经过修改后于1965年获得议会通过，成为法律规定。按照这项规定，所有的大型报业集团，在收购其他报纸之前，都必须获得国务大臣的批准。1973年，这项规定又被纳入公平贸易法。依据该法，如果一宗付费报纸转让涉及双方的发行量超过50万份的话，就需要经政府同意才能完成。

但法案同时规定，如果贸工部认为相关兼并不会导致报纸产业出现经济上的问题，或者只是单家报纸的并购，贸易大臣可以马上同意，无须报垄断委员会。这种故意模糊的语言，是设计来为首相干涉报纸兼并提供方便的，他可以支持工党的报纸，打击反工党的报纸。1964~1970年的首相哈罗德·威尔逊（Harold Wilson）首先看到可以利用报业反垄断法来在选举中获取报业的支持。1969年，政府爽快同意默多克收购《太阳报》，结果1970年大选时，默多克报之以李，《太阳报》站到了工党一边。由于后来的《太阳报》成为一份坚定的右翼报纸，因此从长远看，工党政府的这个决策是失败的，但短期看却是成功的。

1977年成立的第三届皇家报业委员会被迫对报业市场进行了一个重新评估。委员会总结认为，报业垄断已经影响到新报纸的创办和市场多元化的目标。但是，这届委员会之后，反垄断法律依然没有明显作用，大部分主要的报纸兼并收购案均顺利得到政府的批准。

三届皇家报业委员会都对报业提出了尖锐的批评，但没能提出解决之道。他们共同努力也没能在法律上有效制止垄断，有效地促进报业自律。当委员会解散之后，报业再也没有进行过重要的改革。

铁娘子撒切尔在20世纪70年代后期上台后，改变了前任首相的低调作风，强力介入报业兼并收购。她同意默多克收购《泰晤士报》，而不需要通过贸工部批准，理由是一家快破产的报纸，没必要经过反垄断委员会审查。

1996年后，英国政府对报纸的兼并收购特别是跨媒体收购作出一些补充规定。报纸持有者在其核心发行区域拥有电视台、广播电台的数量受到限制。只有某一地区的发行量占其报纸总发行量不到20%，才能在该地区持有一份电视经营权。广播电台护照相对比较容易得到，但报纸发行量越大，对其经营广播电台的限制就越严格。

2002年，英国政府再次修改传媒并购的相关法律条款。《英国通信法案》对传媒兼并作出新的规定，取消了过去政策中的一些限制性规则，这些规则包括：

·防止独立电视台独家所有的规则。

·防止拥有多于一家商业广播牌照的规则。

·应用于报纸合并制度中的刑事制裁。

·防止同时拥有电视和广播电台的规则。

·防止大的报业集团收购频道5或广播牌照的规则。

·防止非欧洲人取得所有权的自相矛盾的规则。

法案同时保留了对跨媒体所有权的三个关键限制：

·保留对任何占有市场20%以上的报业集团不能拥有独立电视台“绝大部分股份”的限制。

·一个类似区域规则，防止任何人在任何区域或主要城市拥有所有报纸和区域独立电视台牌照。

·在几乎每一个地方社区，除了BBC以外，确保至少三家地方或区域媒体声音存在（以报纸、电视和广播的形式）。

英国报业反垄断法实施数十年来，在报业兼并收购中很少真正发挥阻拦作用。1965~1993年，全英国共有151宗报纸转让获得通过，只有4宗较小的转让被政府否决。一些大的并购，如默多克收购《泰晤士报》、《星期天泰晤士报》和《太阳报》，卫报集团收购《观察家报》均顺利过关。近年来的重要报业兼并案，如1999年三一集团收购镜报集团、2004年巴克利兄弟收购《每日电讯报》，在政府方面均畅通无阻。2001年，色情出版商戴斯孟德收购快报集团时，曾备受非议，但政府一样不闻不问。

值得注意的是，英国法律对报纸产业的集中化并没有限制，其法律规范的只是具体买卖行为，而不是所有权。这与广播电视形成鲜明反差。20世纪90年代出台的广播法案禁止电视及广播的垄断，不允许在报纸及广播电视方面同时占多数市场份额。另外，英国政府对于外国人介入报业的产权转让没有任何特别的限制，允许外国公民拥有或控制英国报纸。这也为以默多克为代表的越来越多的外国人进军英国报业市场创造了条件。

报业反垄断法之所以收效甚微，学者认为，主要原因有以下几点：

一是报业主的强烈反对。报纸出版商一向反对任何一项使报业受到约束的改革计划。不管是左派还是右派的出版商，在抵抗对报业的公共干预上，从来都是站在同一战壕里，表现得异常团结。他们用正义的自由主义来炮轰那些反对派，将他们不受约束的自由与公众的自由画上等号。这逐渐变成了塑造报业管理环境的核心理念。报业也是自身理念的传播者。出版商们披着自由的外衣，制造人们对改革愿望的怀疑和不信任。

二是政府不愿意因为阻止交易成功使那些强大的报业集团成为自己的敌对力量，尤其是在选举的关键时刻。政客们都意识到，想要对报业进行规范约束，可能要付出沉重代价。例如，第一任工党政府（1945~1951年）的首相克莱门特·安特利是一个非常狡猾的政治家，但他在组建首届皇家报业委员会时也遭到了强烈的反对。卡拉汉的工党政府（1976~1979年）悄悄地将第三届报业委员会关于对报业垄断实行更严厉的法律管制的提案束之高阁，因为政府不想给自己再添麻烦了。因此，这种政策的失效，实际上是报业主与执政党妥协的必然结果。例如，工党与报业的关系更为复杂。工党中央委员会将抑制报业集中化和推行报业多元化的主张，纳入了1983年和1987年该党的竞选宣言。但是，到了20世纪90年代，工党的领导人在报业改革的问题上，越来越保持暧昧的态度。为了赢得报业的支持，政府给了他们相当大的优先权，象征性的标志就是布莱尔于1995年访问尖利海曼岛时，他对新闻集团的执行官们发表了关于“需要一个更为开放和竞争的媒体市场”的演讲。作为回报，在随后进行的1997年和2001年大选中，右派报纸都坚定地站在新工党的一边。自此对报业管制立法的改革，也不再列入政府议程，因为这将威胁到新工党和右派报业巨头们的“和睦”关系。

三是被收购兼并的报纸通常都是濒临破产，财政状况极其糟糕。因此，政府及报界在放纵兼并收购方面也就有了一个冠冕堂皇的理由：允许兼并在许多情况下被认为是挽救一家垂死挣扎报纸的唯一最好途径。

四是没有形成一个有力的反对力量。虽然报纸行业工会通常是主张改革，但他们的能量和资源有限，因此只能追求一些狭窄的行业目标，无法对反垄断这类的国家政策产生实质性影响。就新闻从业人员来说，尽管许多记者对报业的现状心存不满，但为保住饭碗，他们通常也只敢在酒吧里发发牢骚，而不敢在出版物或公共论坛上发出呼吁。

四、补贴政策无人理睬

在一些西方发达国家，对弱势媒体采取补贴政策，以维持报业的多元化，以扩展消费者的选择余地和民主讨论的空间。在自由主义市场理论中，这也常常被视为市场失灵时用来维持竞争、恢复市场平衡的合理方法。

例如，在北欧的瑞典和挪威，就有完善的报业补贴制度。实行这种政策的还有比较低调的澳大利亚、荷兰等国家。北欧国家的做法是有选择地向那些非市场导向的主要媒体提供补贴。这些补贴被指定用于发行和印刷，并不能用于内容的采编，补贴由所有党派代表组成的一个公共机构进行管理。虽然这种方法也遇到了困难，但长期以来它在扶持小众政治类报纸——不论是左派还是右派报纸方面获得了巨大的成功，否则这些报纸早已被市场淘汰了。有学者认为，这种政策无疑有助于扩展并丰富斯堪的纳维亚国家的民主政治。

不过，类似的政策，在英国一向被报界及政府所拒绝，因为这些措施偏离了英国“没有指导政策”的报业传统。

在英国，大部分关于媒体运营的官方思路，都有一个共同的特点，就是对政府抱有自由主义的怀疑态度。例如，第三届皇家报业委员会（1977年）在报告中就提出：

我们强烈反对任何一种通过公共基金持续地提供补贴，而使整个报业或报业中的任何一个部门，对政府产生依赖的计划和方案。我们也坚持反对任何一个政府部门，能够有权对报纸进行分类管理，以货币支持某些报纸，而不支持其他。

其实，首届皇家报业委员会（1949年）已经很含蓄地表达了这种观点，而第二届委员会（1962年）在这个问题上的态度就非常鲜明了。他们拒绝对弱势报纸进行补贴，认为这将导致这些报纸被政府控制。不过，普遍补贴的方案也遭到了否定，因为这无法为弱势报纸提供特别的帮助。第一种方式的缺点是可能导致报纸检查制度，而第二种则根本不会产生实际效果。

五、政策一体化前景未卜

传统上，英国政府的报业政策和广电政策截然不同。从上述章节可以看出，政府对报业采取的是“无为而治”的指导方针。与之形成鲜明对比的是，广电行业从20世纪20年代一诞生，就被置于政府的严格监管之下。政府不允许广播同报业在新闻报道方面进行充分的竞争，广播机构被创办成公共服务的垄断组织。对广电行业的评判标准主要是其对文化、教育和娱乐的贡献。对广电行业严加管制的一个主要依据是，因为波段是一种稀缺的公共资源，为了公共利益要妥善管理。

不过，从20世纪80年代后期开始，随着技术的发展和更多新媒体的不断涌现，英国的媒体政策也开始出现了一些变化，其中最突出的一点就是媒体政策有走向统一的趋势。许多人提出，广播电视事业应该更多地由市场来调节，少一些官方行政机构的干预。相反，要求通过立法对报业加强管理的呼声却在议会和学术界时有所闻。

这种变革的呼声主要是基于媒体环境的变化。过去，报纸一向是人们获取新闻的第一来源，现在，通俗报纸的版面中，只有不到1/4的内容是新闻社论和公共事件分析。事实上，电视已经取代了报纸的角色，成为了首要新闻源。以往存在于“信息”媒体与“文化和娱乐”媒体之间的界限，已经被彻底打破了。以往用来证明公共广播电视服务合理性的波段稀缺论，现在也由于有线电视、无线电视和数字电视的发展而逐渐被推翻。因此，以往在广电和报业管理上的不同政策取向，现在就显得有些不合时宜。

新工党政府于1997上台后，开始试图采取了一视同仁的新媒体政策，改变原来那种广播电视、电讯、电脑和印刷物分立而治的体制。政府宣称，这是科技集中趋势的必然结果，也是为了发展对所有传播形式普遍用途的必要条件。过去行政部门对各自独立的不同媒体制定不同的“部门政策”，现在这种体制已经不适应形势的变化，需要制定一种将传播产业视为一个整体的、简单一致的管理体制。

工党政府首先对媒体管理机构进行了调整，成立“文化、媒体和体育部”（DCMS），以替代1992年梅杰政府成立的“国家传统遗产部”，“文化、媒体和体育部”在媒体方面的重要工作就是整合媒体政策，目标是“在一个平等的环境中对各种媒体实行相同管制”。另外，“广播电视标准委员会”、“独立电视委员会”、“广播电视局”和“广播通信委员会”于2003年合并为传播部。

尽管如此，政府却至今还没有对媒体行业进行一个深入的调查，提出一个统一的媒体政策。广播和电视（但不包括报业）仍被要求保持政治中立，在节目内容方面也受到诸多限制，但报业仍在享受着较大的自由。因此，英国学者认为，新工党政府在使媒体政策变得更为合理方面，也并没有比它的前任做得更好，甚至政府内部，不同部门在媒体政策方面也经常自相矛盾，如，“文化、媒体和体育部”倾向于公共服务观念主导的政策，而有第二“媒体部”之称的贸工部实际上一直在媒体产业中推行市场观念。此外，新工党政府将推行全球化媒体竞争作为一个中心目标，而这与其促进媒体质量、多样性和（民众对媒体的）接近权的目标是严重冲突的。在新工党政府的绿皮书、白皮书和咨政报告中，公共广播电视服务受到保护，但同样的保护却没有给予按照自由市场思路发展的报业。对英国政府来说，传媒政策一体化，仍是路途漫漫。

第三节 一视同仁依法管理

英国政府在报业管理中刻意淡化直接的行政干预，对报业的约束主要是通过法律手段来实现。

不过，英国并没有专门的新闻法，在大部分情况下，英国传媒是由普通法来管制的。其主要原因有以下两点：首先，英国的法律往往在具体的实施过程中针对出现的突发问题作出反应，因而英国人认为循序渐进的立法就比制定一项广泛、全面的法律体现出一些优势；其次，一个更重要的原因是，媒体在英国不具有特殊的法律地位，编辑和记者都是普通公民，因此可以将适用于一般商业机构的法律同样适用于规范新闻机构的权利，而没有必要使新闻界成为一项专门法律的立法对象。

据估计，英国共有140多个法律中有关于传播的专门条款。其中与媒体及新闻工作者关系比较密切的主要有以下一些法律：

一、诽谤法

英国制定的《1996年诽谤法令》旨在保护公民个人和公司的名誉不受侵犯，在言论自由和个人名誉权之间达成平衡。

在有关诽谤的诉讼中，媒体方负举证责任，以证明被指控的行为具有正当性。不构成诽谤的理由可以是对有关涉及到公共利益的事件在客观事实的基础上作出公正的评论，或者是对一些非常重要的信息，媒体出于公众利益的需要有义务公之于众，当然媒体在收集和公布这些信息时必须精确和公正。这些规定，实质上是为符合特定条件的言论自由和舆论监督网开一面。

目前，在英国很少以诽谤罪进行刑事诉讼，大多数的案件按照民法中的损害名誉罪来处理。在实际生活中，很多英国人不愿意将名誉损害案件提交到法庭进行处理，除非他们有足够的把握能够获胜。此类案件所涉及的法律问题非常复杂而且败诉方要支付的律师费有可能远远高于所支付的损害赔偿金额。1998年，格林纳达广播公司被迫支付了5万英镑的名誉损害赔偿金，而它所支付的律师和其他诉讼费用竟高达60万英镑。

由于英国的法律对于诽谤罪的处罚相当严厉，编辑和记者都深知后果的严重性，所以在处理新闻报道和发表评论时特别小心谨慎，主要报纸都有专门的法律顾问，一些重大的专题报道、新闻调查，在实施之前都会对法律风险进行详细评估，防止“触雷”。当然，也有些报纸在权衡利弊后，铤而走险。如《太阳报》曾因为一组关于著名歌星埃尔顿·约翰的报道，被判罚款100万英镑，但他们不无得意地称，这组报道给报纸带来的收益，远远不止这个数。

二、藐视法庭法

媒体在保障司法公正，监督司法机关正确行使职权的过程中发挥了积极的作用，但在另一个方面，媒体的不正当的参与将会危及法院的公正无私。

在英国，对媒体报道审判程序的权利所施加的限制是有关藐视法庭罪的规定。在英国藐视法庭是刑事犯罪。藐视法庭的法律起源于判例法，但1981年的《藐视法庭法令》对此作了重大修正。这一修正也是尊重欧洲人权法院判决的反映。这个法令对表达自由作出了很多限制。它的主要目的是防止媒体的宣传报道影响司法公正，尤其是对陪审员的独立判断造成影响，从而造成“媒体定案”。

考虑到在审理案件的过程中，陪审员可能会受到媒体报道的信息的影响。为了防止对公平审判的妨碍及对司法系统的不恭，《藐视法庭法令》对法庭审判的报道作出严格规定，其主要内容有：记者不可与审判员交谈，不可泄露证人、协同犯及强奸案受害人的姓名，必须保守有关行业机密。最重要的一点是，在审理之前及审理过程中，记者必须以不偏不倚的态度进行报道。

不过，英国媒体涉及藐视法庭罪只限于审判进行中的案件，对已判决案件的评论不在其内。

三、信息自由法

《信息自由法》于2005年1月1日起正式生效。根据英国宪法事务部介绍，按照这一法律规定，任何人，不管是否拥有英国国籍，也不管是否居住在英国，都有权利了解包括中央和地方各级政府部门、警察、国家医疗保健系统和教育机构在内的约10万个英国公立机构的信息。公众须书面（包括以电子邮件、信件或传真形式）提出咨询，写清咨询内容和姓名地址，但毋须说明理由。除特殊情况外，被咨询机构必须在20个工作日之内予以答复。

但是，如果公众咨询的问题涉及国家安全，又或透露有关信息违反法律或不符合公共利益或对他人构成危险，又或公众可以通过其他途径获得这些信息，则有关部门可以拒绝答复。王室、国家安全和情报部门、法院和特种法庭均不受这一法律辖制。另外，如果受理并回复咨询的费用在450英镑以下（由中央政府处理则费用在600英镑以下）的话，有关机构不得收取任何费用。受理费用超过这一限额，除非咨询者同意自掏腰包，有关机构可以拒绝受理。

根据这一法律，预计有10万份公共机构文件及部分原本需要30年后才能解密的政府档案向公众公开；英国发电厂、炼油厂、饮用水处理厂等排放污染物的工厂须公开其污染物排放数据；核电厂须公开过去的核辐射泄漏资料；警方也须公开所处理犯罪案件数字、谋杀案等严重犯罪案件的调查进展情况、高级警员的日常办公开支等等。警方甚至还必须披露全英公路上设置的5000多台监控超速驾驶的摄像机的位置图，但可以拒绝提供启动这些摄像机的测检速度仪器位置。

英国宪法事务大臣法尔科内表示，该法律生效后，英国公众与信息的关系从原来的“需要知道”一变而为“有权知道”。公众可以凭借这一法律了解公共机构的决策过程及它们如何运用公共资金，这将对政府处理信息的方式产生重大影响，有助于政府行政进一步透明化，也有助于强化政府与公民的联系。英国政府各部门都已经成立了特别小组负责回答公众的问题。

从《信息自由法》中受益最大的应该是媒体。过去，英国政府对许多官方信息都采取严密的法律保护，早在1911年就发布过一个《反间谍》成文法，1989年又发布了一个《政府保密法》，该法令规定，任何从现职的或以前的国家安全或情报部门的工作人员中获取或公开有关信息，而此种信息的公布具有损害性，都构成刑事犯罪。报界对此怨声载道，《独立报》副主编伊恩·比勒尔（Ian Birrell）在接受笔者采访时就表示：“这个国家的政府，有太多的秘密。”

正如英国政务院所指出,《信息自由法》的主要特征有如下四个方面：其一，除非有明确规定的豁免和限制条件，广大民众有获取公共信息的权利；其二，即使是在适合豁免的情况下，对于信息的公开也应考虑到公众的利益，应具体情况具体处理；其三，公共部门（包括政府部门）有积极主动地出版公共信息的义务；其四，通过信息官一职和异议审查会的设立，加强信息公开的实施力度。

四、 淫秽出版物管制

根据英国相关法令的解释，“淫秽出版物”是指就整体来看会导致败坏和堕落效果的任何文章，它不仅仅指含有性描述的内容，而且也指那些含有暴力和吸毒内容的文章。出版淫秽出版物是犯罪行为，最高刑罚是三年有期徒刑。

从法律上控制出版违反公共道德标准的有关性和暴力的描写或影像的行为在英国已经存在了若干世纪。近些年来，如何确保法律的标准足够灵活以包容日益变化的价值观念，同时又能够充分维护人类的尊严，是英国面临的一个难点。公众对成年人和儿童应接触到多少有关性和暴力内容的媒体持不同的观点。英国重视对青少年权利的保护。许多媒体立法中都有专门的规定防止不健康的内容危害青少年的健康成长。《1978年儿童保护法令》单独规定了对儿童色情的控制。根据该法令，任何拍摄、分发、广告、出示或以分发为目的拥有16岁以下儿童的淫秽照片或类似照片的行为都构成犯罪行为，将受到最高三年监禁的刑事处罚。但是，这个法令没有定义什么是“淫秽”，最终由法院来解释它的具体含义。《1988年刑事正义法令》规定只是拥有儿童色情照片就构成犯罪，将受到最高6个月的监禁。互联网向淫秽出版物法令的应用提出了新的挑战。任何一个有网络电脑的人都可以通过上网轻松浏览到全球各地的电脑主机所储存的淫秽图片。政府已对此作出了反应，通过修订淫秽出版物法令规定电子传输也可以被认为是出版行为的一种形式。如《1994年刑事正义和公共秩序法令》对什么是“照片”作了扩大的定义。它还包括储存在电脑磁盘里的数据以及任何能够通过其他电子方式转化成照片的数据。“类似照片”指的是一种图像，不管是通过计算机制成的还是通过其他方式，看上去像照片一样的图像。在这方面，英国的电视和电台受到比出版物更为严厉的管制，对电视和广播的内容有更高的标准。所有的商业广播电视公司必须保证它们的节目和广告并非粗俗、有失检点或者含有冒犯公众情绪的内容，在晚上9时以前不得播放不适合儿童观看收听的节目。

五、对信息来源的保护

《1981年藐视法庭法令》第10部分规定，任何法院都不能要求任何人公开信息的来源，除非出于正义、国家安全或阻止骚乱或犯罪的需要。在特殊情况下是否需要公开信息的来源最终还是由法院来决定。法院在决定是否需要公开属于机密的信息来源时，要和欧洲人权法院的司法理论保持一致，必须有法律依据。在英国的立法中，要求记者公开其提供的信息来源的法律包括：《1984年警察和刑事证据法令》、《1989年防止恐怖主义试行法令》、《1981年藐视法庭法令》、《1989年国家秘密法令》、《1987年刑事正义法令》、《1985年公司法令》（1989年修正）、《1986年金融服务法令》以及《秘密法》等。依据欧洲人权法院传统的推理方式，首先审查国家干预是否有明确法律规定，其次审查这种干预在民主社会中是否必要。欧洲人权法院对所涉及的相关利益综合分析、权衡利弊之后，提出新闻自由是民主社会的基本支柱——表达自由的核心所在。新闻自由保密权乃新闻自由的基石之一，它既受许多签约国家国内职业道德的规范，又有许多有关新闻自由的国际文件为其提供法律保障。如果法院拒绝实施此类保障，新闻记者报道公众关注问题的积极性极可能受挫。这无疑既不利于新闻执行它的“公众看家狗”（public watchdog）的职责，也会对新闻记者获取翔实可信的新闻来源造成巨大障碍。所以，综合考虑新闻来源保密权的保护，对民主社会新闻自由有着重大意义，如果透露新闻来源可能对该自由产生很坏的负面影响。

第三章
以自律防止“他律”

【本章提要】

英国的报业自律体制主要是通过报刊投诉委员会（Press Complaints Commission，简称 PCC）来体现的。PCC是1991年由报刊行业发起成立的行业自律机构，专门负责受理公众对报纸及杂志报道内容的投诉，以《业务准则》为依据，协调解决投诉者和报纸或杂志之间的争端，在规范新闻行业行为和道德水准、维护公众利益的同时，保护新闻自由。

从报刊评论会及PCC发展历程可以看出，英国报业自律运动的动因除了有提升新闻职业水准的目的外，更主要的还是迫于政府立法监管报业的威胁，是以自律来防止“他律”或者“法律”。另一方面，政府之所以迟迟不愿以法律形式监管报业，主要是因为担心在大选中得不到报纸的支持。正是这种利益、权力上的微妙关系，才使得报业自律体制能够延续下去。

PCC成立十多年来，尽管在提高英国新闻水准方面取得一定成绩，也得到了业内人士和公众的肯定，自律机制从总体上看运转得也还不错，但其本身存在的一些缺陷，向来为评论所诟病。对PCC的质疑首先在于PCC的权威性。PCC没有要求举证、处以罚款或公开更正的法定权力，也缺少道德权力。在大部分报业人士看来，它只是一个用来安抚部分政客的机构，以防止新闻自由受到更为严重的攻击。由于缺少自愿合作，因此PCC总是迫于外部压力进行一些迟到的改革，缺少效率，然后又引来新的批评，如此恶性循环。还有许多评论认为，PCC处理投诉的手段太软，总是在投诉者和被投诉的报刊之间寻求一种妥协的解决方案，更像是一个“安慰者”，而不是“裁决者”。一些投诉者抱怨说，在许多情况下，报纸所受到的惩罚和它们所犯的错误相比太不相称。因此，PCC在英国的发展，也承受着报业内外的双重压力，其未来何去何从，目前尚难定论。

在本章的最后，我们还带读者走进另一个在英国报界影响巨大的行业组织——发行稽核局（Audit Bureau of Circulations，简称ABC），去了解一下英国报刊发行量统计制度。

上一章我们探讨了英国政府对报业的管理体制，如果说政府这只“有形之手”在英国报业管理体制中的影响是无形的话，那么，英国独特的报业自律体制，其框架则要清晰许多。这一体制自1953年建立以来，几经革新，虽然仍不时地受到论者的质疑和外界的挑战，但目前运转得比较正常，在国际上也有一定的影响。

第一节　被迫出来的自律体制

西方的新闻自律观念，发轫于19世纪中叶，起源于一些报业主和从业人员的社会责任感，体现在当时一些报业主及报社制定的办报宗旨、方针和内部守则中。1874年，由一批报社社长、主笔及主编组成的瑞典时事评论家俱乐部（The Publicists' Club）成立，该俱乐部的主要目的是建立新闻传媒业的业务和道德方面的职业标准，定期检查各报的执行情况，避免传媒业内部腐化或受外界攻击，以维护新闻业的尊严，使其恪守责任。该俱乐部被视为西方传媒自律组织的雏形。

此后几十年间，欧美各国报界逐渐加强了新闻道德建设，美国、瑞典、挪威等国的报界先后分别建立了各自的行业准则，以指导业界。但早期新闻自律的思想比较简单，还没有形成一套系统的理念，也还没有引起业界的广泛重视。

到了20世纪40年代后期，一种新的新闻传媒理论即社会责任论开始在美国、英国出现，开始对西方的新闻自律理念产生重要影响。社会责任论虽然也脱胎于古典的自由主义新闻理论，但与传统的自由主义理论又有很大不同。这一理论更强调传媒的社会责任，认为新闻传媒业享有的新闻自由应以承担“社会责任”为前提。

英国报业的新闻自律实践主要始于“二战”之后。当时，刚刚从战时新闻管制中解脱出来的报业进入了一个骚动时期，报业垄断日益严重。迫于各界压力，政府于1949年专门成立了一个皇家报业委员会，负责调查报业垄断状况及其对新闻自由的影响。委员会在其报告中，提出设立报业评议机构的建议，并对这一机构的人员组成和具体工作，提出了具体的设想。委员会建议，这个新闻行业自律机构应该是一个资金充足、广受尊敬的公共组织，除了处理对报业的投诉外，还要关注新闻记者培训等问题。评议机构至少应由25名委员组成，其中5名委员（包括主席）应为非报业人士。

报界对委员会的这一建议明显有抵触情绪，但因担心政府以法规手段对报业进行干预，他们还是于1953年7月不情愿地成立了报刊总评议会（The General Council of the Press）。总评议会的人员构成并未按照皇家报业委员会建议的那样包括非报业人士，25名理事全部由新闻界人士组成。首届主席为《泰晤士报》董事长阿斯特（J. J. Astor）。总评议会声称，其目标是要维护英国既有的新闻自由体制，并使英国报业坚持该行业最高的职业水准。其主要职能是受理和调查公众对报界的投诉，作出裁定，并对有损报业声誉的不良行为予以公布和谴责。总评议会成立后，最初几年每季度举行会议，自1959年起，改为每年举行5次会议，如遇重大事件，则召开特别会议。日常事务由常委会处理，常委会每月召开一次会议，讨论包括投诉、通信等在内的各项业务。公众对报界的投诉，一般先由常委会处理，而后列入评议议程，常委会向总评议会报告对于投诉的调查结果，并提出处理意见。

但是这个勉强成立的新机构先天不足，注定无法发挥太大的作用。不但皇家报业委员会希望它成为新闻人员自我管理机构的构想落空，就是在制止新闻从业者违反公认的职业道德方面也缺少作为。比如英国公众关心的新闻界侵犯隐私权问题，在报刊总评议会成立之初发表的关于其宗旨的声明中就缺乏表达。这就注定了它无法真正规范新闻界破坏公民隐私的行为。另外，由于没有业外人士参加，总评议会的公正性令人怀疑。因此，1962年，第二届皇家报业委员会对其进行了严厉的批评。委员会还建议政府给予报刊评议总委员会一定限期进行革新，否则就应该建立一个惩戒性的、具有法律效力的组织监管报业。

在这种威胁下，1963年，报刊总评议会修改了章程，邀请5名非新闻界人士出任理事，任命退休的司法大臣德弗林勋爵（Lord Devlin）为主席，并将名字改为报刊评议会（Press Council）。评议会的25名成员中包括5名非报业人士。下设投诉委员会和常务委员会两个委员会，体制上更趋完善，并积极发展业务，开展对报业的调查。受理的投诉大幅上升，改组前的1961~1962和1962~1963年度，投诉量分别为152和199宗，改组后，1965年7月到1966年6月，达436宗。

1977年，第三届皇家新闻委员会对评议会的工作做了最为详细的调查。调查报告同样认为评议会的工作没有达到公众所希望的程度。委员会严厉指出：“我们希望评议总会今后能够更为自觉地证明它所标榜的独立和公正。”该委员会对评议会提出了12项改革建议，评议会首先的反应仍然是改组理事会，增加非新闻界人士的名额，而对大多数建议并没有接纳。

二十多年下来，报刊评议会的工作裹足不前，它的审理机制没有什么成效，它的规则还是那么含混不清且不受重视，它在改进报业职业道德水准方面仍然没有多大作为。尽管报刊评议会也根据皇家新闻委员会的要求和公众的建议，增加了非专业成员，进行了多项改革，但它始终无法改变规则不清、效率低下、软弱无能的形象，没有达到公众所希望的程度。评议会在公众看起来是保护新闻界而非公众利益的，但是新闻界并不领情。比如，报纸常常拒绝在显著位置刊登它的裁决结果，《世界新闻报》甚至把对它的批评用小字印刷，混杂于性用品的广告之中。这对报刊评议会不啻是一个讽刺。

到了20世纪80年代，英国报业竞争愈加激烈，报纸特别是小报对公众的侵扰更加猖獗，而报刊评议会对此却无能为力。1988年，下院议员和许多社会人士对报刊评议会失去信任。有些议员提出，要设立隐私法和申辩权法，并要求设立法定的机构，以便行使强制性的法律制裁。这些提案对新闻界产生巨大震动，因为一旦这些建议付诸实行，那就意味着给报界戴上一副法律镣铐。1989年，政府设立了一个由戴维·考尔卡特（David Calcutt）领导的委员会来调查新闻侵害隐私问题。

1990年6月提交的考尔卡特报告对新闻界的表现极为不满，并认定报刊评议会没有尽到责任。不过，考尔卡特还是留了一手，说要再给“自律体制一个机会”，建议设立一个全新的报刊投诉委员会（即PCC），以取代已经不可救药的报刊评议会，专门审理公众投诉。这个机构必须具有权威性、独立性和公正性。同时，必须有适当的经费，而且有能力阻止侵犯隐私权的资料的发表。考尔卡特给了报界18个月的试验期。他警告说，如果PCC不能证明它是有效的，那么他将推动立法。考尔卡特的报告再一次让报业主们紧张不已。他们举行了一次历史性的聚会，一致同意成立报刊投诉委员会（Press Complaints Commission，简称 PCC），聘请了麦克雷格勋爵（Lord MacGregor）担任投诉委员会主席，并要求属下的主编们尊重PCC。

PCC成立之后，首先起草了一份《业务准则》（Code of Practice），独立的新闻标准财政委员会（Press Standards Board of Finance）也以很快的速度建立起来。PCC第一次工作会议于1991年1月30日召开，在会上通过了投诉程序。《业务准则》、财政委员会和投诉程序的建立，从规则、资金、程序上为PCC下一步工作的开展提供了保障。

PCC成立第一年，通过设立热线电话、举办巡回展览等形式致力于扩大其知名度和影响，各项工作进展比较顺利，接受的投诉不断增加。但1992年6月，也就是18个月的限期即将届满时，PCC受到了强有力的挑战。

先是通俗性小报记者安德鲁·莫顿（Andrew Morton）关于查尔斯王储夫妻不和

的书《黛安娜，她的真实故事》（*Diana, Her True Story*）出版，通俗小报开始掀起一股窥探查尔斯夫妇生活的热潮。

此事余波未平，《人民报》又发表了约克公爵的幼女在花园中裸体嬉戏的照片。PCC向《人民报》编辑表示了不满。但是《人民报》并不买账。他们不但重新刊登照片，还辩护说这是一个自然而可爱的小女孩，发表这一照片完全基于善意和爱心。

1992年8月，约克公爵的妻子和美国富翁布莱恩（John Brian）到法国海滨度假。公爵妻子上身全裸和该富翁调情的情景被一名法国记者用长距离镜头拍摄到，并卖给了《每日镜报》。这一组照片在全欧洲引起了轰动。

1993年1月，考尔卡特提交了关于PCC18个月来工作的报告。他对PCC的工作提出严厉批评，建议国会制订隐私法，成立新闻投诉法庭（Press Complaints Tribunal）。但是政府对这些建议没有采纳。下院特别委员会（Select Committee）于3月下旬也发表了一个报告，尽管它不赞成成立新闻投诉法庭，但是建议制定严格的隐私法，并由官方任命一个新闻调查委员会（Statutory Press Commission）。两份报告的建议如果施行，即意味着新闻自律的终结。报业似乎终于从这两个报告中嗅到了问题的严重性，因此在1993年上半年小心翼翼，如履薄冰，生怕引起社会对隐私权的争议。PCC在报告出笼之后，也对自身进行了一番改革。他们首先强调了规约对任何承认委员会的报纸的重要作用，任何违反规约的报纸将受到更为严厉的制裁；同时，他们设立了一个隐私专员（Privacy Commissioner）专门负责处理针对侵犯私人隐私的案件。

1993年11月，各报对PCC承诺，《业务准则》将逐渐列入报纸与其主编和其他新闻从业人员的合同中，今后凡破坏工作守则者，报社可以依约处分，包括革职。这标志着PCC已经获得了英国报业的承认。

1994年底，PCC创始人之一麦克雷格爵士退休，由威克汉姆勋爵（Lord Wakeham）接任。威克汉姆勋爵历任撒切尔夫人内阁能源大臣、上下议院领袖等职，在英国声名卓著。威克汉姆勋爵于1995年1月1日上任，与他同时成为PCC委员的还有4位非新闻界的社会名人，这样就使得PCC中非新闻界人士居于多数。在威克汉姆的几次公开演讲中，他认为自己的核心任务在于“使新闻界的自律超越政治纷争的束缚”。

1995年7月17日，英国政府做出了一项令新闻界欢欣鼓舞的决定。在政府对下院发表的一本白皮书中，政府预料在1997年大选之前不会对于保护隐私权问题有新的措施。这就等于说本届英国政府不会制定新的法律，也不会成立新闻投诉法庭。

政府还是寄希望于新闻界自律以保护大众的隐私。政府在报告中称，一个自由的报业，对于一个自由的国家是非常重要的。政府在原则上仍然认为报业自律的途径最佳。这实际上是政府对PCC工作的肯定。

同时，PCC也回应了政府对它的信任。《世界新闻报》对黛安娜王妃的嫂子斯宾塞伯爵夫人（Countess Spencer）由于贪食症和酗酒进医院求治的事情予以报道。PCC对此做出裁决，认为斯宾塞伯爵夫人不是社会名人，因此她的生活形态与公共利益毫无关系，要求《世界新闻报》道歉。该报老板默多克立即发表公开声明，声称他“绝不允许自己的报纸将通俗性的新闻变得受人轻视” 。

1996年，PCC审理了约3000件投诉。这个数字是PCC成立当年的两倍，从这个数字也不难看出公众对于PCC信任度的提升。但是，1997年的《欧洲人权公约》和《信息保护法案》又对新闻自律运动造成了威胁，英国国内也再次出现要求为规范新闻界行为立法的浪潮。威克汉姆勋爵在悉尼的一次公开讲话中明确警告，类似立法将宣告新闻自律运动的终结 。第二年年初，威克汉姆勋爵进一步指出，自律运动不管是在保护一般公众还是在保护弱势群体方面已经取得了非常卓越的成绩，因此，立法是没有必要的。英国政府听取了PCC的建议，在议院通过《欧洲人权公约》和《信息保护法案》时加入了保护表达自由的附则，并保证不会就隐私权专门立法。

1999年，PCC的工作进一步成熟。有关公众人物子女的隐私以及证人付费案件的裁决证明PCC在处理复杂案件时是迅速而高效的。而且，PCC也开始着手建立独立和自律的欧洲报业自律委员会联盟。PCC在伦敦召开了一场有20多个国家参加的国际会议，在会上，与会者一致同意建立欧洲独立报业自律委员会联盟（Alliance of Independent Press Council of Europe，AIPCE）。

该年，PCC严厉处分了《太阳报》。该报花40万美元获得爱德华王子未婚妻苏菲·里斯的一张半裸照并将其公之于众，引起王室和公众的强烈愤慨。白金汉宫向PCC投诉。最后，《太阳报》公开道歉，并将负责此事的人革职。这一事件再次显示了PCC的权威。

进入2000年，PCC对报界侵犯威廉王子私人生活事件和演员杰奎琳·皮里（Jacqueline Pirie）事件的处理再次增强了其在公众心目中的地位。当年秋天，威克汉姆勋爵还接受邀请，担任波斯尼亚报业评议会的国际主席。

近年来，由于英国报纸在侵犯隐私等方面较少“惊人之举”，因此PCC也进入一个相对平静的时期。但是，在下院和民间关于制定隐私法的呼声仍时有所闻，成为PCC的一大隐患。

从上述发展历程可以看出，报刊评议会及PCC发展的过程，其实是英国报界以“自律”抗拒“法律”、竭力保护报业本身利益的斗争过程。另一方面，无论是保守党还是工党执政时，政府之所以迟迟不敢以法律形式监管报业，则是担心成为报业的公敌，在大选中得不到报纸的支持。正是这种利益、权力上的微妙关系，才使得报业自律体制能够延续下去。

第二节　组织架构及资金来源

2003年9月，笔者曾专程走访了位于伦敦舰队街的PCC总部，就PCC的运作情况、实际效果、发展变化等问题，与PCC投诉及国际事务官员威廉·戈尔（William Gore）进行了一次深入交流。

谈到PCC和原来的报刊评议会的区别，戈尔认为主要有两点：首先，报刊评议会没有一个清晰明确的准则，它是一个很普通的道德规范机构，裁决主观性较大，不是依据具体的规章做出的。而PCC则制定了一个清晰的行业准则，这对报界及公众投诉都有具体的指导性。有了规则，PCC也就更容易做出前后一致的、快速的决定。其次，报刊评议会接受任何人的投诉，即使投诉者与他所投诉的东西并没有什么联系。而PCC只接受当事人的投诉，目的是为了方便取证。

戈尔说，过去10年，PCC收到的投诉逐年上升，“这并不是说新闻标准降低了，这表明我们被越来越多的人所认识了。”他认为，由于PCC的作用，从整体上看近年来英国报纸的新闻标准提高了。例如，关于隐私、教育、儿童、健康方面的报道，由于PCC在这方面有过一些决定和裁决，批评了一些报纸，现在报纸在这些问题上的报道谨慎多了，努力避免重现类似问题，读者对这方面的投诉也少多了。

许多人都有一个疑问：作为一个由报刊业发起成立，并由报刊业提供资金的机构，PCC在处理投诉中如何保持独立的立场呢？戈尔称，PCC主要从PCC委员的构成和资金的提供方式两方面来保证其独立性。

据介绍，作为PCC的决策机构，PCC共由16名委员组成，从来源上看，委员有三种类型：一是PCC主席。PCC主席是由报刊行业任命的，他必须与报刊出版业没有利益关系。二是公众委员（又叫行外委员）。公众委员占8席（2003年底，又增加了1席），由一个独立的任命委员会任命，他们来自不同的背景，在各自的行业里是佼佼者。所有公众委员都必须与报刊出版业没有任何利益关系，他们的角色保证了PCC能够听到公众的声音。三是业内委员。他们占7席，都是业内的资深人士。

PCC的业内成员由报纸出版者协会、地方性报纸协会、苏格兰日报协会和期刊出版者协会这四个行业协会推荐。一般有两个来自全国性报纸，其中一个来自大报，一个来自小报；其他两个来自地区性报刊，一个来自苏格兰，一个来自杂志。

PCC通过主编在委员会中的人数始终处于少数这一办法，来保持其独立性。PCC还规定，PCC的任何决策都必须在公众委员占多数的情况下才能做出，另外，任何委员，如果他自己的报纸与裁决有关，他就不能参与讨论或决策。

在委员的任期方面，过去PCC委员任期的弹性比较大，而且，委员的选择从来没登过广告，主要是根据他们在各个领域所取得的成就，由任命委员会任命的。从2003年底开始，为了使PCC的委员具有更广泛的代表性，PCC在吸收新的公众委员前，均在全国性报纸上做广告。任何人都可以申请，任命委员会将选出最合适的人选做成员。任命程序将更为严格，任期也限定为三年。

戈尔接着介绍说，虽然PCC的经费来源于报刊行业，但PCC并不是直接向报刊行业要钱，而是通过一个独立的新闻标准财政委员会（Press Standard Board of Finance，简称Pressbof）进行的。Pressbof 的主要任务是保证出版者们为PCC提供资金，任命PCC主席。

笔者了解到，Pressbof 成员中，主席及秘书长兼财务主管被作为独立董事。另外9个成员由各行业协会推荐，其中3个由报纸出版者联合会推荐，3个由地区性报纸协会推荐，2个来自杂志，还有1个是苏格兰报纸出版者协会。

至于PCC的经费安排程序，戈尔说：“每一年，我们都向Pressbof 提交一个预算报告，告诉他们明年我们需要多少开支，如租这个办公室、出版资料、人员工资以及很多日常开支等。Pressbof 对我们的报告进行审计后，就会去找那些出版公司，说，我们需要这个数量的钱。当然大的公司要付更多，小的公司少付些，这要看它们所占的市场份额，它们会把钱给 Pressbof，然后Pressbof 再把钱转交给我们。因此，Pressbof 是处于PCC与报纸行业之间的一个独立机构，它等于在PCC和报纸行业之间设了一堵墙，按照这种运作办法，确保PCC不会和报纸行业在资金问题上搅到一起。这就使我们与行业保持一定距离，因为我们是独立的，我们想被看作是独立的。我们每年的预算在150万到200万英镑之间。”

第三节 《业务准则》成评判的“基本法”

PCC在介绍自己的成功经验时，特别强调《业务准则》在报业自律体制中的核心作用。戈尔在接受笔者采访时表示，《业务准则》为PCC提供了一个“基本法”，是自律体制成功的基石。这份被称为“欧洲最严格的传媒业务准则”经过10多年的修改完善，已经成为世界上许多国家制定本国新闻记者业务守则的范本。

1991年初PCC成立之后，立即邀请来自全国性报纸和地区性报纸及部分杂志的11位主编，组成了一个特别工作小组，负责起草一份《业务准则》条例。有点滑稽的是，大家特意推举当时《世界新闻报》的主编帕西·查普曼（Patsy Chapman）为起草小组组长。《世界新闻报》素以揭黑“扒粪”、色情下流而臭名昭著，因此，按照当时参加起草的主编们的想法，如果连查普曼女士的报纸都能同意的规则，那么大部分人应该都能接受。

很快地，PCC就公布了由十六条章程组成的《业务准则》。由于规则是由新闻界自己人制定的，因此对报业自身而言，很有约束力。PCC同时成立了一个独立的准则委员会，负责准则的修改及监督准则的实施。委员会共有14名成员，由各行业协会推荐。1995年PCC委员会决定加强《业务准则》的执行，总编辑和记者的雇用合同中必须包括 “准则”的内容，因此，报刊投诉委员会和《业务准则》的实际效力得到了强化。

10多年来，由于形势的变化，《业务准则》已经多次对具体条款进行修改。其中最大的一次修改出现在1997年。当年8月31日，英国王妃戴安娜和她的男友法耶兹因车祸丧身巴黎。由于车祸发生时后面有“狗仔队”跟踪，因此公众普遍认为戴安娜是被新闻记者害死的。一时间，报纸特别是小报受到严厉谴责，各界纷纷要求加强对新闻记者行为道德的规范。在公众的强烈要求下，11月26日，PCC颁布了修订过的《业务准则》，新规则有针对性地就一些旧条例进行修正，对新闻从业人员提出了更加严格的要求。

和原来的《业务准则》相比，1997年11月26日推出的《业务准则》主要有以下变化：

一、加强了隐私保护

在“隐私”条款下，“旧则”只规定未经当事人同意，不允许侵入和探究私人生活，包括使用长镜头拍摄私有设施处的人物。这种做法，只有符合公众利益时才能证明是正当的。

“新则”细分为两条：任何人不得妨害他人的家庭生活、居所、健康和通信。报刊未经允许进入任何个人的私人生活被要求证明是正当的。未经允许使用长镜头拍摄私下场所的人物是不可接受的。对“私有设施”旧解释为：“包括私人住所、附属花园和其他附属建筑物，但不包括住所毗邻地或停车处。除此以外，还有旅馆房间（不包括旅馆内的其他地方）、医院或疗养所内病人接受治疗和日常起居地点也不属私人设施。”“新则”注：私下场所指有理由成为私密的公共或私有设施处。

可见，“新则”加大了对公民隐私权的保护，不受长镜头侵犯下的私下场所范围扩大了，也不存在“符合公众利益”的例外了，公众尤其是公众人物有了更多的安全感。

二、加大了对未成年人的保护

“旧则”对未成年人的保护分为“对少年儿童的问话或摄像”及“性案件中的少年儿童”两部分，明确规定了不许披露未成年人的身份、不得随意采访摄像等。“新则”分为“未成年人”和“性案件中的少年儿童”两部分。“未成年人”与“对少年儿童的问话或摄像”相对应，但由2款细则增加为5款，在原有规定上，新增了保证儿童在校不受侵扰、严禁付费给未成年人以获取新闻资料等内容，并把受保护范围从“16岁以下”延伸到所有学生。“性案件中的少年儿童”由5款删为4款，取消了“应使用‘对少年儿童严重侵害’之类的词语来叙述这种侵犯行为”的具体限定，但其他如不得披露未成年人姓名等保护性规定如旧。这些规定保护了未成年人的自尊，有利于他们的成长。

三、限制了媒介借口“公众利益”滥用权力的可能

“旧则”提出了3种出于公众利益之需的“例外”，要求在此3种情况外的以“公众利益”为由的“例外”须做出解释；“新则”则要求“任何”援引“公众利益”的“例外”都必须有充分的解释，更强调了在涉及未成年人的报道中必须证实有“异常的公众利益”可凌驾于“特别重要的”儿童的利益之上。

在“收听设备”条中，“旧则”为：除符合公众利益而被判定为正确者之外，新闻工作者不应获得或发表秘密监听或电话窃听材料。“新则”删除了“出于符合公众利益而被判定为正确者之外”的特殊可能，杜绝了任何借口。

在“诈称”条3款中第2款，“新则”为未经所有者同意外，不得删改文件或图片。“旧则”为除符合公众利益者另作别论外，文件或图片未经拥有者明确同意不

应删改。

这种变动，限制了新闻工作者的权限，减少了新闻侵权的可能。可见，“公众利益”不再是新闻工作人员滥用新闻自由，随意侵害公民权利的保护伞，PCC已认识到报刊走得太远，及时地做出反应。

四、强调了照片的拍摄和使用限制

过去的规定将新闻资讯笼统地称为“材料”，“新则”已细分为信息和照片。

“准确”第一款新规定为：报纸期刊应注意不发表错误的、误导性的或歪曲性的材料，包括照片。“旧则”中没有“包括照片”的字样。

“骚扰”第一条“旧则”为：新闻工作者不应通过恫吓或骚扰获取材料。第二条：除符合公众利益的采访外，新闻工作者未经当事人同意不应在私人处所拍摄人物图片（第4条已有规定）；采访被要求停止后不应再坚持给当事人打电话或坚持提问；被要求从当事人处所离开时，不应逗留或尾随当事人。

“新则”第一条为：新闻工作者不应通过恫吓、骚扰或持续追踪获取信息和照片。第二条为：新闻工作者未经当事人同意，不应在私人场所拍摄人物图片（第3条中已有规定）；采访被要求停止后不应再坚持给当事人打电话或坚持提问，亦不可继续追踪或拍照；被要求离开时不可继续逗留或尾随。由上述比较可以发现，过去的规定较忽视新闻记者拍摄照片时可能发生的侵权行为。

五、禁止在新闻信息获取中的有偿行为

除上述禁止向未成年人付款以交换新闻信息外，在“向犯罪者付费”一条中做了更为细致的规定。

“旧则”规定：犯罪或犯罪过程的证人，或从事犯罪活动的人及协从者（包括家人、朋友、邻居和同事）提供的消息、图片或其他信息，无稿酬。报社也不应主动付款，不应直接付也不应通过这些人的代理人付给。

“新则”分为两条，把“罪犯及协从者”和“证人或可能的证人”分开陈述，并提出了“公众利益”和为“获取材料不得不如此”双重条件下的例外，同时指出“新闻工作者必须尽所有可能以确保证人提供的材料不受金钱交易影响”。这种分别阐述较原先的合理。

PCC属下有一个专门的委员会，每年一度对《业务准则》进行审核，并根据行

业发展变化及各界意见，对部分条款做出修改。如2003年3月，在第16条中规定：“任何案件一旦开始审判，禁止向证人付费或提出付费。”如果审判还没开始，向证人付费则需要“确定是出于公众利益而发表，不得不这么做”。2004年6月，为适应技术的变化，准则在第3条中规定个人通信包括数字通信资料都有权得到尊重，并强化了限制措施，防止利用长镜头对处于私人空间内人物进行拍摄；准则第8条被并入第11条，规定不能拦截或窃听“个人移动电话、短信或电子邮件”。

按咱们中国的说法，这个严格的《业务准则》就相当于PCC手中的一把“尚方宝剑”，有了它，恐怕再嚣张的主编也不得不忌惮三分了。

第四节　处理投诉“和为贵”

除了主席之外，新闻PCC共有12 位工作人员。其中一个主任，一个副主任，四个投诉官员。另外6个人中，有一个女士负责外部事务，她的主要工作是经常在全国各地走动，向人们推介新闻PCC。还有一位负责维护网站、文献等事务。另外有四个文秘人员，负责前台接待、接电话、发信等工作。

据介绍，近年来PCC每年要处理3000个左右投诉，以12名员工来处理这么多投诉，还是挺不容易的。2003年，PCC共收到投诉3649件，比上年增加了39%，其中证实违背了《业务准则》的事件上升了 10%，在委员会干预下获得解决的投诉上升了 21% 。报刊委员会接受的投诉中，91%来自普通人，6%来自机构，3%来自社会名人。2004年，PCC接到的投诉为3618件，与上一年基本持平。

值得注意的是，过去报刊评议会引用“法律弃权申明书”，作为那些同意配合审理结果的报刊的“补偿”。令投诉者在确定报刊是否违背职业道德前就被迫放弃了自己的法律权力。PCC抛弃了这种“弃权申明书”的做法，转而实施一种自由的决定，如果投诉与诉讼有关，则延长审议结果的公告。

应笔者的要求，戈尔介绍了PCC的内部运作细节：

“我们每天接到15个左右投诉，这些投诉是通过邮寄、电子邮件和传真发来的。我们不接受电话投诉，一是因为这样没有证据，二是因为有些人电话一打就是一两个小时，这可不是什么乐趣，我们的人力也不允许我们这么做。这些投诉将被分给我或者另外一个同事，我们会根据我们的《业务准则》及投诉内容对这些投诉进行评估，看看是否接受投诉。当然，有些投诉不属于我们的受理范围，例如，关于电视的投诉，那不是我们负责的，而属于另一个组织。再比如，有些投诉是广告、报纸促销方面，也不归我们管。另外，我们也不受理关于文章的品味、格调等方面的投诉，因为我们觉得如果管得这么细，有干预新闻自由之嫌，我们可不想成为一个审查者，我们也无权在某一篇文章发表之前阻止它。因此，对有些投诉，我们只是简单地给他们回一封信，说，对不起，你的投诉不属PCC的受理范围，请你与其他某某组织联系。当然，如果投诉者愿意，我们也可以把它的信转交给相关的主编，请他们以后注意这方面的问题。这类投诉，我们在一两天内就可以处理完。

“当然，许多投诉是关于报纸和杂志的，并且是根据《业务准则》提出的。它们中有些情况很清楚，报纸并没有什么错，对这种投诉，我们就会把它移交给另一位同事，他负责专门处理这类没有提出什么触犯《业务准则》问题的投诉。他的工作是写一个建议，说我们认为这个投诉应该被否决，并列出否决的理由和依据。然后他就把他这份投诉及我们的处理意见送给委员会的所有成员，委员会成员有一周的时间给他反馈。如果有成员对这一处理不满，他就可以联系我的同事，说，也许我对你的建议还不太满意，我希望能了解更多的具体情况。但如果他们都没什么意见，那这类投诉就会在一周后被否决。这样，他的建议就成了决定，他将给投诉者写封信，向他解释，委员会已经否决了你的投诉，理由是什么。同样的，这类投诉处理起来也很快，一般在一两周内就可完成。

“还有一些投诉，当我对它们进行评估时，我觉得或许这里面是有些问题，我们需要为人家做调查。在这种情况下，投诉就会分配给我们4位投诉官员中的一位。例如，也许会分配给我，那么我就会给相关的主编写信，我会说，我们收到这个关于你报纸的投诉，我希望能听听你对这个投诉的意见。主编就会给我回信，也许他会说，是的，我想我们在某个环节上出了差错，我们愿意解决它，我们愿意做出更正。然后他可能就会在报上发表一个更正或道歉；他也可能写封信给投诉者，解释事情经过。通过这种办法，我们可以就这个投诉形成一个双方都比较满意的结论。投诉到此就结束了。这个过程可能会很快，也可能较慢，因为有时我们在形成结论前需要交换很多材料，多次通信。这种投诉就以一种大家都比较满意的形式完成。

“当然，有些投诉处理起来就没这么容易。也许主编会认为他们并没有做错什么，也许投诉者对主编的反应和处理方法根本就不满意。或者，投诉涉及一些重要的原则性问题，需要我们做出决定。这种投诉将被递交给委员会，委员会成员每月在这里开一次会，研究这类棘手的案例。他们将就支持或否决这个投诉做出最终决定。一旦委员会支持投诉，那么报纸就必须发表我们的裁决。

“这里有一个很典型的例子，是关于《伦敦晚旗报》的。投诉来自一所学校，

《伦敦晚旗报》的一位记者，曾经与该校联系，说他有兴趣成为一名教师。但他没告诉学校他是个记者。其实，他根本就没理由说明他可以在学校发现有什么可疑的东西，因此他根本就没有理由伪装身份。然后他来到学校，见了些教师、学生和家长，回去后就炮制出一篇报道，这篇报道里有一部分是不准确的。更为不幸的是，他的报道还透露了一个曾经受到性虐待的小孩的身份。他没有报出那个小孩的名字，但他给了足够的信息，因此任何认识那个小孩的人都会知道报道中所指的小孩是谁。这是很恶劣的一件事。我们支持这个投诉，因为首先他的报道是错的；其次，他没有准确介绍自己；再次，他在报上透露了小孩的身份。我们于是对这家报纸做出了非常严厉的批评，这家报纸不得不发表我们的裁决。这（对报纸来说）当然是很尴尬的。这就是我们如何运作的。我想这是非常透明的一个过程。"

戈尔给我带来了那份登有裁决的《伦敦晚旗报》复印件，是2001年7月10日该报第22版，裁决占了约2/3的版面（小报，其他部分为广告）。标题是《SALUSBURY学校对〈伦敦晚旗报〉的投诉得到支持》。裁决中罗列了学校的投诉内容、《伦敦晚旗报》的解释、PCC的裁决及依据。同一版还登有该报当时主编马克思·黑斯廷思（Max Hastings）的一份声明。黑斯廷思在声明中一方面继续为该报的这篇报道辩解，说派记者去那所学校采访并不是要寻找丑闻，而是想了解政府教育投资的效果和学校面临的困难，记者只是受命而为，不承担任何个人责任。另一方面，他也对该报的报道触犯了《业务准则》感到遗憾，对给家长和学校员工造成的伤害表示道歉。

据了解，在实际操作中，接近一半属无效投诉。在余下的有效投诉中，大多数也是通过调解，使投诉都与报社在互谅互让的基础上，或更正道歉，或申明理由，最终达到和解。像上述这宗需要通过PCC裁决来处理的投诉占总数比例很小，差不多只占总投诉的1%。

按PCC的规定，报纸的更正、道歉或者PCC的裁决必须刊发在"合适的显著位置"，笔者问他如何理解这个要求？《伦敦晚旗报》的这个裁决是不是发表在与原来一样的版面？

戈尔说："我不记得是不是同一个版面，我想应该是在相近的版面。这是一个很有意思的问题。因为在过去，当报纸发表更正或道歉时，他们常常把它尽量往后面放，把它放在一个人们几乎看不见的地方。你可以理解他们为什么这么做，因为这对他们毕竟是件很尴尬的事。很多人认为，报纸在发表更正或道歉上做得不公平，它们应该被放在更加突出的位置。在今年国会下院特别调查委员会的报告中也提到这个问题。我们也意识到这个问题。我们现在对更正、道歉、裁决应该放在显著位置的要求更为严格。所谓合适的显著位置，并不是说必须发在与原文章相同的版面，这要看错误的严重性、纠正错误的速度等。现在许多报纸普遍在读者来信版进行更正，虽然这个版大多位于报纸中间，但实际上是阅读率最高的版面之一。还有一些报纸则设有固定的更正专栏，有的还设立读者编辑，专门处理读者来信和投诉，我想这是个好趋势。具体放在什么地方，报纸和投诉者也可以通过协商决定，只要双方都满意就行。”

PCC的裁决还有条原则，只针对报纸，不针对记者，而且总是直接与主编沟通，因为PCC认为主编应对他的记者负责。

戈尔的这番话，使我对PCC的运作过程基本上有了大体了解，但还有几个疑问。比如，他们就这么几个人，每年要处理那么多投诉，怎么去搞调查呢？

“很有意思。我们在很大程度上是依赖大家的良好愿望去工作的。当我们接到投诉时，我们写信给报纸主编，说，这里有个投诉，请你们给予解释。他将给我们回信，提供证据和他们的调查结果。然后我们会写信给投诉者，听听他们的意见。因此我们从未真正到报社去做调查，也从未到投诉者那里去做相似的事，我们根本就不是侦探。我们很大程度上依赖双方提供给我们的证据，当然在此之前我们已经掌握了一些证据。有时候，非常非常罕有、但我们偶尔会遇到这么一种情况：当事双方所提供的证据可能完全相反。这是我们唯一感到棘手的时候，我们很难做出决定，因为我们没法去做特定的调查工作。但这种情况非常少。事实上，我们现在的操作方法非常成功。而且似乎每个人都愿意以一种良好的愿望去解决问题。”

还有一个问题是PCC不接受第三方投诉或群体投诉。这也是PCC为一些人所诟病的依据之一。如有一段时间，英国许多右翼报纸大肆渲染外来移民和避难者给英国社会福利和治安等带来的问题，《太阳报》的一篇报道甚至无中生有地说：“他们吃了我们纳的税，现在又开始吃我们的天鹅了！”许多有正义感的读者对这种明显的排外、歧视报道意见很大，强烈要求PCC进行干预，但由于没有当事人直接提出投诉，PCC却无能为力，只能发表一个简单的批评和“指引”。

对此，戈尔解释说：“我们的首要任务是解决投诉，因此，如果当事人自己不投诉，解决也就无从谈起；其次，在得出报纸是否违背了《业务准则》的结论之前，我们显然需要听取双方的意见；再次，我们尊重人们有不投诉的权利。如果未经同意，我们坚持调查与他有关的报道，那就违反了欧洲人权法令。不过，如果有投诉者本人的签名，我们可以接受第三方投诉；另外，有一种可能，我们的《业务准则》还有一些‘受害者缺失条款’，如第14条关于财经新闻和16条关于向犯罪嫌疑人付费买新闻的条款，如果这方面的文章违背《业务准则》，我们可能自己出面提起投诉，这是因为涉及的各方都从文章中获得个人利益，他们都不会自己提出投诉。另外，如果我们意识到有些报道明显损害了公众利益，那么我们也会提起投诉，但这种情况很少。”

据介绍，PCC处理一宗投诉的平均周期是32天（PCC给自己定下了一条规矩：无论投诉来自何人何地，必须在40个工作日之内做出答复），比通过法律途径解决通常要快一个半月左右。因此，PCC在自己的宣传小册子的封面及网站的首页，就把“快捷、免费、公平”当作自己最大的“卖点”。

根据新闻PCC自己在2003年第一季度所做的调查，67%的投诉者对处理结果感到满意或非常满意。

不过也有人对这个满意度表示怀疑。2003年7月，一个专门为受到媒体不公正对待的受害者提供帮助的慈善机构Press Wise专门就此展开一个调查，了解投诉者对报刊投诉委员会的反映。Press Wise的调查结果于2004年2月份揭晓，52个被调查者做出有效反馈。在45个曾经尝试过PCC服务的人中，29个不满意结果，25个认为PCC偏向于报纸，33个认为PCC需要改革。该机构的负责人迈克·简普森（Mike Jempson）表示：“很明显，PCC的方法存在问题。据我所知，很多投诉者对处理结果并不满意。PCC是个不透明的机构，很多人不知道工作人员是如何对他们的投诉提出建议，他们向委员会说了些什么。当委员会讨论裁决时，有一个应该坐在会议室的人——投诉者却不在场。”

第五节　质疑之声不绝于耳

PCC成立十多年来，尽管在提高英国新闻水准方面取得一定成绩，也得到了业内人士和公众的肯定，自律机制从总体上看运转得也还不错。但其本身存在的一些缺陷，向来为评论所诟病，对PCC的质疑和批评也从来没有停止过。

最主要的质疑首先在于PCC的权威性。PCC没有要求举证、处以罚款或公开更正的法定权力，也缺少道德权力。因为在大部分报业人士看来，它只是一个用来安抚部分政客的机构，以防止新闻自由受到更为严重的攻击。由于缺少自愿合作，因此PCC总是迫于外部压力进行一些迟到的改革，缺少效率，然后又引来新的批评，如此恶性循环。还有许多评论认为，PCC处理投诉的手段太软，总是在投诉者和被投诉的报刊之间寻求一种妥协的解决方案，更像是一个“安慰者”，而不是“裁决者”。一些投诉者抱怨说，在许多情况下，报纸所受到的惩罚和他们所犯的错误相比太不相称。还有一些评论表示，PCC似乎更关注新闻自由，而不是新闻界的自律。因此一般的公众认为PCC是在维护新闻界利益，而非维护公众的利益。也有人认为PCC的权力太小，应该增加罚款等手段，加强PCC的威慑力。

当笔者问戈尔对这一问题怎么看时，他说：

“我想许多人是被误导了。首先，我想许多向我们投诉的人，他们想要的只是让报纸更正、道歉，很多人并不想要钱，不是想主编被解雇。他们只是想讨个公道，这也是我们为他们所做的。很多人不相信投诉者可以这么容易得到满足，但事实就是这样的。”

这时，他拿起放在桌上的那份《伦敦晚旗报》的复印件，接着说：“我想从处罚的角度说，如果我们需要处罚报纸，这就是证据。有些人争论说，对报纸提出批评，并逼迫他们予以发表，不算什么处罚。我倒愿意说，作为一名主编，他的工作就是决定把什么放在报纸上，如果我们从他手里拿走这个权力，从专业的角度讲，是很糟糕的。我是说，主编总是不愿意看到他不愿看到的东西出现在自己的报纸上，这让他们非常难堪，绝对会觉得丢人。其次，当他们把我们的批评发表在自己的报纸上后，其他报纸也会报道这件事，把它当作一件大事。所以，首先，主编会为受批评感到难堪，然后，当其他报纸报道这件事时，他又一次感到难堪。另外，像对《伦敦晚旗报》这么大的批评，如果他们拿这些版面来做广告，可以带来一大笔收入，所以换个角度看，这也是一种间接的金钱上的处罚。因此我想我们的处罚方式其实蛮好的。当然，总有一些人会说这还不够，说你需要更大的权力，他们有他们的想法。我想如果我们用一种不同的办法来规范报纸，例如，像某些人所说的，你应该关掉那家报纸！我想那简直是疯狂的主意！如果这样的话，整个体系都会崩溃。

“所以我觉得我们的权力其实已经够大了，在这方面的一个证据是，主编们在我们做出裁决、提出批评之前，大都想方设法去解决问题。我想，毫无疑问，如果我们以一种严厉的方法批评报纸，主编绝对会感到难堪。

“说到罚款，还有一点需要说明的是，PCC作为一个非法定机构，我们无权罚款。如果投诉者想寻找经济方面的赔偿，只能寻求法律途径。罚款也可能带来许多不可避免的缺点——如成本较高、时间较慢，还涉及到新闻自由，我们对罚款的效果感到怀疑。国外的事例也证明，这并不是一个好方法。如法国，报纸宁愿刊登一些侵犯隐私的文章，然后付给赔偿，因为这种新闻带来的发行量增长，足以弥补罚款的损失。

“另外，按规定，主编如果受到PCC的批评，人们就会对他的信誉、判断能力产生怀疑，这比罚款的影响要厉害得多。许多主编都把遵守《业务规则》写进他们的工作合同里，这意味着如果出现严重犯规行为，老板可以解雇记者甚至主编，这种影响不是罚一点钱能比的。”

对PCC及英国报界的另一威胁来自隐私法。13年前，英国报业主们之所以同意设立PCC，主要原因就是担心政府推出隐私法或者类似的法规，把报业的自律变成他律——或者说“法律”。十多年过去，但“法律”的威胁并未解除，国会里经常有议员呼吁制定隐私法，加强对报纸的监管。2003年初由工党议员杰拉德·考夫曼（Gerald Kaufman）牵头的国会下院特别调查委员会，调查的一个重点就是看有没有必要制定一部隐私法。而报告的结论是，从长远看，英国法律如果要与“欧洲人权法令”接轨，制定隐私法将是大势所趋。

对国会议员的提议，报界一致反对。《每日邮报》主编戴克说：“我坚决抵制任何制定隐私法的提议，它将只能成为富人和权贵们隐瞒腐败的又一工具。”一向张扬的《每日镜报》原主编摩根则说那些议员纯粹是吃饱了没事干，“类似的报告他们10年前就提过，他们装得好像是为了保护普通人，但谁都明白它只会为有钱人、名人、有权人服务，当然，也包括议员们自己。”连一向对PCC颇有微词的《独立报》主编凯尔纳这回也站出来说：“我欢迎任何有助于提高报刊投诉委员会工作的建议，但要说制定隐私法，现在还不是时候。”他指出，隐私法的危险在于，就像在法国，它会成为公务员们贪污受贿的保护伞，成为新闻调查的障碍。

在采访中，笔者问戈尔，如果制定一部像隐私法这样的法律，会对报纸产业和报刊投诉委员会产生什么影响？

“这可能是最有争议的一个领域。”他说，“我们总是反对制定隐私法，因为我们已经有了有威慑力的《业务准则》，近年来《业务准则》中关于个人隐私保护的条款越来越严密。另外，我们还有藐视法庭法、诽谤法等法律，这些法律已经在许多方面对新闻记者的行为做出了严格规定，许多记者甚至抱怨英国是欧洲新闻最不自由的国家，如果再加上一部隐私法，只能使情况更糟。但就像你所知道的，也有不少议员呼吁要制定隐私法。我想如果真的制定了这么一部法律，很难预料将发生什么，我想PCC也许会继续存在，但无疑，它将不得不有所变化。

“我还想说就算制定了隐私法，它也未必就会那么有用。首先，诉讼将花费大量金钱。任何人可以免费向我们投诉，但如果他们想把报纸告上法庭，那将花掉他们大量金钱，不是所有人都承担得起这个费用的，这是关键；同时，我想你也可能会猜测到这么一种情形，即有些人会采取法律行动，不管他们是谁，但从总体上，这个系统可能只对那些名流富豪有利，只有他们有能力打官司，而且可能是采取一种对公众并不利的手法来利用这个系统。有些人就是想利用法律来把一些黑幕捂住，他们不想让人知道那些事。如20世纪90年代，法国许多重大腐败案件都是由于严格的隐私法而被捂住的；最后一点，隐私法并不一定有助于提高新闻行业水准，意大利、法国和西班牙有类似的法律，但并不能阻止帕帕拉齐们在街头游荡，或者减少满报架都是粗劣的名人杂志。”

令主编们稍感宽慰的是，文化、媒体和体育大臣特莎·乔威尔（Tessa Jowell）在听取报告后表示，政府目前并不准备引入隐私法。但是，隐私法恐怕还将是报业主和主编们始终放心不下的。

2002年初，身兼美国安然公司顾问的原PCC主席威克汉姆勋爵因为受该公司造假事件影响，必须接受调查，因此他主动请辞主席职位。当年7月，Pressbof代表报刊行业宣布，任命克里斯托弗·迈耶爵士（Sir Christopher Meyer）为PCC新主席。2003年3月31日，迈耶正式上任。

和他的前任一样，迈耶来头不小。他出生于1944年，曾在欧共体任职。他曾担任过三任外交大臣的演讲稿撰写人。1994~1996年，被借调去当保守党首相约翰·梅杰的新闻主管。1997~2003年2月，任英国驻美国大使。业界普遍希望，迈耶丰富的外交经验，有助于处理好PCC与各界的关系，进一步扩大它的影响力。

评论也认为，迈耶面临的工作绝不轻松。当时，国会对PCC的调查报告刚刚出台，各界要求PCC改革的呼声日益高涨，报业自律体制何去何从，众所关注。

上任后，迈耶马不停蹄地访问了曼彻斯特、利物浦、邓迪、爱丁堡等城市，听取公众和各地区报纸主编对PCC工作的意见和建议。和报界大多数人的意见一致，迈耶也反对采取罚款措施、反对引入隐私法、反对把PCC与OFCOM（电视媒体监督机构）合并或由政府委任一个监察员。不过，他还是对PCC作了一些小改革，主要措施包括：

1. 在PCC中增加一名公众委员，使业内委员和公众委员的比例从9：7变成10：7，进一步加强PCC的独立性。

2. 增加委员任命的透明度。新的公众成员将通过广告从全国范围内公开招聘。

3. 设立一名独立的稽查员，监督客户服务，每年向PCC报告，并提出改进建议。保证服务的客观性和独立性。

4. 强化PCC品牌。要求报纸以更显著、更一致、更清楚的形式在报纸上发表PCC的裁决，让更多的人认识到它的重要性。与之相关，各报都要向PCC提供更多的联系细节，让更多的报纸和PCC链接，提高公众对服务的可接近性。

5. 更主动地走入社区，和地区性报纸合作，举行公开会议，举行宣传，解答问题，听取意见。

6. 每年对规则进行一次审查，看看有什么新趋势、新问题，及时跟进，与时俱进。吸引更多人的意见。

7. 编印一本《业务准则》“用户手册”，写有背景、最近的案例，用于培训，放在每一个编辑部，供记者参考。

8. 加强对程序的检讨及修正。

这一系列举措，受到了各界的广泛肯定。2005年10月，迈耶接受新闻标准财务委员会的邀请，继续出任PCC主席。这从某种程度上也显示了报界对他前三年工作的肯定。

第六节 ABC：发行数据的独立标尺

在国内，报刊发行数据目前基本上还都是由各报刊自己提供，还缺乏一个权威的独立机构来统计。英国则是世界上较早建立报刊发行量统计制度的国家。承担这一任务的是一个由广告代理商、广告商和出版商等联合组成的非营利性机构——发行稽核局（Audit Bureau of Circulations，简称ABC），其职责是以独立的身份、统一的标准，对报刊发行量、网站访问量、商业展览的人流量等进行稽核审计，提供证明，并向业界公开。由于发行稽核局的审计证书具有独立性、透明性和可对比性的特点，因此它被视为广告买卖双方谈判的重要依据和尺码，有行业交易的“硬通币”之誉。该机构自1931年10月成立以来，为规范英国报业和广告市场秩序、完善诚信体系发挥了重要作用。2003年8月底，笔者曾专门采访了ABC报纸和消费类杂志部主任马丁·盖茨（Martyn Gates）先生，详细了解了ABC的运作情况。

据介绍，ABC制度最早起源于美国和加拿大。20世纪二三十年代，英国报业竞争日益加剧，一些报纸谎报、虚报发行量的现象愈演愈烈。许多广告商都不信报纸提供的发行资料，报纸之间也经常互相攻讦，说对方夸大发行量，这使得整个行业处于一个混乱无序的状态。受害最深的当然是广告者，因为他们不知道到底有多少人能够读到自己的广告，投入产出往往不成正比。他们希望有一个独立的机构来告诉他们报纸的发行量到底是多少。

1931年5月，英国广告商联合会（Incorporated Society of British Advertisers，简称ISBA）借鉴美国模式，率先发起成立ABC，目的是为全国性报纸的广告交易提供独立的发行资料。由于ABC的运作非常成功，后来广告从业者协会（Institute of Practitioners in Advertising，简称IPA）、报纸出版者协会（Newspaper Publishers Association，简称NPA）、地区性报纸协会（Newspaper Society，简称NS）、期刊出版者协会（Periodical Publishers Association，简称PPA）纷纷加盟，ABC的地位正式确立。盖茨说，目前英国ABC共有会员3500多个，从会员量上看，可能是世界上同类组织中最大的。

据盖茨介绍，近年来随着行业的发展，ABC的业务范围也不断扩大，目前除了为报纸、杂志、期刊、通讯簿、年鉴等出版物提供发行量审计外，还可以审计各种展览的人流量、网站访问量及用户量等。

ABC所做的工作主要有三部分：一是为会员单位提供有偿的发行量审计服务。目前共有650个会员聘请ABC为他们审计发行量，主要是杂志及一些地方性报纸。二是如果会员是委托其他审计机构为其审计发行量，ABC则定期对其发行量进行稽查，全国性报纸每个月稽查一次，地区性报纸和杂志每半年一次，一些较小的免费周报则是两年一次。委托ABC审计的会员则无需再稽查。稽查之后，ABC将发给一份稽查证明，并将结果在其通讯和网站上公布。三是为会员提供发行审计方面的培训工作。不过，盖茨表示，ABC一般不对发行量进行评论，因为“我们认为数字说明一切”。

ABC既是发行量的稽核者，也是市场的一个裁判，这两个角色都要求有绝对的独立性和中立性。谈及此，盖茨介绍说，ABC的独立性，首先是从其组织结构和权力分配上得到保证。ABC的组织结构是上有一个理事会，下面有几个按行业分类设置的专门委员会，如全国性报纸有全国性报纸委员会，地区性报纸有地区性报纸委员会，杂志有杂志的委员会。此外还有一个管理委员会。ABC则是以一个有限公司的方式运作，相当于理事会聘请的工作机构。

作为ABC的最高决策机构，ABC理事会目前共有32个成员，一半来自出版者，另一半来自广告主及广告代理商，确保广告买方和卖方在决策中有同等的权力。其中5个是固定会员（Permanent Member），分别代表5个行业协会，另外27名选举会员（Elected Member）分别由各个行业选举产生。理事会每年开4次会，讨论ABC的发展规划和章程、规则修改等重大问题。各行业的专门委员会的成员名额也由买方和卖方平分。他们每年也开4次会，讨论本行业的新变化、新问题，对规则修改等提出建议。这样，在决策中，买方和卖方，即出版商或广告商、广告代理商之间，谁都没有更大的影响力，实现一种权力的平衡。各专门委员会成员每两年选一次。

此外，ABC还有一个管理委员会，其成员由ABC主席（由买方和卖方轮流担任，再一次实现平衡）、总裁、B2B主任、报纸和消费类杂志主任、ABC电子总经理、财务主任及两个理事会成员组成。他们每年开6次会，对一些管理问题做出决定。

ABC的日常运作及稽核业务主要依据理事会制定的《规章制度》（Bylaws）《稽核规则》（Audit Rules）进行。ABC给发行量设立了一个统一的统计标准。这个标准主要体现在ABC的《稽核规则》（Audit Rules）中。目前，ABC根据其服务项目，共制定了10项分别针对全国性报纸、地区性付费报纸、地区性免费报纸、消费类杂志、商业性杂志、商业性杂志统计、国际出版物、批发销售、消费类展览、交易展览的《稽核规则》。每项规则都详细规定了审计的程序、间隔、操作要求、不同形式发行的定义等，可谓无微不至。

据盖茨介绍，这些年随着形势的变化，《稽核规则》也在不断修改和完善，增加了很多新的内容。如，2003年12月，ABC理事会通过广泛征求业内人士意见，决定把电子版列入审计报刊的发行量统计范围，但暂时不能算在总发行量内，只能单独列项。

作为一个非营利性组织，ABC的经费来源主要有三大块：一是注册费，二是资料订阅费，三是为会员提供审计和稽查时收取的费用。不同的会员有不同的费率。全国性报纸每月稽查一次资料，因此他们的费用比地区性报纸多一些。地区性报纸和杂志每6个月稽查一次，它们的费用是与它们的发行量挂钩的。发行量越高，收费越多。盖茨说：“ABC就像一个会员制的俱乐部，如果你卖更多的份数，你就可能赚更多钱，因此你就有能力付更多会员费。如果大家都付一样的会员费，那么很多小出版商，可能就会有因付不起会员费而无法加入ABC。通过这个办法，就可以保证每个人都可以加入ABC，从ABC获益。我们不想把有些人挡在ABC门外。”

ABC在稽查中是如何对印刷、发行、零售、回收等各个环节进行监控，确保统计数据的真实性？据盖茨介绍，其过程大致如下：

“首先，要确认他们印了多少报纸。如果他们是自己印刷的话，我们会查看他们的所有印刷记录。他们会有一个经营账目，有印刷记录，该记录将记载晚上在印刷厂里发生些什么事。总之你可以通过很多记录查清他们印了些什么。你还会看他们买了多少新闻纸，实际用了多少。有些出版者把他们的印刷业务发包出去，让别人印刷，这种情况就相对简单一些，你可以反过来看看那个公司印了多少报纸就可以了。因此，首先我们盯住印刷环节，确认有多少报纸被印刷了。

“然后你就对不同领域仔细检查。报纸有不同的发行类别，有的是零售，有的是固定订户，有的是大宗赠报，他们可能会送到宾馆、航班上。拿零售来说，我们就会反过来看整个销售过程，我们会看他们批发出去多少，退还了多少，还要从零售商那里获取信息，看他们付给报社多少钱。我们将审查所有的财务记录和供给记录。至于固定订户发行，报纸需要提供订户的姓名、地址、邮寄信息，我们会审查他们的名单，并审查他们的财务记录，看看这些人是不是都付了钱。在大宗赠报部分，也不是他们说送出去多少就算多少，他们需要出示与宾馆、航空公司等所签的合同，以及报纸配送记录，对方签收证明等。这是三种不同形式的发行，每种的处理方式有所不同，所要提供的证明也略有不同。但在每个阶段的审查都是非常全面的。因此从印刷开始，我们要确认报纸送到了没有，卖掉了没有，有多少被退回来了，等等，很完整，很详细。”

那么如果一家报纸被发现提供了错误发行资料，ABC将怎么处理呢？

对此，盖茨说：“就像我所说的，有些报纸是委托我们审计的，这就会有这个问题。如果报纸没委托我们审计，而是请第三方审计，我们就会定期去检查。如果我们发现有问题，发现有一个错误，不管这错误是有意的还是无意的，如果资料与事实差距大，他们就必须纠正。因为广告商是根据这些资料做决定的，他们需要知道准确的资料。因此如果他们提供的资料有错，我们就会纠正它，在他们的发行稽核证书首页做说明，并把它广而告之，然后整个行业都会知道这个资料已经被改变了。显然，我们的工作就是保证各报发行资料、市场位置的准确性。”

据盖茨介绍，ABC并不对造假者采取罚款等惩罚性措施。他说：“我们不对他们罚款，尽管我们可以这么做。我是说我们规章的要旨是保证资料的准确性，因此重要的是要为市场提供准确的资料。我想罚款主要是跟收入有关的事情。我还想，把错误的资料纠正，并让所有的人都知道，对他们已经够糟了。另外，我们的会员费足够我们所有开支。如果我们要罚款，那就还有很多事要做，要花很多时间，这些工作的开支最后又落到会员费上，因此我们不罚款，只是纠正资料。”

尽管ABC的稽核制度、程序颇为严格，但百密难免一疏。1999年，英国曾发生一起著名的发行量造假案。当年，三一集团在兼并镜报集团后，在审计中发现镜报集团属下的《伯明翰晚邮报》（*Birmingham Evening Mail*）连续8年伪造发行资料，实际发行量比公布的少了28%，此事被揭发后，报社不得不拿出2000万英镑去赔偿广告商的损失。

《伯明翰晚邮报》造假事件在业界引起强烈震撼，也促使ABC进一步检讨、完善审核制度。据了解，事件发生后，更多报社为稳妥起见，使用ABC的审计员。ABC对那些不是由ABC审计、只是由ABC负责稽查的报纸，也加强了检查工作。

第四章
近观报纸内部管理

【本章提要】

在持续、激烈的市场竞争压力下，英国各报为了生存，不断创新，在编辑部管理和经营管理方面都积累了大量的成功经验。

目前，英国报纸越来越集中到少数几个规模庞大的集团手里。这些庞大的报业集团大多把全国性报纸和地方性报纸分开经营。为了节约成本、提高效率，报业集团都在努力精简机构和人员，缩短管理链条。同时，通过各种途径，在集团内部实现资源共享。

英国报纸在采编机构上大多以板块为中心进行设置，因板块设部门，并因板块的变化而调整。各报采编流程大同小异，日常运作紧张有序。

各报在采编人员招聘中对应聘者的工作经验、背景非常看重，强调记者的探究能力、质疑精神和恒心。全国性报纸大多从地方报纸或其他全国性日报、行业性报纸中吸纳新人，只有极少数特别优秀的应届大学毕业生，经过实习考察后才有望直接进入全国性报纸。

各大报章几乎没有什么成型的考核体系，即使有几家进行考核的，其目的也只是为了改善工作，不与报酬挂钩。

激烈的市场竞争，迫使英国各大报在提高报纸质量的同时，还千方百计加强报纸促销工作，在这方面投下了大量的资源。据了解，英国各大报均设有市场营销部，专职负责报纸促销，在促销手段方面，更是花样百出，除了随报附送CD、书籍等传统手法外，各报还经常推出买报送豪华游，送汽车、手提电脑甚至豪宅等极具诱惑力的大奖。不过，硝烟弥漫的赠送礼品大战也带来一些负面影响。

广告收入是报纸的生命线。英国各报由于定位不同，广告收入和发行收入所占的比例也有所差别，上游市场大报的比例大约是7：3，而下游市场小报的比较则在4：6左右。广告价格方面，也跟报纸的市场定位、发行量有关。报纸广告有分类广告（Classified）和陈列广告（Display）之分，广告主要通过代理公司代理。近年来，由于经济不景气及其他媒体竞争的加剧，各报广告经营面临一个艰难境地。

久远的历史传承，使得英国各报纸在内部管理方面已经形成了一整套成熟的规范和制度，报纸经营管理呈现出高度专业化的特征。与此同时，变化莫测的市场形势、激烈的市场竞争，又使得报纸的经营管理者们绝不能囿于固有的 “游戏规则”，必须顺时应势，在经营管理方式上不断推陈出新，出奇制胜。这种绵绵不绝的创新能力，是英国报业始终保持旺盛生命力的重要保证。

第一节　报业集团如何运转

自20世纪90年代以来，在资本市场的推动下，英国报业并购浪潮一浪高过一浪，报纸越来越集中到少数几个规模庞大的集团手里。那么这些报业集团是如何运转的呢？在此，我们以笔者访问过的三一镜报集团为典型进行一个透视。

三一镜报集团是1999年7月30日由英国最大的地区性报业集团三一集团和镜报集团合并而成的。该集团拥有3家全国性报纸和260多家地方性报纸，平均每周总发行量达1600万份，年营业额达10亿英镑。

市场人士普遍认为，这是一宗两全齐美的婚姻。镜报集团虽然名气、体量上都远在三一集团之上，但近20年来由于投资失误、管理不善，在英国的影响力已经江河日下，财务状况恶化，亟待输血。而三一集团虽然是英国报业的后起之秀，但在短短10多年的时间里，就通过雷厉风行的并购手段，发展成为英国最大的地区性报纸集团，令人刮目相看，其雄厚的财力，不能不令镜报集团动心。对三一集团来说，与镜报集团联姻，则无疑是提升公司的品牌价值和影响力的捷径。

当然，兼并在经营管理上可能带来的好处也是显而易见的。集团高层预计，仅通过整合双方的管理机构以及新闻纸、油墨等大宗采购，每年就可以减少成本500万英镑。还有一个彼此心照不宣的目的是，通过兼并防止恶意收购，合并后两家公司总值达20亿英镑，这个庞然大物对任何一个捕食者而言都不是那么容易得手。正因为如此，并购双方对这宗交易都感到非常满意。

据三一镜报集团公司联络部主任尼克·富拉加尔（Nick Fullagar）介绍，该集团在组织管理架构上，分为全国性报纸公司和地区性报纸公司两大块，两个领域分别有一个总经理负责，他们直接向集团总裁汇报。《每日镜报》、《星期天镜报》、《人民报》这几家全国性报纸的广告、发行都统一管理。而250家地区性报纸则基本上按地区分成几个分公司。如在苏格兰的所有报纸都归苏格兰公司管理。在英格兰中部，有《伯明翰邮报》（*Birmingham Post*）、《伯明翰晚邮报》（*Birmingham Evening Mail*）和《考文垂晚电讯报》（*Coventry Evening Telegraph*）这几家主要报纸，还有一些地方报纸、免费周报等，这些报纸都归中部公司管理。

他进而介绍，在每个地区的报纸市场，集团一般同时拥有早报、晚报、周报及免费报纸，占据该地区报纸市场的主导地位，在该地区占强势的主导地位。显然，这种策略可以有效地避免像全国性报纸市场那样的惨烈竞争。

问及集团内各家报纸之间是如何合作时，富拉加尔说："这是我们目前正在考虑的一个问题。目前在进行一个专题研究，就是要看看集团内报纸如何更好地做到资源共享、互相合作，如何更有效地生产报纸。有一个例子就是我们正在伯明翰附近建一座大型的印刷厂，今后中部地区的报纸将在同一印刷厂印刷，而目前他们还是各自为政的。我们还在研究在其他地区是否也可以这么做，是否可以在我们的地方印刷厂印刷全国性报纸，等等。但我们只在经营管理上这么做，我们不在报纸内容上共享，每家报纸都有其自己的内容。

"《每日镜报》和《星期天镜报》两家报纸关系很密切，因为《星期天镜报》是《每日镜报》的延伸，虽然它们完全分开运作，两者之间在员工上、内容上没有任何交叉。星期六对我们是个大日子，是全国性报纸最大的销售日和广告日。那一天报纸上往往有很多高档产品广告，如电器等。一些大的商店都喜欢在星期六打广告，因为这一天人们习惯上街购物。"

据介绍，全国性报纸和地区性报纸在该集团总收入、利润中所占的比重基本上各占一半。三一镜报集团属下的全国性报纸，发行收入所占比例比广告要高得多，约65%~70%来自发行，其他来自广告。这一比例与同属下游市场的《太阳报》相似。集团内的地区性报纸的收入构成与全国性报纸相反，大约60%来自发行，40%来自广告。在广告经营方面，全国性报纸由一个中心管理，各地区有自己的中心。一些小型的周报、免费报纸则不设广告部，其广告业务由附近的地区性分公司统一经营。

在成本构成方面，三一镜报集团最大的支出是人员工资，其次是新闻纸。该集团共有员工1.1万人，其中《每日镜报》有340人，《星期天镜报》约有100人。

2002年12月底，三一镜报集团宣布，任命斯莱·贝利（Sly Bailey）为新的集团总裁。2003年2月，贝利正式上任不久，就展示了其强悍、果断的管理风格，连烧了三把“大火”。

第一把火烧向高管人员。包括全国性报纸总经理马克·海森（Mark Haysom）、公司发展部主任理查德·怀亚特（Richard Wyatt）、营销主任阿莱斯戴尔·劳克斯摩尔（Alisdair Luxmoore）、全国性广告主任尼尔·哈曼（Neil Hurman）在内的一批老臣相继丢职，而一批被贝利看中的新人，则被委以重任。

第二把火烧向普通员工和部分报纸。她宣布，全公司将裁员550人，并决定卖掉集团在爱尔兰的部分地区性报纸，专注于英国市场。与此同时，她还砍掉了《每日镜报》星期六版附送的两本杂志《M》和《看》，理由是这两本杂志的广告收入不尽如人意。

贝利的第三把火，虽然不那么猛烈，但影响更为深远。上任后不久，她就成立一个专门团队，开展一项广泛深入的“策略检讨”工作。7月底，“策略检讨”结果正式公布。

通过“检讨”，贝利发现集团存在的主要问题有：

——尽管集团兼并已历时4年，但原来两个集团之间的资源整合、优势互补远远不足，全国性报纸和地区性报纸基本上还处于各自为政状态。整个集团管理部门叠床架屋，运作效率低下。

——全国性报纸尽管仍占重要地位，但其发行和经营状况长期积弱不振，编辑方针严重偏离读者需求。

——地区性报纸尽管表现不错，但在产品创新、发行、价格上仍有很大的发展空间。

在“策略检讨”报告中，贝利也向股东和外界阐述了她对集团未来发展的一些思路。她表示，将采取措施精简管理机构，大力削减管理成本。要对集团内部资产进行重组，出售不良资产，专注于出版业，挖掘公司的价值。她特别强调加强与客户沟通的重要性，“开展业务的最好办法是到客户那里，和他们交流，理解他们想要什么。”她说。

在报纸采编方面，她认为报纸应该更具活力，“更好地理解读者的需求以及报纸在读者生活中的地位。”特别是《每日镜报》，应该明白什么是读者关心的，应该“通过读者的眼睛来看世界”，“要办成一份有趣的报纸”，要“聚焦客户，采编推动，市场引导”。

三一镜报集团内部对贝利在工作中所表现出的激情和胆略普遍表示赞赏。一名员工说：“过去我们集团的官僚味太浓了，经营管理部门头重脚轻，没时间和代理公司打交道，以及和员工进行沟通。贝利亲力亲为的作风，对员工是个激励，起码大家知道她是想做点事。”而业内人士则认为，贝利所采取的策略，主要还是为了满足股东的愿望，但她削减成本的严厉手法，恐怕会给报纸的采编部门带来不小压力。

富拉加尔介绍说，自贝利任总裁以来，集团内部发生了巨大变化，最大变化在于管理风格方面。贝利砍掉了一些职能重叠的管理机构和多余的管理人员。例如，在地区报纸领域，过去有自己的一个总部，它的一系列机构设置只是重复了集团总部的机构设置，现在把地区性报纸总部的规模压缩了一半。同时集团还改革了管理层的机构设置，采取扁平机构设置。过去的管理层呈倒金字塔状，高层管理人员的比例很大，现在这个架构扁平化了。例如，在全国性报纸这一块，过去除了总裁，还有首席执行官，然后每份报纸都有一个经营主任，然后每个商业部门又都有一个头。贝利取消了首席执行官和经营主任的职位，设立了一个总经理，掌管所有全国性报纸的所有经营管理工作，一个人取代了过去几个人的工作。另外，自己对经营方面事情过问得更细了。

另一个变化体现在市场手法上。贝利是搞市场出身的，她非常重视市场研究，强调要树立客户观念。她发现过去几年报纸并没有把客户研究的成果应用到报纸上。报纸过去比较注重品牌研究，做了一些品牌宣传工作，但很少对报纸读者的需求进行深入研究。现在，贝利把这些主编带入这个领域，让他们高度卷入客户研究、消费者研究。这并不是说你可以单凭研究来经营报纸，但这种研究对于掌握背景信息，确保你所做的是正确的很重要。

那么他们是怎么进行市场研究的呢？富拉加尔给我举了个例子：“我们基本上都是委托一些独立机构来做这些研究，当然你要给他们设定目标。我们最近做的一个研究是关于‘laps’读者的，就是那些过去的读者，最近停止买我们报纸的人。你把他们集中在一个特殊的房间里，问他们为什么不再买报纸了，真正的研究队伍坐在单向玻璃后面，他们可以观察整个过程及读者的反应，但读者看不见他们。主编们发现这种研究很有用，因为他们了解到了读者如何看待自己报纸的第一手资料。”

富拉加尔说，这些研究成果已经在报纸上得到应用。“美国‘9·11’事件之后，《每日镜报》提出要成为一份严肃性报纸，但基本的研究表明读者并不喜欢这个，它太重了，太多严肃新闻。他们希望报纸上有更多的娱乐。现在我们已经在这方面有了改进。我们还发现插放在星期六报纸里的杂志与主报关系不大，读者往往忽视它。研究还表明读者对我们的一些所谓的明星记者、专栏作家并没有什么印象。他们只是泛泛而写，缺乏市场针对性，因此被解聘了。”

第二节　采编管理有条不紊

一、采编机构因板块而设

和采编人员动辄上千人的美国大报相比，英国报纸的员工规模方面相对比较精简，基本上是随报纸市场定位由上向下递减。

上游市场报纸《泰晤士报》、《每日电讯报》、《卫报》、《金融时报》的人员较多，大多在500人左右。其中向来比较重视网络投资的《卫报》，仅网站就有员工120多人，网站还有独立的采编人员。唯有近年来备受资金困扰的《独立报》，采编不断减员，目前不足300人。

处于中游市场的两家报纸《每日邮报》和《每日快报》，由于经营策略不同，员工规模相差很大。财大气粗的《每日邮报》，走的是高品质新闻路线，养了500多采编人员。人多好办事，该报新闻的质量在舰队街可以说有口皆碑。而其竞争对手《每日快报》的老板戴斯孟德则奉行低成本策略，此人2001年入主快报集团后大幅裁员，目前仅以不足400人的采编队伍，出版《每日快报》、《星期天快报》、《每日星报》和《星期天星报》四份报纸，堪称英国报界奇迹。为弥补稿源的不足，戴斯孟德的报纸大量采用通讯社和网络的稿子，有时候同一篇稿子，改头换面后在集团内不同报纸共同使用，外行人也不大看得出来。

下游市场小报除上面提到的《每日星报》外，《每日镜报》、《太阳报》这两家报纸的采编人员均有300多人。

英国的星期天报纸都是与日报分开运作的，从笔者了解的情况看，全国性星期天报纸的采编人员规模大多在100~150人之间。

地方性报纸方面，笔者访问过的《考文垂晚电讯报》是一家中等规模的地方报纸，平均每天60~80个版（小报格式），发行量6万多份，拥有采编人员90多人。该报同时出版一份免费周报，每周出版50个版左右，主要采用《考文垂晚电讯报》的稿子，本身的采编人员只有4个人。

从组织架构上看，英国报纸内部主要由四大块组成——广告、市场营销、发行及编辑部，每个部门都各管一摊，职责分明。其中编辑部的组织构成是这样的：最高领导是主编（editor），主编下面，设有副主编（deputy editor）一至两名，然后是执行主编（managing editor）一名，主编助理（assistant editor）若干。主编助理一般都被授予晚上值班的权力。

在采编机构上，各报大多以板块（section）为中心进行设置，因板块设部门，并因板块的变化而调整。以位于上游市场的《每日电讯报》为例，目前该报的主要采编部门有国内新闻部、国际新闻部、经济部、体育部、评论部、夜班编辑部、周末部、艺术部、摄影部、美工部等。从笔者了解的情况看，另外几家上游市场报纸的机构设置也大体如此。这些部门中，除主要为要闻版服务的国内新闻部、国际新闻部和夜班编辑部是采编分离外，其他部门均实行采编合一的运作机制，每个部门负责一个板块。按英国报界的习惯，部门负责人不叫主任，而叫主编，如经济部负责人叫财经主编（business editor），体育部负责人叫体育主编（sport editor），评论部负责人叫评论主编（comment editor）。部门主编对本板块的采编全面负责，遇有一些特别重要的经济新闻，才交给要闻版的编辑处理。

作为一份专业性报纸，《金融时报》在采编部门设置上比其他报纸更精细，该报共有采编人员500人左右，其中在伦敦本部的约300人，设有国内部、国际部、评论部、金融城部（负责伦敦金融市场报道）、公司部、市场部、货币部、特稿部、周末部等。和其他报社一样，上述各部门主编均对本部门所管的板块的采编工作全面负责，大部分部门主编都在自己的板块上开设有专栏，或者自己写一些重要文章。

大报和小报由于定位不同，在机构设置和人员配置上也各有侧重。像《泰晤士报》、《每日电讯报》之类的上游市场报纸，均在评论、政治新闻、国际新闻、经济新闻上投入重兵，如《泰晤士报》仅经济部就有编辑、记者50人，为全报社最大的部门。下游市场报纸普遍在娱乐、体育方面下大工夫。如《太阳报》负责体育板块的编辑记者加起来超过70人，差不多占了全报社采编人员的1/5。娱乐报道是小报的重头戏，各小报均设有一个专门跟踪演艺界、娱乐界新闻的娱乐新闻部，上游市场报纸则没有此类专职部门。此外，上游市场报纸为了报道需要，在世界各大主要城市都设有记者站，驻外记者发回的独家特搞是这些报纸的重要卖点和身份标志之一。而中下游报纸出于成本考虑，目前除了在美国安排一两名本报记者外，一般不设驻外记者站，国际报道大多利用通讯社或特约记者的稿子。对此，《太阳报》副主编沙纳汉是这样解释的：

我们的驻外记者数量不多，我们倾向于从本部派出记者去采访一些国外重大新闻。在这里，我们有一个专门负责外国采访的记者，他叫甘尼斯·帕克（Gunnis

Park），他以这里的办公室为基地。通常情况下，如果有什么重大外国新闻，他将是第一个被派出去的记者，因此他的护照总是揣在他的口袋里。但采访外国新闻对我们、对所有报纸来说都是非常昂贵的，因为交通、住宿的开支都很大，因此如果从这种采访的收获看，这种报道是非常昂贵的。当然，如果这是一个理想的世界，那么对每一个重大新闻事件我们都应该派出记者采访，但这显然是不现实的，我们不得不严格控制它。通讯社是个很好的外国新闻来源。例如，如果中国或者远东有什么重大新闻，我们就倾向用美联社、路透社的稿件。同时我们还会在当地找一位特约记者，我们在许多国家都有特约记者（stringer）和自由撰稿人（freelances），遇有突发新闻，我们可以跟他们联系。通常情况下，在当地的特约记者或自由撰稿人的作用比从伦敦派去一个不会讲当地话的记者的作用要大得多。因此，如果从伦敦派一名记者万里迢迢到一个他并不熟悉、不会讲当地语言的遥远国度采访新闻，不仅成本很高，而且等他到那里时，新闻可能已经都跑掉了。

顺便提一下，国内同行常说西方报纸在采编中是编辑指挥记者，这里所谓的编辑，实际上应该是上述所说的报纸主编或板块主编，而非普通编辑。英国人称普通编辑为sub-editor，其职能主要是修改、编辑记者的来稿，做标题。因此，直接指挥记者的是那些部门主编，而不是普通编辑。在记者方面，英国各报的记者有专线记者（special journalists）、普通记者（general journalists）之分，专线记者都是由比较资深的记者担任，分别负责国防、教育、科技、法律、媒体等领域的报道，有些专线记者还要负责编辑一些专版。普通记者则没有固定的采访领域，他们主要按照部门负责人的安排进行采访，或者自己寻找一些新闻线索。英国各报还有一个比较特殊的群体——专栏作者，大多由资深报人、各界名流、知名学者、专家担任，一些著名专栏作者的影响力和报酬甚至超过主编。

二、环环相扣紧张有序

英国各报的日常运作紧张有序，按《太阳报》副主编沙纳汉的说法，他们每天一上班就开始“与时钟赛跑”。各报采编流程大同小异，日报一般早上7时开始就有少数编辑开始上班，处理头天晚上来自各大通讯社的电讯稿和本报记者从世界各地发来的国际稿。9时左右，各部门负责人开始收集本部门当天的新闻线索，草拟当天要闻的初步菜单。从11时左右至下午1时左右，将连续举行新闻、特稿、评论的编前会，其中新闻编前会要求各部门的负责人都要参加，特稿、评论的参加者则局限于相关几个部门。只要报纸主编在家，那么他都会参加这三个会议的，初步拟定当天新闻、特稿、社论的重点选题。下午4时半左右，报社还会举行当天最后一次新闻编前会，确定当天重点经营的新闻及各版的主打。这些会议构成了采编沟通协调的主线。遇有重大选题策划，那么主编或副主编就要召集相关部门负责人进行碰头讨论，必要时还要请报纸的法律顾问参加，评估采访、报道的法律风险（如卧底调查），采取防范应对措施。

《观察家报》编辑部一角。

英国全国性日报每天一般都要出三个以上版本，从晚上10时左右到第二天1时半左右滚动出版。以《每日电讯报》为例，该报第一个版本晚上9时半签压，供应苏格兰、威尔士和英格兰北部地区；第二个版本10时半签压，供应英格兰中部、南部地区；最后一个版本凌晨1时签压，供应伦敦及周边地区。过去英国报纸运输主要靠铁路系统，20世纪80年代中期默多克属下的报纸率先改由效率更高的汽车运输，各报纷纷跟随。

由于出版周期不同，星期天报纸与日报在运作上有较大差别。对此，英国历史最悠久的星期天报《观察家报》副主编保罗·韦伯斯特（Paul Webster）在接受笔者采访时介绍说：

日报必须是同样的报道路子，他们不得不这么做。从某种程度上说，他们都有同样的议程。他们跟随一个由议会、政府、企业、法庭设置的议程，报道每天发生的新闻。因此，如果财政大臣有个讲话，他们都必须报道这个讲话。或者布莱尔去了美国，他们也必须报道这事。或者有个重要的公司新闻，那么就会有个新闻发布会，然后各家报纸都会报道它，内容大同小异。

星期六和星期日，什么新闻也没有，因此我们必须去挖掘新闻。我们做更多的调查性报道，我们有更多的独家新闻。如果本周内有个重大新闻发生，例如伊拉克战争、火车相撞，那么我们当然会报道这事，但与日报不同的是，我们将会派出5个记者，整个星期都扑在这条新闻上。因此当他们开始写这个稿子时，这条新闻就会做得比日报大得多，调查也深入得多，在写作上所花的精力也要多得多。这是两种不同的操作方法。因此即使我们与日报做同一个新闻，我们也会做得比他们好得多。

晚报在英国地方性报纸中仍占主体地位，全国100多份地方性日报中，超过70%为晚报。笔者所居住的考文垂市唯一日报《考文垂晚电讯报》发行量只有6万多份，每天却要出6个版本，第一个版本上午9时半就出来了，然后每隔半个多小时出一个版本，前面几个版本主要面向周边的一些小镇，最后一个版本12时30分印刷，主要供应市区。该报副主编巴克在解释这种多版本运作的原因时说：

我们这样做的原因，是因为我们的发行区域在各个镇之间是相对分开的，以考文垂为中心，然后是一系列散布在沃里克郡（Warwick shire）的卫星城镇。这些镇相距都不远，和考文垂都有很多联系，有些人住在镇上，在考文垂上班；考文垂的人有时也到这些镇上过周末或购物。总之，由于种种原因，人们在镇与镇之间流动很多。但是，尽管如此，不同地区又有很大不同。例如，我们发现住在纽伊顿的读者，对稍远一些的拉格比、莱明顿的新闻就不太感兴趣。同样地，莱明顿的读者，对纽伊顿、拉格比发生了什么事也不太感兴趣。但他们都对考文垂感兴趣。因此，我们努力给各个镇的人提供不同的报纸。我们在纽伊顿、拉格比和莱明顿设有记者站，专门有记者在那里负责采写当地新闻。

不同版本报纸的内容大部分是相同的，各版本之间的主要区别是增加了一些适合当地读者的本地新闻。另外，即使是同一条新闻，在不同版本我们有时也进行不同的组合。有些新闻对考文垂市区的读者很有意思，而莱明顿的读者对它的兴趣可能就没那么大，但我们仍然想把它放在那个版本中，只是放在不同位置。因此我们经常在不同版本之间调整新闻和版面。但印刷全部放在考文垂。

从《考文垂晚电讯报》发行部提供的数字看，该报的发行量主要集中在考文垂市区，约6万多份，在纽伊顿、拉格比、莱明顿几个镇的发行量都只有2500份左右，而且那几个镇与考文垂市中心的距离并不算远，大多在二三十公里之间。为这么点发行量专门出多个版本，有这个必要吗？会不会给报纸的采编印刷增添很多麻烦呢？巴克解释说：

我们的想法是，只要读者有需要，我们就要尽力去满足它。至于采编印刷方面的问题，由于我们这么做已经很多年了，因此大家并没觉得有什么不习惯。特别是现在排版、网络技术和印刷技术越来越先进，版面调整、印刷就更不存在问题。另外，我们的人员都经过严格培训。当然，我们要特别小心，要确保把各条新闻放到正确的位置。偶尔也会放错地方，但这种情况很少出现。

值得注意的是，英国报纸采编部门与经营部门之间联系很少，各报主编也不太管经营方面的事务，如《每日电讯报》执行主编赖安介绍说：

我基本上不问经营方面的事务。我们报纸的组织架构决定了主编就负责编辑部事务，发行主任负责所有与发行有关的事宜，广告主任负责广告业务。我有可能会做的一些事是，如果明天的报纸会有一个特别大的新闻，我就会和发行主任联系一下，告诉他也许可以多印些报纸。例如女王的母亲去世，你也许可以多出2万份报纸，诸如此类。因此，我给他这个信息，具体怎么做，还是由他作决定。

笔者曾向多位不同层面的英国报界同行了解过他们的工作方式、特点，通过这些介绍，我们对英国报纸一天的运作以及报人的生活也会有一个更为直观的印象：

《每日快报》主编威廉姆斯：重点抓住周围10个人

《每日快报》共有员工240人，但大概只有10个左右的人真正知道我在做什么，我想做什么，因此，我就重点抓住这10个人，依靠他们来开展工作。这10个人包括新闻主编、摄影主编、特写主编、体育主编和我的副主编等，这些人知道什么是我想做的，应该怎么做，并去落实。我自己几乎每天都要写头条标题，这是我的习惯。我想如果你不做头版，那你还做什么呢？因此我总是非常重视头版。至于报纸的内容是怎么定的，我想这和你们报纸应该差不多。我们每天上午有个编前会，有个特稿会，之后还要开个社论会，讨论社论选题等。11时的新闻编前会是主要的会，重点对当天的报纸进行总结，和其他报纸对比，看看我们有什么不足和特色。然后更重要的是要决定为第二天的报纸准备些什么材料，应该跟踪哪些最重要的新闻。那么，怎么样的新闻算是好新闻呢？在我看来，有利于促销报纸的新闻就是好新闻，好新闻应该是独有的，人无我有，不管它是关于体育、政治或是财经的，这也是我们每天选择头条的标准。第二次新闻编前会在下午4时，到这个时候，情况可能又有了重大变化，如布莱尔对内阁做出重大调整等，那么我们就需要及时跟进。

作为一名主编，最大的压力是你每天都要从包罗万象的众多新闻中，判断哪条是最重要的，放到报纸头条，强化处理。第二天，这条新闻就会成为全国性的话题，这是一种很好的感觉。我享受这份工作，享受与240名员工一起刻苦工作，朝着同一方向，同一目标，一起努力。

《泰晤士报》财经主编惠特克罗夫特：漫长的一天

我的部门每天早上10时半有一个编前会，简单总结一下昨天的工作，讨论今天的主要选题，哪些是当天的主要新闻，什么点子是有意思的，有哪些新闻我们可以深挖一下，等等。这是一个短会，只有15分钟左右。然后我去参加主报的编前会，那个会在10时45分举行，由主编或副主编主持。各采编部门的负责人都要在会上谈谈他们当天的报道计划，有人提问，有人出点子，大家对当天的报道有了初步设想。然后各回各的办公室，传达编前会上主编传递的信息，大家开始各忙各的事，打电话，出门采访，我则出去吃午饭，和经济界人士聊天，沟通情况。我差不多每周有5次这样的午餐，因为我需要知道外面发生了什么。

我很高兴有机会和许多很有趣的大公司总裁、官员共进午餐，从他们身上学到了很多东西，前几天我还刚跟中国驻英国大使馆的一位官员一起用过午餐。他们都喜欢边吃边聊，虽然我更喜欢大家只是聊聊天，不要吃饭。然后我回到办公室。如果我在外面了解到有什么有趣的事，我会叫某位记者去跟踪一下。到了3时半，我和部门里的少数员工碰个头，主要是各个组的组长、编辑和我的助理等。这个时候我们可以更明确地决定我们将为明天的报纸做些什么，我们将讨论各重要稿件进展如何，重点经营哪些稿子，决定什么稿子可以去掉，这将花去20分钟或半个小时。下午4时，又有一个全报社的编前会，各部门的头都要出席。我通常不参加这个会议，而是派我这里的采访部门的某个人参加。因为到这个时候，我需要决定为第二天的专栏写些什么，看看部里记者手头的稿子进展如何。我从5时或6时开始写稿。一般情况下，到8时半或9点，我还在办公室。我们的截稿时间是9时，我喜欢走之前看一下大样，确保所有事情都处理好了。这是很长的一天。

三、记者招聘注重经验

大多数英国记者走的都是一条这样的职业道路：从学校毕业后先进入一家社区小报或者免费周报，工作一两年，积累一些经验后，再想办法加入地方性报纸。一般来说，加盟全国性报纸，是许多地方性报纸年轻记者的最大梦想，因为如果在一家地方性报纸终其一生的话，那么即使他当到主编，收入也仅与全国性报纸的普通记者差不多，而知名度还不如后者。

由于有大量的地方性报纸的记者作后备，全国性报纸在采编人员招聘上也就显得格外苛刻、牛气。

首先，各报在招聘中对应聘者的工作经验、背景非常看重，只有极少数特别优秀的应届大学毕业生，通过一两年的见习考察，如果表现突出的话，才有望留下来。《泰晤士报》、《每日快报》都有这样的项目。如《每日快报》每年会从应届毕业生中选4到5名新闻专业的研究生，让他们在社里实习两年，到不同部门锻炼一圈，如果他们表现好的话，报社才会和他们签订正式的工作合同。该报主编威廉姆斯告诉笔者，每天他们都会收到大量的求职信，但符合标准的不多。另外，该报大概出于成本考虑，较少聘用明星记者，他说："我们更喜欢使用一些有才华的年轻记者，他们更有冲劲，也更有创新精神，我们也敢于给他们压担子，放手让他们去干，这是为什么我们有许多年轻的明星记者的原因之一。和其他报纸相比，我们的报纸没有那么多大牌的、身价昂贵的明星记者。我们走的是另一条路，我们不招很多当红明星，而是偏爱招一些聪明的年轻记者，把他们培养成明星。"《卫报》则开设有一个专门针对少数族裔的培训实习项目，以期改变白人、中产阶级出身人群在英国报界一统天下的局面（据英国全国记者工会统计，英国记者中97%为白人），一些有志于新闻工作的少数族裔年轻人，通过实习，如果表现优异，有望留在《卫报》工作。

《泰晤士报》财经主编惠特克罗夫特介绍，该报采编人员主要从其他报纸招聘，她还透露自己特别喜欢从行业报纸招聘一些优秀记者："我们跑房地产的记者来自房地产设计行业，他对行业的了解非常好，有很好的关系网。我们有个记者，过去在宾馆工作过，又在一家旅馆业周报当过记者，他对这个行业非常熟悉，认识很多业内人士，知道问题在哪里，因此他写的报道特别好。我是说，人脉对记者而言尤其重要。我希望在这里拥有一支这样的团队：每个人都非常熟悉、喜爱他所报道的行业，又能随时准备着顶上去完成其他的紧急任务。因为你无法保证，说不定哪一天零售行业就突然出现三条大新闻，而你的零售记者刚好出差或者度假去了。因此每个人都必须做好完成这种紧急任务的准备。这方面，我们这个团队目前还不错。"

《独立报》副主编比勒尔在接受笔者采访时介绍，该报招聘主要是通过圈内人介绍，偶尔通过广告。他说："有很多人申请到我们这里工作。记者这个圈子流动性很大。在来《独立报》之前，我曾在分属3个集团的3家报纸工作过，因此我认识很多人，通过他们，我可以认识所有人。另外，由于这是一个不大的圈子，如果你想找一位健康方面的记者，你会注意到谁写了很多这方面的好稿子，你知道谁是你想要的人。"

其次，注重记者的探究能力、质疑精神和恒心。《泰晤士报》财经主编惠特克罗夫特表示，记者最需要的素质是"准确提问的能力"——"我们常说记者不一定要知道答案，但他们必须知道提问。因此，在我看来，经济记者的头脑必须很灵光，我想要聪明的人。我想要自信的人，因为有时候他们需要提挺尖锐的问题。当然，我喜欢那些谦逊之中带有点幽默的人。他们还需要对数字有较好的理解能力。因为他们要从众多的数据中发现问题，这又要求聪明。我喜欢那种对某一行业真正熟悉的记者，我想这对经济记者来说非常重要。"

《观察家报》副主编韦伯斯特说："作为一名记者，他们必须有好奇心，他们得想着去挖掘一些不为人所知的事情，并告诉他们。这是最重要的。我们的工作首先是愉悦人、启发人，但最重要的是去揭露秘密，并把它曝光。特别是新闻板块。因此对记者而言，最重要的素质是，你就是想找麻烦，你总想去揭露那些政府、公司不想让你知道的事情。至于编辑，我想他们必须知道如何包装信息。因为信息如此之多，现在最重要的技巧是面对纷繁复杂的信息，你要分清哪些是重要的，哪些是不重要的、可以忘掉的。然后有能力以一种有趣的形式去表达什么是重要的。你知道，我们必须和所有报纸竞争，他们每天出版，每天都有独家新闻、都有礼物相送，我们必须想方设法做得比别人更好、想出更绝的招术。"

《每日快报》主编威廉姆斯表示，作为一名优秀记者，最关键的是执著，要执著于工作，执著于新闻。"你知道，干这一行的，有时候很不容易，如果你想揭露某一内幕，会遇到种种阻力，因此你要有毅力和恒心。当然，写作也很重要。"

把记者招聘进来之后，英国各报普遍都非常重视对他们进行培训。比如，《金融时报》之所以能长期在国际经济报道方面保持很高的声誉，有赖于一支高素质的采编队伍。《金融时报》亚洲版主编瑞亭在接受笔者采访时介绍，过去《金融时报》的记者主要来自牛津、剑桥等名牌大学的毕业生，瑞亭本身就是从牛津大学毕业的。这些年，随着报纸越来越走向国际化，《金融时报》的记者来源逐渐多元化，其中不少记者是从其他国家招聘的，特别是美国。《金融时报》非常重视对年轻记者的培训工作，经常在报社内部举办各种各样的培训班。该报出版有一本《金融时报内幕》（INSIDE THE FT）的书，把部分培训讲座内容汇编成册，其中主讲人都是该报资深编辑记者，题目从消息写作、标题制作、如何报道公司年报、如何当一名驻外记者到如何解读国家收入报告、在新闻报道中如何防止法律纠纷和诽谤等，都是切身的经验之谈，非常实用。有些报纸还与大学合作，为报社员工开设一些培训项目。

《金融时报》在培养记者方面的另一个做法是换岗。瑞亭说，大多数记者在同一岗位上工作几年后，都希望能换换岗位，寻找新的激情和挑战。根据这一情况，报社每几年都要对编辑、记者的岗位做一下调整，保持活力。由于《金融时报》在全世界各大主要城市都有记者站，因此，他们经常把一些有潜力的年轻记者派到驻外记者站去，瑞亭本人就曾在香港、首尔、东京和巴黎驻过站，他说："这种经历对记者的锻炼是全方位的。"

采取类似做法的还有《每日快报》，不仅新进来的实习记者要在各部门轮流锻炼，就是正式记者，也经常轮换岗位，然后有些人就会相对固定在某一个他们喜欢的领域。

不过，换岗不换岗，也有不同的看法。《观察家报》副主编韦伯斯特介绍说，该报采编人员一般不搞岗位轮换，记者们基本上都在自己感兴趣和擅长的领域长期固定下来。而且该报编辑、记者之间的换岗也比较少。他介绍的另一个情况颇耐人寻味，在英国报社，现在从编辑部门上来的主编似乎比靠写作上来的要多。在解释这一现象时，他说：

“我想原因之一也许是因为现在报纸更多的是关于视觉形象，关于你如何表达，文字反而在其次。所以真正的高手是那些能够很好设计报纸的人。《卫报》是第一家推出小报板块（G2）的英国大报，当时出此主意、操作此事的就是罗杰。20年前，当我刚参加新闻工作时，所有报纸的面孔看上去都一样，它们都比现在薄得多，每天都用相似的照片，看上去非常乏味。现在，我们必须与电视竞争，与互联网竞争，大家都想用彩色照片，都用电脑设计版面，花样越来越多。因此，我们希望记者不仅能写很好的报道，还能是一个出色的报纸设计者。”

四、考评重在改善工作

在英国，各大报章几乎没有什么成型的考核体系，即使有几家进行考核的，也如例行公事一般，且不与报酬挂钩，员工并没太当回事。

英国十几家主要报纸中，只有《每日镜报》、《考文垂晚电讯报》及《卫报》有一套对记者的半年或年度考核办法，其他报纸都没有考核。其中《每日镜报》、《考文垂晚电讯报》均属于三一镜报集团，他们的考核方法也是一样的。据《考文垂晚电讯报》副主编巴克介绍，他们每年年中及年底都会搞一次考评。到了考评的时候，部门主任将坐下来，挨个与他的员工谈话，和他讨论他在这一年、半年的表现，讨论下一阶段的设想。讨论内容都会详细记录在一个表格中。他们把考评的重点放在如何提高工作、如何设定目标上，与考核过去的表现相比，《考文垂晚电讯报》更看重记者在未来的表现。巴克举例说：“我们的总编室主任，他擅长版面设计，是个非常好的文字编辑，但在管理上稍微弱一些，因为他要管理将近20个人，而他的沟通技巧稍差一些，因此下6个月的目标之一可能就是努力提高这方面的技巧。因此，我如果要给他作评价的话，就会和他讨论，应该如何提高沟通技巧。也许会建议他去进修一个相关的课程，或许会传授他一些沟通的经验，或者寻求其他解决办法。我就是一位管理者，对总编室主任的考核目的在于告诉他什么需要提高，怎么提高，给他设定阶段性目标。到下一次考评时，我会和总编室主任再次坐下来，面对上次考核时的那张表格，对总编室主任过去6个月的表现进行回顾，在对其沟通技巧方面的进步给予肯定的同时，帮助其找出下一步还有哪些地方需要提高并设定具体的目标。”

依此类推，各部门负责人将与他的记者做同样的事。该报的考核表格式与国内的考核表基本相似，主要包括个人总结、下一步努力方向、部门负责人的评价和要求等内容，只是没有群众打分这一项。《卫报》的考评办法，也与三一镜报集团差不多。《卫报》原驻华记者约翰·吉廷斯介绍，这种考评在该报还只是一种尝试，而且记者对这种考评也有看法，他们不知道这种考评想达到什么目的，并没有把它太当回事。

除上述几家报纸外，英国大部分报社则根本没有什么考评制度。那么英国报纸怎么评价记者的表现呢？

笔者采访过的主编们普遍认为，记者的工作是一项创造性工作，很难以量化形式进行评价。记者能力的高低、工作绩效的好坏，每天都体现在报纸上，如果一个记者经常有新闻上头版，那他就是个好记者；如果几个月都不出活儿，那就是个差记者，对此，主编和同事都心里有数。与《卫报》同属一集团的《观察家报》就不搞考核，该报副主编韦伯斯特介绍说：“我们不做月度或者年度考评，因为这种考评往往是很主观的。如果工作中出现什么问题，他们就会采取谈话的方式解决。一般来说，《观察家报》只会因为经济原因被迫裁员，而不会因为记者做得不好裁员。尽管如此，各部门的领导者都会经常提醒手下员工必须刻苦工作，必须在这方面多做一些，在那方面少做一些。《观察家报》更倚重这种非正式沟通的方式。例如在编务会上，大家可以对报纸大批特批，他们可以说体育版是垃圾，也可以说不喜欢财经版的一些内容，然后体育主编或财经主编就会与他的记者谈话，记者就会感到压力。这个信息会很快就传遍报社，但它是非正式的。”

《经济学人》主编埃默顿介绍，他主要通过以下几个途径了解和评价记者的工作：首先，埃默顿会请与记者密切合作的编辑对记者的工作做出评价；其次，埃默顿会亲自阅读这些记者大约90%的文章，这会对记者形成压力；再次，埃默顿会跟许多人见面，跟他们讨论，而这些人来自公司内外，他们的评价是一个很好的参考；最后，埃默顿经常旅行，通过旅行进行自我教育，丰富自己的阅历，从而增强自己对记者所写文章质量的判断能力。换句话说，主要是由一线编辑做评估，同时借助主编自身的判断能力，另外就得看记者自身的长期表现。记者不可能做到每次采访、每个题目都写得十分精彩。因此，埃默顿认为对编辑而言很重要的一点是懂得体谅记者，有时记者做了很不容易的调查，花了很多时间，最后却发现没办法写出一篇好文章，这时编辑就要及时叫停，另选题目。

对于我国报纸普遍采用的量化考核办法，英国同行的普遍反应是惊讶、好奇。然后他们往往会说："这些方法对付懒人也许比较有效。"

值得注意的是，即使是那些开展考评的报社，其考评结果也与记者报酬无关。在英国报纸的薪酬体系中，记者采取的都是等级年薪制，不同的记者被分入不同等级，位于同一等级的编辑、记者，拿的都是一样的工资。以全国性报纸为例，刚进报社的年轻记者，年薪一般是2万多英镑，资深记者大概能拿到四五万英镑，少数明星记者年薪则可能达到十几万英镑。采编人员的工资水平及每年的加薪幅度是由记者工会出面与报社管理层集体谈判后达成并签下合同的，报社不能随意开除记者。而记者在合同期内，干得再好，也都是拿那么多钱。当然，也有些明星记者可以与报社管理层进行个人谈判，如《太阳报》有个叫利特尔·约翰的家伙，每天在报上主持一个新闻述评栏目，此君狂妄异常，素以极端言论著称，却有一大批追随者，他一年的薪酬超过30万英镑，堪与主编比肩。2005年底，利特尔约翰又被他的老东家《每日邮报》高薪挖走，为此两家报纸还吵闹了一通，其情形颇有点像足球明星转会。《每日邮报》总经理盖伊·齐特尔（Guy Zitter）告诉笔者："记者可以成名并成为报纸的重要一部分。我们有个记者叫琳达·李波特（Lynda Lee-Potter），她已经为这张报纸写作20年了，目前在报纸上主持一个妇女专栏，颇受欢迎，她的专栏有众多的读者。你知道，读者往往会对某些记者产生特别的热情。她的专栏出现在每周三（即笔者访问该报当天），有很多读者买当天的报纸就为了读她的专栏。今天有240万人买这份报纸，其中有几万人可能就为了她才买今天的报纸。因此，她挣很多钱。"

那么记者干好干坏最后靠什么来体现呢？《考文垂晚电讯报》的做法是，每年考评后，他们如果干得好，就有望进入更高一个工资档次，普通记者可能被提拔为专线记者，或者其他高级记者，那他们的工资就会相应提高。如果他被提拔为部门负责人，那他的工资就更高。

曾有报道称，《经济学人》杂志会给记者一些股权作为奖励。该杂志主编埃默顿予以否认，他指出，《经济学人》基本上是以工资方式支付记者报酬的，另外还有一些年度奖金。年度奖金的额度主要是与报纸的业绩挂钩，与记者的个人表现关系不大。当杂志利润很好时，记者的奖金就高；杂志利润差时，记者就拿不到奖金。这就把记者的个人收入与杂志的成败直接联系了起来。杂志社的高层管理人员，另外还有一个长期奖金，奖金的额度及发放与否也与杂志股票价格的浮动及杂志的收益相联系。

《独立报》副主编比勒尔则开玩笑说，对记者的奖赏主要有两种方式，一是普通的方法，每个人都有年度加薪。当然这还不能完全回报那些干得特别出色的人。另外一条路在英国听起来不错，那就是其他报纸想挖你，努力想把你偷猎走。然后报社也许就必须给更高的工资把他留住。笔者问会不会给他们晋升的机会，他是这样回答的："我希望如此。我是说，这是一张写作人的报纸，在这里工作的很多人可以在别的报纸赚更多钱，但他们还是留在这里，因为他们觉得什么都可以写，因为这是一张独立的报纸。有些政治敏感问题你在这里可以写，在其他报纸就不一定能写。另外我们把写作放在优先位置，我们想得到那些会写的人，我们也放手让他们写，给他们写作的自由。你知道，对很多记者来说，钱并不是唯一的动力。在这里，作为一名记者，总体上你都可以得到合理的报酬，当然，如果从工作时间、工作强度上看，也许有人会认为不如去银行工作，或者去做生意。"

在考核和薪酬方面，英国报纸中采编部门和经营部门采取的是不同的体系。以《每日邮报》为例，该报共有员工近1100人，其中采编部门有500来人，广告部门120人，发行部门110人，印刷厂有400人。对广告、发行等部门的经营管理人员，除了基本工资外，还有奖金。高层管理人员有年度奖，中层和较低层次的经营管理人员则有季度奖。奖金与业绩目标的完成情况挂钩，广告、发行等部门每年都有明确的业绩目标；对采编人员，该报则只实行年薪制，不设奖金。不过采编人员的工资比经营管理部门的要高一些。这样，销售人员工资虽然低一些，但有获得奖金的机会。而采编人员没有奖金，但工资较高，更为稳定。

三一镜报集团联络部主任尼克·富拉加尔（Nick Fullagar）介绍说："在工资方面，基本是有个大致的市场标准，全国性报纸有全国性报纸的市场标准，地区性报纸有地区性报纸的标准，大家都大概知道这个标准应该是多少，我们按标准付就是了，当然，个别特别优秀的记者，可能会另签合约。普通员工每年都有加薪，幅度一般与通胀率相等。"

总之，英国报纸中采编人员的薪酬体系有点"大锅饭"的味道，而且不仅是报社如此，在其他行业的做法也差不多。不过英国人对此似乎已经习以为常。《考文垂晚电讯报》副主编巴克的看法颇具代表性：我们的哲学是，两个人如果干同样的工作，他们就应该得到同样的报酬。

第三节　报纸营销花样百出

一、自我促销不遗余力

激烈的市场竞争，迫使英国各大报在提高报纸质量的同时，还千方百计加强报纸促销工作，在这方面投下了大量的资源。据了解，英国各大报均设有市场营销部，专职负责报纸促销，在促销手段方面，更是花样百出，除了随报附送CD、书籍等传统手法外，各报还经常推出买报纸送豪华游、送汽车、手提电脑甚至豪宅等极具诱惑力的大奖。

例如，英国发行量最大的上游市场大报《每日电讯报》设有市场营销部，据市场营销部的工作人员莎拉·亨特（Sarah Gent）介绍，这个部门最基本的职能就是帮助报纸吸引新读者，回报老读者，整个市场部共有16个员工，每年的市场营销预算大概在500万~1000万英镑之间，主要工作有以下几个方面：

——对外宣传和新闻发布。由新闻办公室负责，亨特自己就在这个办公室工作。新闻办公室负责与所有的外部媒体打交道，处理小到展台布置，大到公共关系的种种事宜。他们还负责维护一个在线新闻办公室，所有有关该报的重要新闻，如人事变动、报纸获奖情况、读者构成、调研成果、报社历史、采编部门负责人名字和联系方法等都发布在上面，内容非常丰富。“每天早晨，我们都会收集所有有关《每日电讯报》及霍林格公司的一切新闻，并把它们在网上发布出去。我们所做的工作是从整体上支持配合公司、报纸、企业的各个项目、活动。”亨特说。新闻办公室的另一项工作是利用它的关系网，保证《每日电讯报》的记者、评论员经常

英国报纸重视自我促销，这是《太阳报》的户外广告。

出现在电视和电台上，扩大报纸影响。为此，该报还在报社专门设立了一间小型的演播室。

——促销报纸。和其他报纸一样，《每日电讯报》开展频密的市场促销活动，主要形式是随报给读者送CD、旅游、优惠券等礼物，组织各种抽奖活动，在电视、广播、互联网上给自己的报纸做广告等。

笔者访问《每日电讯报》时，市场部正配合该报的改版而开展一次规模庞大、以“READ A BEST-SELLER EVERY DAY”（每天阅读一份最畅销的报纸）为主题的大型品牌宣传活动。开始于年初的这次改版被称为是一次“整容”，重点是改变该报的版式、字体、照片应用和加强导读等，使报纸呈现更现代、更清新的面孔。其主题是突出宣传该报是一份英国最畅销的综合性大报。这次品牌宣传活动持续半年左右。

亨特所介绍的另一项目——“梦幻足球”（Fantasy Football）是该报最成功的一项促销活动之一。所谓“梦幻足球”，最初是由该报于20世纪90年代中期推出，现在已经成为英国各报吸引读者的例牌菜。其做法是，联赛开始前，报纸会依据球员上赛季的表现，对各个位置的所有球员进行排名，读者可以花钱“购买”球员，组成一支你自己的“队伍”。当然，球员排名越高，价钱越贵，如果你想买亨利、希勒这样的大牌球员，可能要花10来镑，而一般的球员，则只要两三镑。当联赛红红火火地进行时，这个虚拟的“纸上联赛”也同步开展。每一轮比赛中，如果你的“队伍”中有球员进球了，你的队伍就得分。到联赛结束时，排名靠前的“队伍”就有望获得奖金。足球运动在英国有着强大的群众基础，像这样花点小钱参加“梦幻足球”活动，不仅可以考考自己的判断力，还可以一圆当球队“老板”或者“主教练”的梦想，甚至有望获得大奖，这对广大球迷的确具有吸引力。

《每日电讯报》在开发学生市场、培植未来读者方面也下了大工夫。该报市场部专门有几个人负责开发学生市场。《每日电讯报》开发学生市场的主要招数有：一是组织策划面向校园的活动，如赞助学生音乐节、体育节、电影节等；二是在校园里销售的报纸实行半价，如平日的《每日电讯报》在报摊上标价是50便士，在校园里则只需25便士；三是每年举行一次学生会议，邀请30位大学学生刊物编辑到报社参观，采访主编，并与报社有关人员座谈，学生编辑们回去后则在校园刊物上介绍在《每日电讯报》的所见所闻；四是专门为大学生出版一份名为JUICE的杂志。该杂志创办于1997年，每年出版三期，每学期初（英国学校每年分三个学期）在全国各大学校园免费派发，发行量在25万份到70万份之间。报社有一位编辑专门负责编辑这本杂志，另外每期杂志还会特邀一位学生做客座编辑。其内容基本上是从

《每日电讯报》和《星期日电讯报》中精选出来的生活免费JUICE，意在培植未来读者阅读体育、娱乐等方面的文章，每篇文章都标有原始出版日期。该杂志的扉页上的一段话，清楚地表明了该报花大本钱出这本杂志的目的：

此外，该报除不断增加青年学生喜欢的体育、娱乐等内容外，还加强对校园生活的报道，每周出一个教育专版，每周六的"周末"板块，专门开设了一个校园生活专栏，栏目名字也叫JUICE。在该报网站上，也专门有一个每周更新的JUICE专栏。"我们所做的这一切，主要目标就是把《每日电讯报》和《星期日电讯报》推广到学生市场，希望使他们对我们的报纸感兴趣。这样即使他们现在不常买我们报纸，但等到了三四十岁，他们中的许多人就会转向我们报纸。简单说来，我们是在培植未来读者。"亨特说。

——主办、赞助各种体育赛事和活动，扩大报纸影响。据介绍，市场部有几个人专门负责策划赞助高尔夫球、网球、橄榄球比赛以及艺术展览、汽车展、家居园艺展、运动节、音乐节等活动，每年差不多赞助10多项这样的活动。此类赞助活动吸引读者关注该报的专门板块。其中该报主办的一项"探险旅游和运动"展览已经举办了8届，去年曾吸引了2.8万位参观者。笔者从该报网站上看到，2004年该报将主办或参与协办的各类活动已经排到了8月份，每个月都有一项大活动。亨特说，由于此类赞助主要是以媒体支持的形式，因此所需经费并不多。

——进行市场调研。《每日电讯报》的市场研究做得非常细致，除了整份报纸的读者情况外，该报还向广告客户提供每一板块的阅读率情况。如，从周一到周五，84%的企业高层管理人员会阅读该报的经济板块，超过一半的读者喜欢看体育板块，星期六版对女性读者最有吸引力的是《每日电讯报》杂志和周末板块。亨特介绍说，这类研究大部分是委托独立机构做的，这么做的目的，一是为了及时了解读者对报纸各个板块的反映，提高报道水平，更有针对性地开展促销活动，另一方面也是为了给广告客户提供更为全面的产品信息，帮助他们作出正确选择。

——负责公司内部交流沟通。市场部负责每周出版一份内部小报，以促进内部沟通，让员工了解公司运作情况。

财力雄厚的《每日邮报》，在报纸营销方面也是英国各报中力度最大的一家。该报总经理齐特尔称，联合报业集团的策略和理念是立足长远，投资未来："我们一再强调，公司发展要有长远目光，不要急功近利。我想这张报纸之所以非常成功，其中一个关键就是我们总是从长远角度去考虑问题。每个企业都会有发展计划，可能是2年、3年或4年的计划。我们的发展计划则是20年、30年的。因此，当我们与对手竞争时，这种立足长远的策略给我们提供的优势是至关重要的。我可以运作自如，我可以说，我们没必要非得在今年、明年或未来5年赚尽可能多的钱，因为我们是在建筑一座大厦，我们要着眼于长远，可以不在乎一朝一夕之得失。我们的目标是在一个长远的时期内，把企业做得更强、更强、更强，而不是要在今天把你能赚的钱都赚完。这是我们与其他人一个很大的区别。”

这几年，《每日邮报》虽然从未参与价格战，但该报在报纸促销上的投入，却比英国其他任何报纸都要多。优异的产品质量加上密集的促销活动，使得《每日邮报》的发行量始终保持在一个较高水平上。齐特尔详细介绍了他们在报纸促销方面的一些做法：

这么说吧，我的出发点就是简单，我希望我们的促销活动要让每个人都非常容易理解。我们的促销活动要达到的效果是，当人们从电视、电台或者任何渠道得到我们的促销信息后，他就会想：如果明天我不买《每日邮报》，那我就太蠢了！例如，如果有人计划出去度假，我就会琢磨着向他们传递这么一个信息：在《每日邮报》上你可以找到一个免费假日！因此，他正在考虑着去哪里度个假，这个时候《每日邮报》说他们可以提供一个半价的或者免费的度假游，如果我明天不去买份《每日邮报》，那我不是太蠢了？所以，我们所有的促销活动都是由一条非常简单的法则来驱使，那就是给报纸增加价值，回报老读者，吸引新读者。当他们买了报纸之后，他们想，哇，这等优惠简直令人难以相信，这是一个怎样的优惠啊！我有望赢得50万英镑的现钞，我可以获得去欧洲大陆的免费机票。我正好计划去欧洲玩玩呢，现在他们可以给我提供免费机票，太棒了！

当然，我们在促销上也舍得投资，例如，我从航空公司买大量机票，然后我们在电视上做促销广告，告诉人们：买《每日邮报》，送免费机票，这很有吸引力。他们会想，一张去欧洲的机票可能要花掉我50镑、60镑甚至100多镑，而一份报纸仅花我40便士，何乐而不为？当然他们需要买20份报纸，从报纸上剪下20张报花，把这些报花连同一份申请表一起寄给我们，才能得到这张免费机票。那么这机票花了我多少钱呢？事实上每张机票只花了我6镑，因为我花了30万镑一次购买5万张机票，而读者感觉到这张机票的价值则远远高于我所花的6镑，因此这就有点意思。

他找出一张该报作为礼品随报赠送给读者的CD，接着说：“同样，拿这张CD来说，这张CD里是20首经典情歌，虽然包装比较简单，但这些情歌都非常有名，且都由著名乐队演唱。这张CD的感知价值应该是6镑或7镑，但因为我们一次向生产商订做了450万张，所以每张CD我们只付16便士。然后人们就会想，买份报纸只花40便士，还送这张这么好的CD，如果我另外买这张CD，可能要花掉我六七镑呢，如果我不买报纸，那我不是太傻了？我们会提前在电视上告诉他们这一消息，然后发行量就会有一个显著的上升。”

“这些促销活动对产品是个测试，因为营销和促销工作的一个重要目的就是吸引新的读者，我愿意去试，为什么不呢？如果我不这么做的话，我就太愚蠢了。另外，因为我们在搞这些促销活动时在经济上都进行了周密计划，尽量精打细算，因此花的钱并不多，我们负担得起。我们通过这些促销活动的附加值，如免费机票、免费假日、免费CD等，回报现有读者。同时我们也利用这一招数吸引新的读者，而且因为我们在产品质量上投了这么多，当他们试了以后，我们就有望把他们留下来，或者起码有一定比例的人留下来。”

英国报纸大多非常重视市场研究特别是读者研究，但《每日邮报》似乎是个例外。该报执行主编罗宾·埃塞尔（Robin Esser）称：“我们非常重视聆听读者的声音，通过电话、信件和电子邮件等形式与读者保持密切联系。但我们的编辑工作大部分是靠感觉和灵感，我们并不太注意任何重点群体或市场研究。”在与齐特尔的交谈中，他也说他并不太重视这项工作，“市场研究的一个难处是，它总能告诉你想要的东西。因此我并不完全信这一套。”他说。

《太阳报》也是英国各报中促销力度较大的一家报纸。该报副主编沙纳汉介绍说：

市场竞争这么激烈，所有的报纸都不得不想方设法促销自己。现在的报纸我们也有一个促销策略，根据这一策略，我们一年到头不停地搞促销活动，其中大的活动每年大概有三四次。一个典型的例子是95英镑出去度个假。从送去度假的人数上讲，《太阳报》可以说是英国最大的“旅行社”。听起来有点奇怪吧？事情是这样的，我们和一些旅行社谈判，他们要做旅游促销，就提供一些淡季路线，如秋天去西班牙，或者部分欧洲大陆地区，度假5天，费用仅仅95英镑！这项促销活动格外受欢迎。靠这点钱，人们就可以和他们的家人、朋友一起出去放松几天。我们每年以这种方式送出大约50万的人去度假。这是一个很重要的促销手段。

那么这个促销活动是怎么操作的呢？读者如果想申请这95英镑的假日游，他们就必须从我们报纸上收集一定数量的报花（token）。你每天买一份报纸，把当天报纸上的报花剪下来，我们会要求你必须在10天内收集10张报花，然后你才能申请到那95英镑的假日游。我们还有一些类似的促销，也非常受欢迎，如1英镑游法国，你只要收集10张报花，再花1英镑，就可以带上你的家人和你的猫啊狗啊去法国逍遥一番了。对读者来说，这当然是笔好生意。

我们还围绕一些主题活动展开促销。例如，如果有一部新电影即将上市，我们就会想办法弄些免费电影票用来促销。或者我们会做一些玩具、模型，如哈利·波特、迪斯尼电影、福克斯电影中的人物玩具等，送给读者。我们还有许多我们称之为“超值”的促销活动，那就是我们在报纸上给读者提供一些购买某种产品的打折券。如半价照相机，我们会和某家大型公司谈判，然后在报纸上为人们提供这些半价的照相机优惠券。我们还在报上搞一些游戏，如宾果游戏，获胜者可获得现金奖励，这项游戏在我们报上已经进行很多年了。同样地，在这项活动中，你有机会通过收集报花而成为百万富翁。这些年来已经有两位读者通过参加《太阳报》的宾果游戏中了百万英镑大奖。

我们的促销计划是一年前就已经定下来的。当然计划有时也要作调整，例如，拿电影来说，你很难知道一部新电影什么时候会上市。我们还经常在电视、电台上做广告促销报纸。因此我觉得这项工作更像是个策略，而不是设计。我是说，我现在就可以告诉你在后面6个月我们将搞些什么活动，这个计划是非常小心、详细地提前制定好的。

不过，硝烟弥漫的赠送礼品大战带来的一些负面影响也日益显现：有些礼品的价值已经远远超过了报纸的价格，这使得有些读者只是为了得到礼品才买报纸，报纸反而成了礼品的附属；有些读者拿到礼品就把报纸扔了，根本不读，失去了报纸本来的意义；赠送CD、VCD，使许多人感叹“印刷品要靠音像制品来吸引读者，是报纸的悲哀”；另外，礼品攀比之风直接导致报纸经营成本加大；更重要的是，办报变成了只重销售的商业行为，把报纸演变成商业报纸，这可以导致报纸过剩。

许多有识之士认为：“与礼品相比，报纸自身的生命力才是记者真正应该关心的事情。”许多报纸开始把促销的重点放在产品创新上，想方设法以一些另类的方法来使自己的报纸在市场上引人注目。如，《独立报》副主编比勒尔介绍：

我们偶尔做一些电视广告、电台广告，但不多，因为很贵。我们做很多跨报促销。如在日报上给星期天报打广告，在星期天报上给日报做宣传。然后我们只是利用一些常用的发行策略，如给读者一些特别优惠、送免费书籍等，都是些普通的促销技巧。

我们从促销中学到的最重要一件事还是头版，如果你能抓到好的新闻，有聪明的表达方式，那就是最好的促销。我们非常重视头版，我们认为那是报纸的卖点。否则，如果你送出去很多CD，拉动了上万份的发行量，然后第二天你不送CD了，发行量又被打回原形。

正是基于这种理念，《独立报》在头版的版面处理上常采取一些非常独特的手法，有时是一张半个版的巨大照片，有时干脆只有一堆数字，或者一串问题。在报摊上，《独立报》的这种另类头版版式显得格外突出。谈起这么处理的原因，比勒尔解释说：

《独立报》一向比其他报纸更注重创新。最近我们做了很多不同的头版设计。部分原因是与这次伊拉克战争的报道有关，我们用一种更强烈的或许更为小报化的手法来做头版。这种手法在业内引起很大争议。我们是从读者的角度来看这件事的，这样处理有利于读者尽快抓住最重要的事实。另外，我们认为读者不想再看传统的报纸头版了，他们希望看到一些对他们富有侵略性、挑战性的东西。

《卫报》副主编亨利介绍，该报主要从三个层面上与对手展开竞争：

首先是日常新闻报道上的竞争。事实一再证明，如果你有一个强有力的策划，如果你有一个大新闻，一个新奇的头条，一张特别的照片，诸如此类，那么第二天你的报纸就会好卖得多。我们在努力向读者展示我们报纸内在的优异品质，有时这可以对市场产生很大的影响。

其次是商业促销。这是所有报纸都在做的事。如送免费CD，送公寓、汽车、电脑等，没完没了的优惠。因为我们都面对一个不断萎缩的市场，我们是在一个非常拥挤、高度竞争、不断萎缩的市场上为市场份额而厮杀。

第三是产品创新。一份缺乏创新的报纸在今天是很难生存的，我们的记者都有这种观念，我们总是在想新的结构、新的表达方式、新的版面设计。我们总是在想方设法做到与众不同，每年都会在报纸的设计上想一些新的创意，推出一些新的板块。

这三个方面中，产品创新应该说是《卫报》的一大特色和优势。近20年来，《卫报》在版式设计、采编创新方面在英国各大报中一直领风气之先，不少做法后来都为同行所效仿。

二、广告经营压力重重

广告收入是报纸的生命线。英国各报由于定位不同，广告收入和发行收入所占的比例也有所差别，上游市场大报的比例大约是7：3，而下游市场小报的比例则在4：6左右。广告价格方面，也跟报纸的市场定位、发行量有关，上游市场大报高于下游市场报纸，定位于同一市场的报纸中，无疑是发行量大的报纸广告价格高于发行量较小的报纸。如上游市场大报《每日电讯报》价格在英国几家大报中是最高的。该报整版的彩色广告平均价格在6万英镑左右（约合人民币100万元），其中最贵的招聘广告，全彩整版要价高达10万英镑！而发行量比《每日电讯报》少30万份的《泰晤士报》，整版彩色广告的平均价格不到4万英镑，《卫报》的价格则只有2万多英镑。广告价格差异基本上与这几家报纸的发行量差异成正比。

各报广告部门基本上都把分类广告（Classified）和陈列广告（Display）分开经营。以《每日电讯报》为例，该报的广告部下又分为分类广告（Classified）和陈列广告（Display）两个部门。其中分类广告部共有员工近百人。大部分分类广告都被放在相关的专刊板块下，这样就给了读者更多的信息。分类广告部又按行业分成几个小组，分别工作于不同的板块，以便他们成为某一领域的专家，和广告客户及广告代理商建立长远的联系。这些板块包括招聘、旅游、汽车、房地产、艺术、娱乐、园艺、购物、礼品和家具、教育和声明（生日、结婚和死亡等）。

一些大的分类广告板块设有主管，他们经常出去与客户、广告代理商面谈。但大量的工作还是通过电话完成，这个部门每年差不多要打出50万个电话，接到35万个电话。许多客户只知道他们在《每日电讯报》的联系人的名字和声音。这意味着电话销售主管们必须有良好的交流技巧和说服力，要有在压力下工作的能力。分类广告部是个充满活力的部门，员工的平均年龄只有23岁，对大部分人来说，这是他们的第一份工作。因此报社对他们进行高强度的培训，以提高他们的能力和水平。

报社每周都给分类广告部设定一个销售目标，必须吸引相应数量的广告来填充版面。有些广告版面是事先被预订了，销售人员会努力说服广告客户刊登系列广告，或者同时做些插页广告。当然，有些客户只希望在特定的某周做广告。剩下的版面就需要从那些没有预订的客户中去寻找，或者把他们从其他报纸“游说”过来。销售队伍每天都会检查其他报纸和杂志刊登的广告，并列出一个目录作为线索。在接下来的一周里，他们将对这些潜在客户进行紧密跟踪，向他们抛出优惠条件，争取他们在本报做广告。《每日电讯报》每年刊登的分类广告总量在20万条以上。

陈列广告是报纸收入的大头。该部门有40个员工，平均年龄27岁。陈列广告和分类广告的不同之处是，陈列广告的客户都是大客户，许多是每年要在广告上投放成百上千万英镑的上市公司。这个部门分成三个小组：代理商销售、研究和商业拓展组。

代理销售组负责直接与大客户和广告代理商打交道。大部分大公司都会雇知名的广告代理商帮助他们策划广告并投到合适的媒体上。研究组则重点开展策略研究，制定计划，对目标公司和代理商进行跟踪研究。

商业拓展组的销售人员负责为一些公司编制一套完整的促销方案，以吸引他们在《每日电讯报》上做广告，同时推广《每日电讯报》和其兄弟报刊的品牌。员工们每天都对其他报纸的广告以及各报的新闻报道、传闻、新产品发布等进行认真研究，从中发现值得去争取的广告客户。2001年，商业发展组专门成立一个独立的客户队伍，其结构与《每日电讯报》中那些以客户为导向的板块相对应，这些板块包括：财经、旅游、IT和电信、体育、星期六杂志、汽车、社团。

每天早晨，广告部门都要开个会，决定明天的报纸将要多少广告版，当天必须卖掉多少版面。报纸的版面将根据广告需求而变化，主报每天最多可印40个版，加上8个版的体育板块。

作为一家综合性传媒集团，《每日电讯报》除了给客户提供传统的印刷媒体广告平台外，还可以提供促销、竞赛、直接邮件、户外广告、在线广告、组织颁奖，根据客户的要求做专题研究、展览、额外的媒体支持和配送。他们经常把这些广告手段组成一个套餐，供客户选择。

定位中游市场的《每日邮报》的广告部共有员工140人左右，其中陈列广告部50人，分类广告部60人。另外该报在曼彻斯特和苏格兰的办公室还有30个人负责广告业务。该报广告主任约翰·第尔（John Teal）介绍，近年来英国广告市场经历了一个非常困难的时期。该报的广告无论是从营业额还是版面上比较，都是全国性报纸里最多的。2003年该报的广告总收入达到2.3亿英镑。其中陈列广告约1.8亿英镑，剩下的来自分类广告。2001年互联网高潮时，广告形势大好，该报的广告收入达到2.4亿英镑，随后几年受伊拉克战争、SARS的影响，旅游、航空等行业的广告大减。另外，“9·11”事件后，许多美国大公司都压缩了市场促销预算，对英国报纸影响也很大。

他介绍说，从行业上看，该报的广告主要来自五大板块：零售是最大的板块，这一块今年的收入可望达到4500万英镑。然后是汽车、金融、IT和旅游。零售行业目前形势很好，IT有所下降，金融市场非常困难，旅游和汽车行业还不错。

在广告销售上，第尔说他们的广告主要通过代理公司销售。“我们有两个部门，一个负责代理公司的销售，他们和代理商经常保持联络，一起讨论新点子、谈判，确保我们能获得最好的价格。我们努力给他们一个专业的、擅做生意的印象，这是保持良好关系的最好办法。尽管如此，我们的关系有时还是绷得很紧，你知道，他们总想以最便宜的价格买到广告版面，我们则尽可能地卖个高价。因此有时候我们不得不互相让步，求得妥协。这里的代理费通常在4%。”

“另一个部门负责客户销售，他们直接与客户打交道。代理公司手中掌握着很多客户，但我们自己也认识客户，所以，如果和代理公司的合作出现困难，或者我们不想和他们分享利润，我们就会直接和客户打交道。”

和其他各报一样，《每日邮报》也有一个广告价格表，作为收费的依据。这个价格表是根据发行量的情况而定的。第尔称这些年来由于《每日邮报》发行量比较稳定，因此广告价格只升不降。从价格表上看，该报整版彩色广告的价格平均约3.5万英镑（相当于大报的7万英镑），在英国各大报中是较高的，考虑到该报的巨大发行量，这一价格还算合理。问及他们是否给一些大客户打折时，第尔说："我们更注重我们所说的'效益广告'，我们宁愿要更多的广告收入而不愿要更多的广告版面量。不过像《每日电讯报》那些报纸，他们更倾向要更多的广告量而不是收益。我们和《太阳报》较少打折。《每日快报》、《每日电讯报》、《每日镜报》的打折幅度很大。我们一般不这么做。"

英国报纸广告部门与采编部门一般都是在相对分离的状态下运作。第尔说："采编部门总是想尽量保持他们的独立性。他们会觉得如果我们写些与广告客户有关的报道，就容易失之偏颇，就会影响报纸的声誉。在我看来，我想如果我们写些关于Forward公司（著名的广告代理商）的文章，那么他们当然会给我们更多的广告。但我不能这么做，我们与采编部门之间必须保持一种平衡，报纸应该独立于所有广告商之外。对我来说，这是一个烦恼。但细想想，这样做从长远看对报纸还是有益的，如果一份报纸失去公信力，那么它也就很难吸引到有价值的广告。"

第尔举了个例子。他说："这张报纸挺反法的，有一天，所有的法国公司，包括雷诺、标致公司及许多食品公司、葡萄酒公司，都不在我们这里做广告。我们发了很多我们叫做'不列颠报道'的稿子，其中有一篇是关于汽车的。报道认为汽车公司在英国要价太高了，而他们在欧洲则使劲打折。其中一个公司是大众，他们对这篇报道很恼火。但他们仍然在我们报纸打广告。广告客户不能对我说：'你看，我们在你这里投了100万的广告，叫你们的记者别写那些东西了。'我们和编辑部之间是彼此独立的。这是一张很有影响的报纸。有时候我们的报纸会对一些超市提出批评，而这些超市却是我们的重要广告客户，虽然我不愿意看到这些报道，但我不能对他们的报道说三道四。"

近年来，英国各大报广告收入普遍下滑，但英国最大的免费日报《地铁报》却逆市飘红。该报自1999年创刊后，于2003年开始赢利，当年广告收入4500万英镑，实现利润近400万英镑，2004年、2005年广告收入又增长了近两成。在广告经营方面，该报采取了许多创新的做法，其中之一就是把封面、封底、封里采取整页承包及零散发布方式，甚至随报附着广告商品样品。该报以年轻人为主要目标的手机、数码产品、旅游等广告越来越多，这也给付费报纸带来新的压力。

第五章

透视报业“关系网”

【本章提要】

英国报纸虽然都是商业性报纸，不属于政府或哪一个政党所有，但几乎每一份都有其鲜明的政治立场，分别支持不同的党派。决定报纸政治立场的因素，除了与其传统、老板的政见有关外，最根本的动力还在于经济利益。过去舰队街的报业主拥有报纸，是为其政治立场服务的，纷纷利用报纸鼓吹自己的政治主张，试图以报纸言论对政府、党派施加影响。随着社会的变化，如今的报业主更多的是把报纸当作一个产业、一份生意来经营，报纸老板最关心的是发行量、是广告收入，政治上的诉求反在其次，或者，仅仅是他们获取更大经济利益的一个工具、一面幌子。

英国报纸与政府之间存在一种既对立又合作的关系。一方面，报纸自视为权力的监督者，报纸对政府总是保持一种质疑的姿态，并把这一点当作独立性的重要体现；另一方面，报纸在消息来源、经济利益和政策上也有求于政府，因此并不愿时时与政府唱对台戏。政府也会合理利用手中的权力和资源，控制舆论导向。英国政府认为，对重大突发事件，如果处理得当，媒体能在安抚公众情绪、保持社会稳定方面发挥积极作用，媒体还能帮助政府迅速向公众传达一些重要的建议或指示。反之，如果媒体不能及时得到准确的信息，由于新闻传播本身的放大作用，信息的混乱、错误、拖延会在公众中造成非常不利的影响，引起恐慌。因此，政府在处理危机事件、突发事件时，非常重视加强与媒体的配合。

名人是英国报纸特别是小报追逐的重点，名人新闻是拉动报纸销量的重要工具。同时，名人们在上升阶段也需要报纸的扶持，但一旦成名，往往又不愿受到报纸的“骚扰”，这使报纸和名人之间形成一种爱恨交加的特殊关系。

目前英国比较有影响的全国性大报和几个主要的地区性报业集团，基本上都隶属于上市公司。上市对报纸来说有利有弊，报纸经营者普遍承认，在经营中来自股东的压力很大，如何为股东创造利润，是经营者最为关注的事情。

广告商是报纸的衣食父母，英国报纸的经营部门总是想方设法与广告商保持良好的关系，吸引更多广告。另一方面，报纸为了保持独立客观形象，又不能与特定的广告客户走得太近，特别是在涉及广告客户的报道时，总是努力保持一种不偏不倚的姿态。

随着时代的变迁，报纸的权力正在受到严峻的挑战。多年来，由于小报在新闻操守方面严重退化，英国报纸在公众中的信誉度每况愈下。与此同时，网络使得报纸与读者的关系由过去的单向交流变成了多向交流，读者不仅可以通过网络与报纸直接互动，同时读者之间还可以在网上就他们关心的问题展开讨论，对报纸的报道评头品足，读者的力量变得更强大了。

和商界、政界一样，报界也是一个名利场。报纸与政党、政府、王室、名人、股东、广告商以及公众之间存在着错综复杂的利益关系。从某种程度上讲，英国报业管理体制的形成、报业政策的制定以及内部管理的施行，就是利益各方不停地互动、较量、博弈、平衡的过程。

英国前首相丘吉尔在阐述国家外交关系时曾有一句名言："没有永远的朋友，也没有永远的敌人，只有永远的利益。"以此来形容报业关系网，同样合适。

第一节　政治立场关乎商业利益

英国所有报纸都是商业性报纸，不属于政府或哪一个政党所有，但几乎每一份都有其鲜明的政治立场。以全国性日报为例，若从政治立场的角度看，大致可分为左、中、右三种。《卫报》、《每日镜报》属于中偏左立场，是工党的传统支持者；由从《每日电讯报》出走的三位记者创办的《独立报》，则游离于左派及自由主义之间；著名的《泰晤士报》原来比较保守，目前在政治立场属于中偏右；《每日电讯报》、《每日邮报》、《太阳报》则属于典型的右派报纸。只有同属快报集团的《每日快报》、《每日星报》这两家报纸的政治立场摇摆不定。

英国报纸的政治取向，与其传统有关，还要看其老板的政见。《每日电讯报》原老板康拉德·布莱克是个加拿大人，但却是保守党的坚定支持者，他不仅在报纸上为保守党鼓与呼，还不时地给该党捐点款项。而当他的捐款被对手的报纸捅出后，《每日电讯报》自然要站出来声明一番：捐款纯属布莱克勋爵个人行为，并不代表本报。此说颇有点此地无银之意味。

随着报纸老板的更替，报纸的政治立场往往也会随之来个大转弯。《每日快报》在传统上一直是保守党的坚定支持者，但2000年底该报被靠色情出版物发家的理查德·戴斯孟德收购后，马上成了工党的支持者。而戴斯孟德入主快报集团后没几天，就成了唐宁街10号的座上宾，与布莱尔首相共进下午茶。被戴斯孟德钦点为《每日快报》主编的克里斯·威廉姆斯在接受记者采访时也承认，他接手《每日快报》主编后该报的最大变化体现在政治立场上，由原来一边倒地支持保守党，变成了一份依报道主题不同而在政治立场上飘忽不定的报纸。

《独立报》在创办之初，就给自己设定了一个不支持任何政党的独立政治立场，其特立独行的编辑方针，曾给当时的报界带来一股清新之风，受到年轻读者的热烈追捧。然而时易势移，20年过去，《独立报》的主人几经变换，其办报方针也与当年有了很大差别。该报总裁伊凡·华伦（Ivan Fallon）谈到《独立报》的政治立场变迁时向笔者坦言，《独立报》初创时独立于政党之外的原因，是因为那个时候英国处于一个政党分野非常明显的时代。那个时候英国有一个非常右倾的撒切尔政府（保守党），一个非常左倾的反对党（工党），同时还有许多非常强大的报纸老板。公众不喜欢那些见风使舵的默多克、麦克斯韦尔、罗斯米尔等报业主，人们对当时的情况很不满。这个时候《独立报》以其不偏不倚的形象横空出世，一炮打响。“但这种特定情形已经不复存在。撒切尔时代结束后，各个政党变得越来越相似了。现在这个国家已经没有那种好的政治分野。《独立报》自己也发生了很大变化，现在它属于一个大的集团。因此情况已经变了，传统概念的《独立报》现在已经没有作用了，它只是一个特定时期、特定时间的产物，但这种概念没能幸存下来。当然，和其他报纸相比，《独立报》仍然有某种特殊的立场，它不像其他报纸那样倾向于支持某一特定政党，它仍然有不同的声音。”

不同政治立场的报纸之间互相攻讦，是再平常不过的事情了。当然，他们的区别更多是体现在日常的新闻报道中。同一条新闻，你在不同报纸上读到的往往是截然不同的两个标题、两种态度。伊拉克战争期间，《每日镜报》、《卫报》持反战立场，每天痛陈战争带来的恶果和潜在的危险，《世界新闻报》、《每日电讯报》等右派报纸则为联军的每一点小小的胜利而欢呼；在近来英国报纸大量报道的收留外国避难者、外来移民问题上，《每日电讯报》、《每日邮报》、《太阳报》等右派报纸把治安环境恶化、健康服务水平下降、养老金亏空等社会问题全栽到外来避难者和移民身上，《卫报》、《独立报》等中偏左报纸则重点报道外来移民所受到的不公正待遇和他们的悲惨生活等。在英国人普遍关注的是否加入欧元区问题上，各报的态度也是泾渭分明。基本上是偏左的报纸支持，偏右的报纸则反对。英国人都知道《泰晤士报》老板默多克最烦欧元，而该报主编罗伯特·汤姆森在加盟《泰晤士报》之前则支持欧元。既不能让老板不高兴，又不能昧着良心说假话，怎么办呢？《泰晤士报》采取了一种模棱两可的态度：加入欧元区是大势所趋，但目前还不是时候。

有意思的是，尽管各大报纸都有自己的政治立场，但报纸从业人员对政治似乎远没有他们老板那么热忱，这一点在年轻一代记者身上体现得更为明显。《卫报》原驻华记者吉廷斯就感叹："在过去，如果你在《卫报》工作，你可能永远不会为别的报纸工作，你只为《卫报》工作。现在的年轻记者，他们可以为《卫报》工作，也可以为《泰晤士报》、《每日电讯报》或任何其他报纸工作，他们不在乎。"

另一方面，许多报纸为了体现自己的客观性、多元性，往往也会邀请与报纸立场相左的人士为报纸撰写评论，展开辩论。

决定报纸政治立场的最根本的动力还在于经济利益。20世纪80年代初，默多克在撒切尔政府的强力支持下，才成功收购《泰晤士报》和《星期天泰晤士报》，并于1986年顶住工会的沉重压力，把属下报社迁址市郊，采用全新的报纸制作、印刷系统，致使数千工人失业，报纸利润却大幅提高。由于这层关系，默多克属下的报纸当然也就对以撒切尔为首的保守党报之以李。但世易事移，在1997年大选期间，默多克意识到保守党大势已去，其麾下的《太阳报》临阵倒戈，在头版打出巨大标题宣布：《太阳报》支持布莱尔（工党候选人）！要知道每5个英国成年人中，每天就有一个人读《太阳报》，因此《太阳报》这一突然转向，对保守党候选人梅杰无疑是雪上加霜。结果也如大家所知，布莱尔如愿以偿坐上首相宝座，并于2001年成功连任至今。布莱尔与默多克旗下的几家报纸也开始了一段前所未有的蜜月。《每日镜报》的母公司三一镜报集团企业关系部主任尼克·法拉加尔在接受笔者采访时则把这种政治与经济利益的关系说得更为明白："如果我们不支持工党，那在商业上就等于自杀！"

英国的报业历史学家认为，过去舰队街上的报业主拥有报纸，是为其政治立场服务的。比弗布鲁克、诺斯克利夫、汤普森等老派报业主无不利用自己的报纸鼓吹自己的政治主张，试图以报纸言论对政府、党派施加影响。出于这种目的，即使报纸亏损，他们也愿意养着。随着社会的变化，如今的报业主更多的是把报纸当作一个产业、一份生意来经营，报纸老板最关心的是发行量和广告收入，政治上的诉求反在其次，或者，仅仅是他们获取更大经济利益的一个工具、一面幌子。

第二节 报纸与政府：在对立中合作

英国报纸自视为权力的监督者，因此无论哪个政党执政，是不是与自己政治立场相符，报纸对政府总是保持一种质疑的姿态，并把这一点当作独立性的重要体现。比如，《每日电讯报》执行总编赖安在接受笔者采访时一方面承认该报有明确的政治立场，是保守主义报纸，一方面又不忘提醒笔者：“我们支持保守党，但并不是他们的囊中之物，保守党犯了错，我们照批不误。当年保守党执政时，许多保守党人还抱怨说《每日电讯报》是他们最大的批评者呢！”

传统上，《每日镜报》是工党的坚定支持者。但是，如果你光看报纸上的报道，你会怀疑该报是不是目前执政的工党最大的反对者？笔者在英国期间，发现该报不仅在医疗、教育、福利等问题上经常猛烈批评政府，在一些重大问题上也与工党唱对台戏。最为典型的一个例子是伊拉克战争。以布莱尔为首的工党政府积极追随美国的对伊战争，而《每日镜报》则持强烈的反对意见。该报不仅在报道上对美国政府和英国政府的对伊政策口诛笔伐，而且还以实际行动来支持反战活动。2003年2月15日，伦敦爆发了一场英国和平时期规模空前的反战游行，《每日镜报》就是这次游行的非官方赞助商之一。当天笔者正好也在伦敦，发现有成千上万的游行者举着以《每日镜报》头版式样设计、印有“NO WAR ON IRAQ”（不要伊拉克战争）字样的口号牌，浩浩荡荡地从四面八方向集会地海德公园进发，场面非常壮观。有广告公司测算，如果从广告宣传的角度看，《每日镜报》从这次游行中获利达200万英

英国报纸与政治有着千丝万缕的联系，这是《太阳报》展览室中挂着的首相布莱尔阅读该报的照片。

镑。

笔者就《每日镜报》与工党政府之间这种奇特的关系请教于《每日镜报》的母公司三一镜报集团联络部主任富拉加尔，他解释说："我想这是一种挺健康的关系。你知道，目前尽管《每日镜报》的政治理念与现在执政的工党政府相似，但我们仍然经常批评政府，如果我们觉得政府没有真正提供那些我们认为应该提供的服务，那我们就要站出来替选民说话，反映选民的声音。这不仅对选民有好处，实际上对工党也有好处。其目的是促使这个政府对自己的竞选诺言更负责任。这也是英国报纸的一个重要职能，我们总是在那些认为他们错了的事情上挑战政府。"

《每日快报》原主编威廉姆斯在谈及如此处理与政府的关系时说："我的老板和首相关系很密切，我们每年都要在一起吃一两次饭，讨论一些问题。但这并不妨碍我批评政府。任何时候，只要我觉得政府应该受到批评，我就会毫不客气地批评。政府也不会因为我们批评他们就不读我们的报纸。有时我会接到唐宁街10号的电话，他们抱怨说我们的有些批评太尖锐了，态度太强硬了，但我觉得挺正常。"

他进而说道："如果政府对我们的报道都没意见，我反而会感到担心。当这张报纸还是站在右翼立场的时候，它总是跟着政府走（那个时候是保守党当政），它并不是一份政府的报纸，他们只是相信政府的主张，相信他们的撒切尔夫人。因此，他们总是在诉说着保守党的故事。我想，如果你觉得政府在某些事情上做错了的话，你就批评它，这比一味跟着政府唱赞歌要健康得多。例如，在欧元问题上，我们许多读者不喜欢欧洲单一货币，不希望扩大欧共体，我也这么想，我们就这么报道。而这与政府的立场是相左的。"

尽管主编们都高谈独立性，纷纷以骂政客为乐，以与权贵作斗争为荣，但实际上，报纸在现实运作中，批评政府还是很讲究"艺术"的，并非不问青红皂白，一味穷追猛打。比如，报纸对与自己政治立场相似的执政者，态度就会相对比较缓和，即使是批评，更多的也是采取"小骂大帮忙"的策略，在部分个案或者众所周知的问题上多挑刺，在一些大是大非的问题上，则尽量保持一致。另一方面，报纸对与自己政治立场相左的执政者，也不会全盘否定，而是有针对性地选择批评目标。如《每日邮报》是一份典型的保守主义报纸，并且一向是工党政府的严厉批评者，该报主编保罗·戴克（Paul Dacre）也持相同的立场。不过，有具体的报道中，戴克更多地是把矛头指向首相布莱尔，称布莱尔"是条变色龙，经常出尔反尔"。与此同时，戴克与财政大臣布朗却保持着良好关系，关于他的报道也以正面居多。表面理由是布朗"比较好沟通"，而真实原因则是布朗所主张的一系列政策，颇对右翼保守人士的胃口，并被视为下任首相的有力竞争者。

应该说，历届英国政府都已经习惯了在媒体、公众挑剔的目光下运转，对报纸的批评，政府官员一般都会保持一种比较克制的态度，该解释的解释，该澄清的澄清，绝不会大光其火，或贸然采取打压措施，因为他们深知，这样做只会授予报纸更多的口实，招来更猛烈的炮火。

鉴于报纸的重要影响，英国政府一向都非常重视处理好与报纸的关系，尽量争取报纸对政府工作的支持。政府首相办公室设有一个专职小组负责新闻发布及与媒体沟通，布莱尔首相办公室原新闻主管阿莱斯泰尔·坎贝尔（Alastair Campbell）以前曾是《每日镜报》的政治主编，深谙报纸的内部关系及炒作之道，在几次大选中为布莱尔立下大功，被视为布莱尔的喉舌，入选《卫报》评为英国100个最有权势的媒体人物之一。此君由于擅长操控媒体，被冠以“Spin doctor”（大意为“操纵大师”）的称号。另外，政府各部门也都设有专职的新闻发言人，专门负责本部门的新闻发布工作，接受记者的咨询、提问，与新闻界的沟通。这些人员都经过严格的培训，具有较高的综合素质和应变能力，与媒体打交道驾轻就熟。

需要指出的是，报纸在消息来源、经济利益和政策上也有求于政府，因此并不愿时时与政府唱对台戏。政府在与媒体交手中并非处处挨打，完全处于被动。实际上，政府也会合理利用手中的权力和资源，控制舆论导向，使报纸的报道尽量朝着有利于政府的角度发展。英国政府控制舆论的手段主要有以下几种：一是直接发布新闻，如首相办公室每天都会向新闻媒体发布一份新闻简报，这些简报是各报政治记者的重要新闻源。二是故意“泄漏”一些内部消息，让媒体为自己造势，影响舆论。三是对和自己关系较好的记者另眼相看，时不时给他透露点新闻，给颗糖吃；而对那些不太听话的记者，则敬而远之。最后一招是以保密法等相关法律，对记者的采访报道进行限制，甚至提起诉讼，当然这种情形非常罕见。

值得介绍的是，英国政府在处理危机事件、突发事件时，非常重视加强与媒体的配合。英国政府认为，对重大突发事件，如果处理得当，媒体能在安抚公众情绪、保持社会稳定上发挥积极作用，媒体还能帮助政府迅速向公众传达一些重要的建议或指示。反之，如果媒体不能及时得到准确的信息，由于新闻传播本身的放大作用，信息的混乱、错误、拖延会在公众中造成非常不利的影响，引起恐慌。按英国政府规定，在紧急事故中，有关部门有义务及时、准确地向媒体提供信息，与媒体进行有效的合作。英国政府与各电台及电视公司都有协议，若遇严重突发事件，政府有权中断节目，广播有关通告并为公众提供安全指导及有关事故的资料。因此，遇到突发事件，公众只需收听本区或英国任何地方的广播，就能得知所需信息和必要指导。

英国警方规定，任何事故，不论大小，有关部门向传媒联合发布消息的安排措施要到位。各紧急救援部门、地方政府和相关合作机构的新闻官员应经协商后共同发布声明，并可向政府信息中心（COI）寻求帮助。

英国政府要求有关部门和机构平时就必须作好准备，把应对媒体作为紧急反应计划的一部分进行讨论和演习，必须任命受过充分训练的新闻官员负责媒体事务，甚至要求电话总机接线员和其他员工也必须清楚地知道在接到媒体询问时该怎样应答。另外，新闻官应全面参与紧急反应计划的制订和工作准备，在所属部门接到有关事故报告时首先获得通知。

进入21世纪以来，英国传媒对突发事件的反应速度越来越快。尤其对具有全国乃至国际新闻价值的突发事件，记者和卫星电视直播车往往能够在十几分钟之内就赶到现场，这给政府和直接处理有关事件的各部门也带来很大压力，因为往往他们还没弄清楚状况，初步调查还没完成就已经必须举行第一场记者招待会和发布消息。但英国警方认为，再有限的事实，再简单的声明也比谣言强。因此，英国警方往往在事故之后会立即发表声明，哪怕这个声明只有寥寥数语。

不仅如此，在筹备记者招待会和考虑事故地点安全时，有关部门都会考虑到前来采访的记者和电视直播车数量，考虑到地方报纸和全国性报纸的不同截稿时间要求。在英国，次日发行的全国性日报的截稿时间一般是在晚5时至6时，而电视早餐新闻时间是早上6时。

英国政府不仅重视发布新闻的时机，也十分重视发布的内容，他们还在实践和调查中发现，在突发事件中，应尽可能由医生、专家等专业技术人员直接参与消息发布，以增加公众的信任。一些紧急救援部门还建议对专家进行与媒体沟通的训练。另外，英国政府不仅要求参与处理某一紧急事故的部门在发布消息前统一口径，而且要求它们对有关这一事故的内部讨论、推测和不同意见都予以保密，不能外泄给媒体，以阻止谣言产生。

英国政府甚至对如何举行新闻发布会的各种细节也作出详细的指导建议，例如新闻发布场所应当拥有什么样的通信设备以方便电视、广播、文字等不同媒体记者；发布会上必须安排几位有关部门高层人物出席以增加可信度，决不能由毫无决策权的小人物对着讲稿照本宣科；参加发布会的专业人员如医师等最好穿上专业服装以加强其形象和权威性；所有参与发布会的人员必须口径一致，不能提供互相矛盾的信息；在同一事件中主要的新闻发言人最好是同一人，以便建立可信度和一致性；要定期发表最新情况，对过去发表的不准确信息要立即纠正等等。

近几十年来，英国还从中小学开始推行媒体素质教育。所谓媒体素质教育，即教导学生正确理解、独立判断、接收并分析大众传媒传递的信息，培养学生具有健康的媒体批评能力，充分利用媒体资源完善自我，参与社会发展。这是英国中学的必修课程，讲授内容包括：什么是媒体机构、谁在传播、传播什么、为什么传播、媒体类型、文本分类形式、如何理解媒体信息的含义、媒体传播动机与效果的关系等等。

第三节　报纸与名人：纠缠不清的欢喜冤家

名人是英国报纸特别是小报追逐的重点，各报的头版上，几乎都是名人的大照片。英国著名记者弗雷德·艾伦（Fred Allen）曾经给名人下过一个定义：所谓名人，就是那些毕生钻营以求成名，然后又戴上墨镜生怕被人认出来的家伙。（注：Christopher Browne, The Prying Game,1988）名人们的这种德性，也使报纸和名人之间形成一种爱恨交加的特殊关系。

能够称得上名人的人物很多，但媒体最感兴趣的是那些常在电视上露脸的文体明星及王室成员、当红政客等。

娱乐明星是小报的最爱。据《太阳报》副主编沙纳汉介绍，娱乐新闻是该报最重要的组成部分之一。他们投入大量资源来报道娱乐新闻，还花大笔金钱购买娱乐明星的专访。“这里有一个两难的选择，报纸与报纸之间、报纸与娱乐明星之间有很多冲突。那些演员、歌手刚出道或处于上升阶段时，他们总希望得到更多的报道以使成为明星。而一旦他们成了明星，他们就翻脸不认人，再也不想看到记者的照相机了，这是非常虚伪的。因此我们之间经常吵架，但事实是他们需要我们，我们也需要他们，我们彼此都知道这一点。”

据笔者了解，由于英国报纸对娱乐新闻、图片需求量太大，光靠本报记者无法满足，因此就培育了一支庞大的业余撰稿人、摄影者队伍，他们背着“狗仔队”（paparazzi）的骂名，不辞辛苦，忍辱负重，或者骑着摩托车跟踪在明星后面，或者潜伏在明星们的后花园外，如果能拍上一张独家照片，就可以卖个好价钱。名人新闻在英国甚至已经形成产业化经营，一个叫大伦·里昂斯（Darren Lyons）的人成立了一家公司，专门经营名人照片，他手下的专业“狗仔队”就有20多人，而和公司签约的业余“狗仔队”则有400多人，据说生意颇为红火。

除了娱乐明星，体育明星也在各报占有重要的一席之地。比如“万人迷”足球明星戴维·贝克汉姆（David Beckham），被报纸当作最佳的促销工具，几乎是见报率最高的地球人。沙纳汉说："你很难看到有哪一天贝克汉姆不在报纸上。每当我们在头版有贝克汉姆的新闻时，当天报纸的发行量就会明显上升。他是英国最著名的人物，也是我们报纸最佳的促销工具。他受欢迎的范围已经超出足球界。因为他被视为一个生活检点的青年，他不喝酒，不抽烟，不在夜总会里流连。在他孩子眼里，他是个可爱的爸爸。他和一位漂亮有名的流行音乐明星（维多利亚）结婚，因此他们是一对黄金夫妻。每5年总有一对理想的黄金夫妻，不是吗？目前这对黄金夫妻就是贝克汉姆和他的妻子。"

为了获得体育明星的独家新闻，各报经常不惜重金，购买独家专访，在这种交易中，报纸也颇不容易。沙纳汉在介绍《太阳报》和贝克汉姆的交往时大倒苦水：

"我们很难和贝克汉姆直接联络，我们只能跟他的经纪人打交道。而他的经纪人又是个很难打交道的家伙。因为贝克汉姆品牌的价值就在于限制接近它的渠道。因此他们非常小心地不让报纸靠贝克汉姆太近，让他永远笼罩在一片神秘的光环中。今天，我们有个记者采访了贝克汉姆。事情是这样的：贝克汉姆最近要出一本自传，这本书的版权已经被卖到了全世界，包括中国。我们和《世界新闻报》联合买了这本书在报纸上的第一出版权，因此这本书将在《太阳报》和《世界新闻报》上连载。我们为此付出了巨资。作为这笔交易的一部分，我们要求对贝克汉姆做个专访，我们要求的访问时间是3个小时，结果他们告诉我们只能给1个小时，日期由他们定。他们还坚持要由他们选择采访的记者，甚至坚持选择提问的问题！贝克汉姆是个寡言少语的人，就算没有这些限制，采访也将非常困难。但这就是他们给我们的条件。这次采访最后花了3个月时间才安排上。他们是非常非常难打交道的人。但也正因为如此，他们才让贝克汉姆永远新鲜，永远炙手可热。因为他们不想让太多的专访、太多的照片使这个品牌贬值。"

英国王室成员是报纸上常客。戴安娜在世时，一直是英国最为耀眼的明星人物，她的一举一动都成为媒体关注的焦点。其中各家小报更是极尽捕风捉影之能事，不放过任何一个可以炒作的机会。有人甚至说小报已经简单到只要有一张戴安娜的照片，再配上哗众取宠的标题就能卖钱的地步了。

1997年戴安娜王妃香消玉殒后，英国媒体或许是出于歉疚，对王室的报道有所降温，很多媒体从业人员都认为报道王室秘闻已经不是什么卖点了。《每日电讯报》预言王室新闻将逐步消亡，而《太阳报》也要求其主要的王室新闻追踪记者保罗·汤普森把更多的精力转移到非王室新闻的报道上。

但2003年，《每日镜报》却在戴安娜离世6年之后，再次掀起了一场戴安娜热。2002年7月初，《每日镜报》击败几百家竞争者，以30万英镑买下了戴安娜王妃前管家保罗·伯勒尔（Paul Burrell）故事的独家报道权。伯勒尔是最贴近戴安娜的人之一，熟知许多宫廷内幕，他正被指控盗窃戴妃300多件私人物品，其中包括信件、衣物等。最后英女王伊丽莎白二世出面作证说，伯勒尔在戴安娜去世后不久曾告诉她，他拿走了王妃的一些遗物，以便妥善保管，他才得以脱罪。因为这场官司，伯勒尔被搞得焦头烂额，手头拮据，正想拿自己掌握的一些内幕换点生活费。这样一个人物，其新闻性可想而知，因此各报竞逐，据说最高出价达300万英镑。《每日镜报》能以30万英镑的报价胜出，实属不易。该报于7月6日起连续刊登后，引起强烈反响。在一个星期之内，该报多卖了150万份。

2003年10月，《每日镜报》和伯勒尔又策划了一项更大的合作，由《每日镜报》编辑捉刀的伯勒尔新书在10月27日正式出版，面市前一周，《每日镜报》率先在报上对该书内容进行独家连载。这一次《每日镜报》给了伯勒尔50万英镑。连载刊出后，该报销量继续攀升，在一周之内增加了20多万份。《每日镜报》时任主编摩根不无得意地说：“是戴安娜在替我们卖报纸。”

报纸与政客的关系，则掺杂了更为复杂的利益、政见等因素。通常情况下，英国各大报的政治记者们，和某些特定的议员、政府部长们都保持着较密切的联系，以便获取一些独家消息，议员、官员们也乐意结交几个比较可靠的记者朋友，有时还要利用记者手中的笔，为自己添彩。但在特殊情况下，譬如，哪一位政客出了什么丑闻，那么这个时候各报都会趋之若鹜，争相报道。另外，一些政客和特定报纸由于政见不和等原因，往往也会结下深仇大恨。如《每日电讯报》和一位叫古德威的前工党议员素来不睦，伊拉克战争结束后不久，该报记者即曝出一条惊天大消息：在伊拉克一座已经坍塌的行宫里发现了一批散落的文件，文件显示古德威曾借协助联合国实施粮食计划之机，中饱私囊。消息写得有鼻子有眼，但最后查实这一切都系编造。古德威一怒之下，把《每日电讯报》告上法庭，法庭最后判决《每日电讯报》赔礼道歉并给予赔偿。

又如，《伦敦晚旗报》虽然是伦敦地区最大的一份地区性报纸，但该报与现任伦敦市长肯·利文斯通（Ken Livingstone）却是死对头。

利文斯通是英国政界一个争议性人物。他出生于伦敦南部一个工人家庭，1969年，24岁的利文斯通加入工党，开始其政治生涯。他一步步晋升，直至被选为工党全国执行委员会成员，并在1987年当选为国会议员。2000年初，执政的工党政府决定还政于市，准许伦敦民主选举市长。有关决定一出台，利文斯通便使出浑身解数，力争这一要职。不料工党并未推举他为该党的候选人，而是提名卫生大臣多布森。利文斯通一气之下与他跟随了30年的工党分道扬镳，以独立人身份参加竞选，并凭借雄辩的口才以及出色的社交能力，一举夺魁，成为伦敦历史上第一位民选市长。

利文斯通与《伦敦晚旗报》原主编黑斯廷斯私交不错，因此在他就任市长头两年，与该报倒还相安无事。但《伦敦晚旗报》新主编维罗妮卡·韦德莱（Veronica Wadley）上任，这种关系发生了微妙的变化。和自由主义人士黑斯廷斯不同，韦德莱是个典型的保守主义人士，她和《每日邮报》主编达克雷对利文斯通向来批评有加。韦德莱上任之初，利文斯通曾去电邀请她一起吃个饭，沟通一下，但被韦德莱婉拒，这事令利文斯通颇为不快。2002年5月30日，《伦敦晚旗报》在显著位置报道了利文斯通在一个晚会上对有孕在身的女友艾玛·比尔（Emma Beal）"动粗"的新闻，引起轩然大波。此事后来虽不了了之。但利文斯通与《伦敦晚旗报》及其东家联合报业集团的矛盾却是越来越深，此后双方处处对着干，不时地寻找机会互相攻击。当快报集团老板向英国公平交易办公室投诉《伦敦晚旗报》的出版商联合报业集团与伦敦地铁所签的合同有违公平交易规则后，利文斯通马上表示支持，说那是一纸荒谬的合同，应该予以制止。2003年，利文斯通不顾众人反对，对过往伦敦市中心的车辆收取5英镑的进城费，以缓解交通阻塞。《伦敦晚旗报》对此猛烈批评。利文斯通坚决反对对伊拉克动武，甚至亲自走上街头参加反战游行，而《伦敦晚旗报》则极力主张开战……

利文斯通与《伦敦晚旗报》之间的口水战，为其他报纸的媒体报道记者和评论员提供了不少谈资。著名媒体评论员罗伊·格林斯莱德2002年7月9日在《卫报》上撰文认为，利文斯通不应该太注意报纸的报道，他高估了《伦敦晚旗报》报道对他的伤害。伦敦公众对交通拥挤及其庞大的首都重建计划的关注远高于对他私人生活的兴趣。在晚会风波后不久，利文斯通曾在BBC电台接听听众来电，只有两个听众问及晚会事件。在一个电视辩论中，80%的人认为他在市长任上干得不错。据此，格林斯莱德总结说，或许《伦敦晚旗报》的报道还帮了他一点忙。

名人新闻之所以在英国大行其道，有其特定的社会因素。知名的名人公关代理商马克斯·克利福德（Max Clifford）曾一针见血地指出："英国人对流言蜚语和丑闻是伪善的。当他们听到恐怖的丑闻时，他们装作深感震惊，但同时又嗜好这类新闻。这个国家的所有人都喜欢丑闻。这方面的准则是：如果你想制造一个丑闻，那就到伦敦来吧！英国的报业主知道它会使报纸销量大增，因此他们逼迫记者千方百计去窥探人们的隐私，不管你愿意与否。当像保罗·加斯科因（Paul Gascoigne）这样的足球运动员伤了一条腿时，小报会不惜用8个版面去报道他的私人生活，而不是用两段去报道他的身体状况。"

“做人难，做名人更难！”这大概是终日生活在闪光灯下的名人们的普遍心态。也正因为如此，各色名人对制定隐私法的呼声最高，但报业对此却是极力反对。这是名人和报纸的又一矛盾。

第四节　股东压力难以回避

目前英国比较有影响的全国性大报和几个主要的地区性报业集团，基本上都隶属于上市公司。如《泰晤士报》、《星期天泰晤士报》、《太阳报》、《世界新闻报》属于在纽约上市的新闻集团，《每日电讯报》、《星期天电讯报》原属在纽约上市的霍林格公司，《每日邮报》、《每日镜报》、《独立报》、《金融时报》的母公司则在伦敦上市。在伦敦股市上，还有一个专门的媒体板块。

访问英国报社时，若是上市公司，我常问同一个问题：“你是否感受到来自股东的压力？”对此，三一镜报集团联络部主任富拉加尔是这么说的：“没有，我们和股东的关系没有问题。我们并不监督我们的采编部门，或者要求他们不要发表什么令股东不快的报道等。因为我们在这里所做的一切都是为了卖更多的报纸，吸引更多的广告，最终目的是为他们股东赚取利润，因此，如果有人写了篇对股东不利的稿子，他们应该可以理解。不过，我们有一个非常宽广的、混合的股东结构，我们与主要股东的关系都非常好。因此我们还没有遇到这类问题。”

据我所知，事实不完全如此。在英国，尽管大多数报纸老板或者股东为了避免背上“干预新闻自由”的骂名，都尽量不去干预报纸的日常编辑工作，但在明里暗里，他们还是经常向主编传递自己的观点和立场，影响报纸的导向。默多克、布莱克、戴斯孟德等老板干预编辑方针是家常便饭，就是三一镜报集团这样一个比较纯粹的上市公司，也不时地要受到股东的影响。伊拉克战争爆发前，《每日镜报》狠批布什的对伊政策，在一篇报道中称他是一个“愚蠢”的总统，美国是一个“流氓国家”。这引起该报在纽约的一个大股东汤姆-斯拉格（Tom Shrager）公司的强烈不满，该公司专门发信给报社，以抛售股权作威胁，要求该报不要再刊载这类文章。

《独立报》总裁华伦在接受笔者采访时倒是坦承股东压力很大，并声称作为一家上市公司的总裁，他的经营哲学就是为股东赚钱。由于该报尚处于亏损状态，因此他经常感到压力重重。当笔者问他如何平衡社会效益与经济效益时，他的回答颇有意思，他说：“对我来说，公众利益是与有多少人将买我的报纸联在一起的，越多的人买我们的报纸，公众效益就越好。目前这个还不够，因此你要说服更多的人来买这份报纸，这也是我们整天在做的事。我们不认为公众利益应该优先于商业利益。”

那么具体说来，上市对报纸有什么好处呢？三一镜报集团的富拉加尔说：“这是一个非常有趣的问题。如果一家报纸只是属于一个人、一个东西，不管这‘一个’是谁，而且他热爱这张报纸，有大把的金钱，那么从总体上看报纸会更自由，因为不会有投资方面的问题。不过，从另一方面看，如果你只是被一个人持有，那么这个人可能就会对编辑的完整性产生巨大影响。而像我们这样一个公司，如果你看看我们的那些大股东，你会发现35个不同机构持有了61%的股份。我的意思是尽管你有成千上万的股东，但主要是这35个。而且你不会在编辑上感到压力，无论是来自个人的还是政府的、机构的。因此，从这个意义上说，作为一个上市公司的优势是，你有巨大的编辑完整性，因为没有一个人有特殊的利益，来告诉你什么是对的，什么是错的。这是一种好的平衡。”

“从投资的角度看，股东们总是在不停地考验你，因为管理层在这里，他们期待你给他们不断创造价值。因此这有利于控制经营管理成本。你总是很小心地控制成本，想方设法增加收入。因为你随时都要维持股价和稳定，令其活跃。另外，如果你要投资新的项目，你也会更小心，你的商业计划会更好。而如果你是向政府或者个人老板汇报一个项目计划，你知道他们会喜欢这个计划，你在制定计划时就会投其所好，想方设法从他那里弄到钱，这样，这个项目可能就会有许多漏洞。但如果你想在股市上发布一个商业计划书，你就得确信这个计划已经尽善尽美，绝对有说服力，确实会有好的回报。你需要有绝对把握控制好成本，并知道它将如何发展，这是一件很艰难的事。而如果你面对的是单个老板，有时候即使你对项目有些地方还不太理解，也很容易糊弄过去。”

《每日镜报》原主编皮尔斯·摩根在接受英国记者采访时所说的一段话，从另一角度印证了富拉加尔的观点。被问及在一家上市公司下面当主编的感觉时，摩根说：“如果你的报纸属于某个热爱新闻、家财上十亿英镑的大富翁，你的处境会比受控于一家上市公司要好得多。如果你问那些在《每日镜报》工作很多年的记者：‘从竞争的角度讲，什么时候是他新闻生涯中最令人兴奋的时期？’他们总是说那是罗伯特·麦克斯韦尔拥有这份报纸的那段日子，因为他简直和默多克一样强大，一样富有侵略性，一样富有。”

问题是，在现实社会中，像摩根心目中的理想报业主毕竟越来越少了，因此越来越多的报纸不得不到证券市场上去寻找新的资本。英国许多媒体评论员都认为，报纸上市虽然可以拓宽融资渠道、提高品牌知名度，但也要付出代价，最直接的影响是在投资决策、经营管理上受到更多的限制，公司的CEO们为了满足投资者的喜好，为了维持股价，往往更容易寻求短期效益，他们在与私人老板竞争时，往往也不敢冒风险，容易坐失机遇。有评论员甚至不无讽刺地说，在经历了镜报集团前任总裁戴维·蒙哥马利（David Montgomery）无情的削减成本措施和苛刻的管理手法后，如今又遇到一个以满足股东意愿为首要目的的女总裁的《每日镜报》记者们，会不会喊出：“回来吧，麦克斯韦尔，一切都是可以原谅的！”

事实上，早在12年前，因侵吞公司养老金而身败名裂的麦克斯韦尔，就已经在西班牙一个海湾度假时，从他的豪华游艇上神秘坠海死亡。人们普遍猜测他是畏罪自杀。

也有一些报纸，虽然已经上市，但老板通过设计一些特殊的股权结构，保持对报纸的控制。如《每日邮报》和通用信托公司就把股权分为投票股和非投票股两种，只有5%的股权是投票股，其他的95%都是非投票股。其中老板罗斯米尔家族一家持有75%的投票股和40%的非投票股。通过这种特殊的股权安排，罗斯米尔家族可以在公司做任何他们想做的事，同时也等于给公司撑起一把保护伞，防止被收购。不过，这种奇特现象引起不少市场人士的不满，伦敦金融城一位著名的市场分析家就曾经毫不客气地指出：“这是一个时代错误，是对股东民主的公开侮辱。”

过去几年，许多机构投资者多次试图推翻这种曾经在许多家族公司非常流行的陈旧的双重股权体制。但由于《每日邮报》和通用信托公司多年来市场表现优异，而且给人一种对非投票股东颇为公平的感觉，因此一直没有哪种压力能够改变这一现状。不过，尽管这些年来购买该公司股票的投资者大多有所获益，公司价值一直在上升，而且该公司的年度分红往往也很大方，但是，市场人士普遍认为，从长远上看，股权结构问题始终是《每日邮报》和通用信托公司的一个潜在隐患。

2003年，和《每日邮报》和通用信托公司有着相似股权结构的霍林格国际公司（《每日电讯报》的母公司）老板康拉德·布莱克遇到了大麻烦，再一次引起人们对《每日邮报》和通用信托公司股权结构的质疑。

多年来，布莱克凭借所谓的投票权股牢牢把握对霍林格公司的控制权，在公司为所欲为，把公司的经营管理搞得一团糟。他大部分股权都抵押给银行，不断通过各种名目中饱私囊，而广大中小股东由于缺乏投票权，对此却无能为力。2003年11月份，多年积累的问题终于全面爆发，布莱克被迫辞去公司董事长之职，他苦心经营多年的报业帝国顿时分崩离析。

市场人士评论说，这两家公司的做法，严重违背了股权与权力对等的市场原则，必须得到纠正。他们认为，虽然《每日邮报》和通用信托公司目前还没有出现和霍林格国际一样的危机，但罗斯米尔第四应该从布莱克身上吸取教训，开始认真地考虑是把他的公司私有化，或者把它改造成一家真正的公共公司，完全按照所有权来分配权力。否则，一旦他的资金情况发生变化，那他只有一个下场：市场将来找他并吞食掉他。罗斯米尔第四本人在回应市场评论时则说，这种股权结构有利于保证公司从长远角度考虑发展战略，而不会受股市波动和股东压力的影响。

笔者就这种股权结构询问《每日邮报》总经理齐特尔的看法时，他没有作更多评论。当笔者问他与老板也就是他眼里唯一的股东的关系如何时，他笑着说："起码到目前他还没有解雇我，因此我想他应该是基本满意吧。"他接着又说："当然，尽管我们的报纸可以猛烈批评政府、批评首相，但显然我不能批评我的老板，如果我今天在报纸上说罗斯米尔第四是个混蛋，那么，过不了几天，坐在这里的就将是别人而不是我。"这一席话，活脱脱地道出了报业主在报社内部的无上权威。

英国《卫报》则以其特殊所有制在报界独树一帜。《卫报》原来属于一个苏格兰家族所有。20世纪30年代，该家族人丁不旺，后继无人，加上当时税赋沉重，经营困难，于是该家族把报纸资产全部捐给斯科特信托基金会。斯科特信托的章程规定，《卫报》不再属于任何家族或个人，报纸不得为谋求所有权人或股东的私利而改变立场，不允许把报纸卖给任何个人或财团，办报盈余必须全数投入报纸的经营，使品质得以提高，报纸必须坚持该报中偏左的自由主义立场。基金会由10位理事负责管理，理事组成除了原斯科特家族一些成员外，还包括《卫报》的主编及一些高层管理人员，他们不能从基金会获取经济利益，不拿工资。他们的唯一责任，就是确保《卫报》继续存在下去，并确保其独立路线不会改变。时至今日，尽管其他报纸大多几易其主，而《卫报》却仍属于苏格兰信托，其政治立场也从未改变。该报原驻华记者吉廷斯先生告诉笔者："如果信托的理事们胆敢把报纸卖掉，那么《卫报》的记者可以依据信托的有关条例把他们告上法庭！"

正是由于有了这个"法律保护盾"，《卫报》才避免了像其他大报那样被不断转手的命运。《卫报》多年来能够坚持独立立场，监督政府并积极反映社会弱势群体的声音，也与其独特的所有制不无关系。斯科特信托基金会属下的两家主要报纸《卫报》和《观察家报》负责人在接受笔者采访时均表示，在这种独特的所有权体制下，报纸主编的赢利压力相对较轻，而且由于没有一个强大的老板在背后指手画脚，报纸在确定重大报道的立场上可以通过一种相对比较民主的方式，能够保持独立的声音。因为基金会对编辑记者的要求只有一点——"竭力维护本报一贯的精神"。

不过，随着报纸的发展，《卫报》这种独特的所有制也遇到一些新问题。过去卫报集团只有两家报纸，除《卫报》外，另一家是《曼彻斯特晚报》，《曼彻斯特晚报》赚钱养活《卫报》。后来《卫报》搬到伦敦并开始扩张，现在已经成了一个大的传媒集团，属下产业涉及报纸、电台、出版、电视、印刷、互联网、杂志、地方报纸、广告等多个领域，《卫报》仍是旗舰，但与集团内其他“兄弟”难免发生冲突。如何平衡集团内方方面面的利益，成为斯科特信托基金理事们面临的一个新课题。

第五节　报纸与广告商：衣食父母不可得罪

英国报纸与广告商的关系比较微妙：一方面，广告商是报纸最直接的衣食父母，报纸的经营部门总是想方设法与广告商保持良好的关系，吸引更多广告；另一方面，报纸为了保持独立客观形象，又不能与特定的广告客户走得太近，特别是在涉及广告客户的报道时，总是努力保持一种不偏不倚的姿态。

这种关系，在涉及广告客户的批评报道上体现得最为清晰。在《泰晤士报》访问时，笔者曾专门请教该报财经主编惠特克罗夫特如何处理对企业的负面报道，她毫不迟疑地说：“如果有哪一家公司伪造数据，做了坏事，很简单，我们就报道它，这不是一个问题。我们不希望被看成是与企业作对。（笔者问：你们是他们的朋友？）我们是好企业的朋友。我们相信你的利润，但如果我们发现有什么不好的事，我们就报道它。有时候有些企业不喜欢我们对他们的报道，感到生气。但只要我们的报道是准确的，他们也无话可说。准确是非常重要的，你必须做到你的数据是绝对准确的。然后人们可以投诉，我们也可以继续报道它。”

当天《泰晤士报》经济板块第五版有一篇关于世界上最大的杀虫剂公司RENTOKIL公司的长篇报道。该公司近期刚换总裁。记者安吉拉·詹姆士（Angela Jameson）在文章中结合该公司近年来的市场表现，评价了该公司原总裁克莱夫·汤普森（Clive Thompson）在位20年的功过，分析了新总裁詹姆斯·威尔德（James Wilde）面临的艰巨任务。与此文相配套，还有一组相关资料：董事会成员简介、公司基本情况、5年来股价走势图、公司历史。引人注目的是，在该文的右侧，还有一个“《泰晤士报》的判断”小栏目，从社会责任、市场份额、股票表现、对员工的态度、品牌优势、创新、年度报告、金融城人气排名、公司前景等10个方面按10分制对该公司进行打分，结果该公司总得分是61分。下面还引述了几个专家对该公司的评价。与这篇文章相配的，还有一幅占了5栏的漫画，画面是一个手握标有“RENTAGUARD”杀虫剂喷射的卫士。

针对这篇报道，我问惠特克罗夫特：“你们拿出这么大版面来报道这家公司，会不会有为该公司做宣传之嫌？”她对我的问题颇为惊讶，“绝对不会。特别是我们给这篇文章还配了这幅漫画，很清楚，这是《泰晤士报》的判断，绝对是客观的。我想在这个国家，读者都知道不会有这样的广告。我们绝不会去为企业做宣传，在广告与新闻之间，始终泾渭分明。”

为了维护采编独立形象，英国报纸的广告部门与采编部门之间一般很少联系。《每日邮报》广告主任第尔告诉笔者：“采编部门总是想尽量保持他们的独立性。他们会觉得如果我们写些与广告客户有关的报道，就容易失之偏颇，就会影响报纸的声誉。在我看来，我想如果我们写些关于Forward公司（著名的广告代理商）的文章，那么他们当然会给我们更多的广告。但我不能这么做，我们与采编部门之间必须保持一种平衡，报纸应该独立于所有广告商之外。对我来说，这是一个烦恼。但仔细想想，这样做从长远看对报纸还是有益的，如果一份报纸失去公信力，那么它也就很难吸引到有价值的广告。”

说到这个问题，第尔给我举了个例子。他说：“这张报纸挺反法的，有一天，所有的法国公司，包括雷诺、标致公司及许多食品公司、葡萄酒公司，都不在我们这里做广告。我们发了很多我们叫做‘不列颠报道’的稿子，其中有一篇是关于汽车的。报道认为汽车公司在英国要价太高了，而他们在欧洲则使劲打折。其中一个公司是大众，他们对这篇报道很恼火。但他们仍然在我们报纸打广告。广告客户不能对我说：‘你看，我们在你这里投了100万的广告，叫你们的记者别写那些东西了。’我们和编辑部之间是彼此独立的。这是一张很有影响的报纸。有时候我们的报纸会对一些超市提出批评，而这些超市却是我们的重要广告客户，虽然我不愿意看到这些报道，但我不能对他们的报道说三道四。”

另一个相关的例子是，2002年中，《每日快报》曾发表了一组关于罗孚汽车公司遭遇财务危机的报道，引起罗孚公司的强烈不满，声称要从该报撤走广告。罗孚公司此言一出，立即受到报界甚至议员的强烈批评，结果再也不敢吭声了。编辑与广告分离，在英国还是有比较浓厚的基础。报纸之所以这么做，无非就是为了吸引更多的受众，扩大发行量，而这是报纸与广告商计价还价的最大的本钱。不过在实际运作中，报纸也并非完全不顾及广告客户的感受，对于涉及大公司的负面报道，各报基本上还是采取能不报就不报的态度。

全国性报纸由于其巨大的影响力和庞大的广告客户网络，对广告客户的依赖度比较低，主编们谈起批评报道时大多也比较牛气，表示这根本不存在问题。但地方性报纸在这方面底气似乎就没那么足了。例如，《考文垂晚电讯报》副总编巴克就表示：“批评报道是要特别小心，要讲究技巧。从采编上讲，我们是独立的，我们不受任何人约束。但我们对企业的批评报道要小心，因为我们需要收入，我们不能随便得罪人。有时候我们不得不问自己，是的，我们可以用这条稿子（批评稿），我们可以这么突出处理它，但它必然会得罪一些人，这个时候我们就要做出判断，这么做值不值？另外我们和广告部门也经常沟通，如果我们有一条稿子可能会让某些人不高兴，我们会告诉广告部的人，说这篇稿子可能会引起麻烦，但我们不得不这么做，让他们有个准备。”

显然，地方性报纸在批评报道方面之所以小心翼翼，主要还是因为发行区域较小，主要的广告客户就那几家，得罪了其中哪一家，都影响甚大，因此和全国性报纸相比，地方性报纸舆论监督的空间相对要小得多。

第六节　报纸与受众：力量此消彼长

如果从纯商业的角度来看，报纸与公众其实就是一种消费关系。不过，由于报纸这一商品的特殊性，因此报纸与公众之间又远不止消费关系这么简单。

英国不少学者认为，报纸，特别是全国性报纸，在英国有着巨大的影响力，而且这种权力还缺乏相应的责任。看看报纸翻手为云、覆手为雨的能耐，看看大选期间政客们对报纸的崇敬，对这种权力便可见一斑。

报纸的影响力，显然是来自其巨大的读者群。特别是在过去，报纸是人们获取信息的主要渠道，人们对这个国家政治、经济、社会的理解，有很大一部分是来自报纸的宣传。

然而，随着时代的变迁，报纸的权力正在受到严峻的挑战。多年来，由于小报在新闻操守方面严重退化，英国报纸在公众中的信誉度每况愈下，2004年的一项调查显示，90%的英国人相信他们的医生会告诉自己真相，但只有不到1/5的人相信报纸。但公众对广播电视的信任度要高得多，特别是BBC。另外，政府部长们和议员们也位居不受信任榜之列。学者Kevin Marsh在《英国新闻评论》（*British Journalism Review*）上发表的一篇文章中感叹：“我们不相信那些我们选择来执行权力的人，同时我们也不信任那些告诉我们的选择是如何在运转的东西。这显然不是什么好现象。”

网络技术的发展也对报纸与公众的关系产生了巨大影响。《卫报》副主编亨利在接受笔者采访时说："网络对我们的影响太大了。和发生在互联网上的事相比，报纸相形见绌。现在人们访问我们网站的数量，远远大于阅读纸质媒体的人数。"她说，首先，网络极大地延伸了报纸的触角。每天阅读《卫报》的读者，恐怕也就那么100多万，而《卫报》网站访问量却超过900万人次，这是印刷媒体无法比拟的。其次，网络使得报纸与读者的关系由过去的单向交流变成了多向交流。过去，报纸在与读者的信息交流中占绝对的主导，虽然读者也可以通过来信来电的方式向报纸表达他们的观点，毕竟数量较少，影响有限。现在，读者不仅可以通过网络与报纸直接互动，同时读者之间还可以在网上就他们关心的问题展开讨论，对报纸的报道评头品足，读者的力量变得更强大了。

附录

英国报刊记者《业务准则》

报刊投诉委员会（PCC）负责本《业务准则》的执行。该《准则》由报纸和期刊产业制定，并于2006年8月7日经PCC批准。

所有新闻从业人员都有责任保持最高的专业和道德水准。本《准则》为这种标准设下了基准。它既保护个人权益，同时又维护公众的知情权。

《准则》是自律体制的基石，整个行业均受《准则》的约束。主编和出版商都必须保证员工和为其出版物供稿的人严格遵守《准则》。

所有人应该不仅在文字上，更重要的是要在精神上自觉按照这个大家一致同意的《准则》工作。

既不能狭隘地理解《准则》，折中其承诺以尊重个人权利，也不能无限扩大，妨碍表达自由和有关公共利益的信息的发表。

主编有责任尽快地与PCC合作，解决投诉问题。

任何被PCC根据下列条款批评的出版物，都必须在应有的显著位置全文发表PCC的裁决。

公众利益

《准则》中标有*的条款说明该行为可以因为公众利益而除外。

（1）公众利益包括：

① 查明或曝光犯罪或严重的不端行为；

② 保护公众健康和安全；

③ 防止公众被一些个人或组织的言行所误导。

（2）表达自由本身就是一种公众利益。

（3）任何情形当公众利益被援用时，PCC将要求主编就他们是如何服务公众利益作出一个全面的解释。

（4）PCC将充分考虑公众已经掌握或将会掌握的材料的范围。

（5）在涉及16岁以下儿童的事件中，主编必须能够说明有超乎寻常的公众利益，才能压倒特别重要的儿童利益。

1. 准确性

（1）报纸和杂志不得出版错误的、误导性的或歪曲的材料，包括图片；

（2）任何时候，一旦发现重大差错、误导的或歪曲的报道，报纸或杂志必须以显著方式尽快作出更正，并及时刊登合适的道歉；

（3）报纸在拥有党派性自由的同时，必须清晰区别评论、推测和事实；

（4）当一份报纸或杂志在报道某一诽谤案的结果时，如果它本身是该案的一方，它必须公平、准确报道其结果。

2. 答辩的机会

必须给个人或组织对错误报道进行答辩的公平机会，当他们提出合理的要求时。

3. *隐私

（1）每个人的私人和家庭生活、住宅、健康和通信包括数字通信都应该受到尊重。当一份出版物未经同意介入任何个人私生活时，主编必须给出正当的理由。

（2）未经同意拍摄处于他人在私人场所（私人场所是指那些人们有理由期望其成为私密空间的公共或私人物业）是不可接受的。

4. *骚扰

（1）记者不得恐吓、骚扰或持续追逐（采访对象）。

（2）在被要求停止之后，不得对个人持续提问、给对方打电话，追踪或拍照；在被要求离开后不得继续逗留在私人场所内或尾随对方。

（3）主编必须确保自己的员工遵守上述要求，并小心使用来自其他来源的资料。

5. 对不幸或变故的侵扰

（1）为防止卷入个人不幸或变故的侵扰，（记者在采访对方之前）必须提出询问，并采取有同情心的、慎重的方法。在这种情形下必须对报道进行谨慎处理，但这不能被解释为对报道司法程序权力的限制。

（2）报道自杀事件时，必须小心避免透露那些详细的自杀方式。

6. *儿童

（1）青少年在完成学业的时间里应该是自由的，不应该受到不必要的骚扰；

（2）未经父母或监护人同意，记者不得对16岁以下儿童就他们自己或其他儿童的福利问题进行采访或拍照；

（3）学生在校期间，未经学校当局允许，记者不得向他们问话或对他们进行拍照；

（4）除非确实是为了孩子的利益，不得向未成年人或他们的父母、监护人支付报酬以获取有关儿童福利状况的资料；

（5）儿童的父母或监护人的名望、丑行或地位均不能成为发表有关该童私生活的正当理由。

7. *性案件中的儿童

（1）即使法律没有明令禁止，报纸也不得公布16岁以下、涉及性侵犯案例的儿童的身份，不管他们是受害者还是证人。

（2）任何涉及儿童性侵犯的新闻报道都必须：

——不能透露该儿童的身份；

——涉案的成人可以被指明身份；

——当涉案儿童的身份有可能被识别时，不得用“乱伦”这个词；

——必须小心报道中没有任何可能暗示被告与儿童之间的关系的材料。

8. *医院

（1）记者或摄影记者如要到医院或类似机构了解情况，必须向医院的主管人员表明自己的身份，获得他们的允许后才能进入非公共区域；

（2）上述对侵犯隐私的限制特别与询问个人在医院或类似机构的情况有关。

9. *犯罪报道

（1）没有征得报道对象同意，报纸不得透露罪犯或被告的亲属、朋友的身份，除非他们与案件的确有密切关系。

（2）必须特别尊重处于潜在易受伤害地位的涉案儿童，无论他们是受害者还是证人。但这不能成为对报道司法程序的权利的限制。

10. *窃听设备和虚假陈述

（1）新闻单位不得试图拥有或发表利用秘密收听设备或窃听设备而获得的材料，不得非法截取私人手机通话、短信或电子邮件，不得私自拿走别人的档案或照片。

（2） 只有在出于公众利益且无法通过其他任何方法获取有关资料的情况下，记者诈称身份才是正当的。

11. 性侵犯的受害者

除非有足够的正当理由而且法律上允许，报纸不能透露性侵犯受害者的身份，或者发表任何可能泄漏其身份的资料。

12. 歧视

（1） 报纸必须避免对个人的种族、肤色、宗教信仰、性别和性取向，或者任何生理、心理疾病和缺陷带有偏见或轻蔑；

（2） 除非与报道内容直接相关，报纸要避免发表关于个人的种族、肤色、宗教信仰、性取向、生理或心理疾病和缺陷方面的细节。

13. 财经新闻

（1） 即使法律没有明令禁止，记者也不得在他们获得的财经信息发表之前用这些信息谋取私利，他们也不能把这些信息告诉其他人；

（2） 如果记者或者他们的家庭成员与某个股票或债券有重大的利益关系，那么记者不得在没有把这种利益关系告知主编或财经主编的情况下报道这些股票或有价证券的表现；

（3）他们不得直接或通过代理人买卖那些他们最近报道过或打算在不久的将来报道的股票和债券。

14. 秘密信息来源

记者在道义上有责任保护不愿透露姓名的信息提供者。

15. 在犯罪审判中向证人支付报酬（以获取信息）

（1） 依据1981年制定的《藐视法庭法令》的规定，当审判还在进行中时，报纸不得向证人或潜在证人支付报酬以获取信息。

这一禁令持续生效，直到犯罪嫌疑人被警察无条件释放，无需起诉、交保释金或司法程序因其他原因而废止；或者已经向法庭答辩；或者案件进行无罪答辩，法庭已经宣布了其裁决。

*（2）当司法程序尚未开始，但显然即将开始或是可以预见的时候，主编不得向那些很可能被传唤做证人的人支付或提出报酬，除非从公众利益的角度看，有关信息很有必要发表，且必须通过支付报酬才能获得。另外，还要采取必要的措施，确保这种交易对证人所提供的证据没有影响。

*（3）在任何情形下，这种报酬都不应该取决于审判结果。如果向某个人支付报酬或提出报酬后，此人被传唤出庭作证的话，那么这一报酬必须向控方和被控方

公开。必须向证人明确告知这一要求。

16. *向犯罪者付费

（1） 不得直接或通过中介人间接向被判有罪或已经认罪者以及与他们有关联的人士——包括其家庭成员、朋友或同事支付报酬以获取新闻、照片或信息。

（2） 涉及向罪犯支付报酬获取信息的主编们，必须有充足理由来证明这么做对公共利益的益处，否则，即使支付了报酬，这些资料也不得发表。

下编　广电产业篇

第一章
英国广播电视八十年

【本章提要】

英国广播电视以其公共服务传统和高质量的节目闻名于世。半个世纪以来，英国广播电视不断发展创新，功能从单一公共服务到多元发展，市场形态经历了从双头垄断到有限竞争，再到数字化时代多频道竞争的局面。科技的发展和社会的变迁使得公共服务广播电视的理念不断受到新的挑战。以BBC为代表的公共服务广播电视一方面试图在阳春白雪和下里巴人之间争取大多数观众，另一方面不断地在政治、商业、舆论监督、竞争的压力下找寻平衡。2006年是BBC历史上的关键一年，借十年一次的《皇家宪章》修订时机，许多政府官员和商业电视台都把矛头对准了BBC，收视许可费存亡一线间。

20世纪80年代以来独立制作力量的兴起带来了英国电视节目市场的繁荣和产业结构的重组，实现了英国电视产业从福特主义到后福特主义的转变，从制度上保证了充足的、多样化的节目来更好地服务于日益细分的受众市场。然而，在英国政府全面推行数字化的今天，多频道条件下如何重新定义公共服务电视存在的必要性？商业电视台如何谋取最大利益？BBC的地位会不会动摇？本章将通过对英国广播电视发展的五个阶段的分析及其制度上五大特点的阐述，探讨英国广播电视产业发展历程以及监管过程中的主要问题。

提起英国广播电视，中国的小观众也许早已对《天线宝宝》耳熟能详。30岁左右的英语爱好者更是对20世纪七八十年代流行的“灵各风”（Lingerphone）念念不忘。BBC英语哪怕在英国也早已成为最标准英语的代名词。然而，我们对英国广播电视的印象也许仅仅局限于高品质的教育节目。别忘了，《谁想成为百万富翁》（Who Wants To Be A Millionaire）、《最薄弱环节》（Weakest Link）等一大批的娱乐节目也都是英国制造。初创于英国，挺进美国，后又在中国掀起超女狂潮的《流行偶像》（Pop Idol）节目更是在全球不断地制造着明星。英国广播电视从BBC1929年开始广播节目以来，经历了近80年曲折而辉煌的历程。

也许仅仅用“辉煌”两个字并不能概括出这么多年的所有内容。英国利兹大学传播学教授杰·布拉母勒（Jay G. Blumler）在一篇介绍英国广播电视产业的文章开篇就提到“英国广播电视（产业）是无法简单概括的”。广播电视对于一个国家的重要性自不必赘述，然而似乎没有哪个国家比英国把广播电视看得更重。对于大多数的英国人来说，广播电视媒体是社会的中坚力量，其影响涉及国会、皇室、教会、体育、文化、艺术等等国民福利的重要方面。广播电视是英国人引以为荣的宝贵财产，同时也受到全社会的关注和讨论。

英国著名电视节目《天线宝宝》、《流行偶像》、《谁想成为百万富翁》、《最薄弱环节》。

英国是世界第二大媒体消费国家。电视、广播、报纸和杂志在英国人的日常生活中占有极其重要的位置，其中电视是英国境内最普及的大众媒体。据统计，97%以上的英国家庭至少有一台电视机，3/5以上的英国家庭拥有两部电视机，1/6以上的家庭甚至拥有3部。人们每周平均看电视25小时以上，占休闲时间的27%；收听广播16小时以上，占休闲时间的18%。对于72% 的全国人口来讲，电视是他们获知新闻的首选或唯一的途径。在欧洲，英国是除意大利外最爱看电视的国家。

英国广播公司的BBC 2频道是世界上第一个定期播出的电视频道。半个世纪以来，英国广播电视以其公共服务性享誉业界。五个常规模拟电视频道 BBC 1、BBC 2、独立电视一频道（ITV 1）、第四频道（Channel 4）和第五频道（Channel 5）中，BBC 1、BBC 2 及 第四频道（Channel 4）都有公共服务的传统义务。政府对独立电视台和Channel 5 也有很多公共服务方面的要求。BBC 2 和第四频道主要服务于小众市场及专业的观众的口味（分别占有10%~12% 的观众），大众市场的争夺在BBC 1和独立电视一频道之间展开（各占30%左右），通常是独立电视一频道稍占上风。第五频道以电影和体育节目为主，大概占有市场份额的5% 左右。尽管学界对“公共服务”（Public Service）至今没有一个清晰的定义，不过从广义上讲，它侧重节目种类、质量和大众欢迎程度等几个重要因素的评估，其他因素包括：可以普遍接收的信号，代表国家和民族的形象，提供公共话题论坛，对少数群体的特别关注，尊重儿童全面个性的培养和发展，全面客观的报道有争议事件，避免违法违纪和低俗，以及合法前提下的采编独立性。

正是英国广播电视的公共服务性，保证了英国广播电视在新闻时事、公共事件报道、优秀儿童节目的质量，另外英国电视剧和纪录片在世界上也享有盛誉。公共服务事业的“文化守护神”角色，为大量自然、历史、科技、艺术节目的繁荣提供了保障。除广播电视以外，BBC还资助一个合唱团和五个大型乐团。BBC 2 和第四频道都有专门资金用于长片（电影）（Feature Films）和多种教育节目（成人教育，社区学习节目，宗教团体节目等）。

第一节　英国电视产业五大发展阶段

80年来，人们生活方式、价值观的改变直接影响着他们对广播电视的期望值和消费观。日益严重的消费至上主义培育出更加挑剔和批判的观众。英国社会构成的复杂性也带来更加多元化的文化品位、民族形象和政治观点。广播电视的节目编排如何同时满足大众市场和小众需求？这对公共服务广播电视带来了前所未有的挑战。回顾历史，自创立以来，英国广播电视大概经历了五个发展时期：

一、第一阶段（1922~1955年）：电视逐渐征服观众

这一时期的发展主要以广播为主，电视为辅。1936年，BBC开始了世界上首次电视转播，第二次世界大战期间有所中断，1946年重新开播。战后初期，BBC高层认为电视以娱乐为主，趣味低俗而幼稚，不够文明，不能引导观众积极向上。因此他们称电视为“文化特洛伊木马”。对于此种言论，电视的拥护者给予积极的反击。自1952年，伊恩·雅可布爵士（Sir Ian Jacob）被任命为BBC总裁（Director-General）以后，电视的发展受到重视。1952年6月，BBC转播女王伊丽莎白二世加冕典礼获巨大成功，征服了无数观众。从此，电视在英国的发展进入新的阶段。

为了发掘电视的广告效应，并进一步满足通俗口味，1954年颁布的《电视法案》授权建立一个以广告费为主要收入的电视台和BBC竞争，并命名为独立电视台（Independent Television, 简称ITV）。这一将商业因素引入电视运作的法案，引起了国会内外的激烈斗争。政府最终不得不引入一些制衡机制，来抵御商业主义在电视领域的蔓延。比如：不允许赞助播出，广告长度和频率受到严格控制，广告商对节目内容和制作没有发言权。与此同时，建立一个专门机构独立电视委员会（Independent Television Authority）遵循《1954年电视法案》的相关条目指导和监督独立电视台特许经营公司的日常工作。独立电视台的建立，标志着英国电视的发展进入第二阶段。

二、第二阶段（50年代中期~60年代早期）：节目水平突飞猛进

这一时期以BBC和ITV的竞争为主线。总体上看，这种竞争关系是积极和有效的。这一时期节目制作和编排水平突飞猛进，满足了观众更多的收视需求。ITV一开始就注意关注BBC定位的空当及大众口味，特别是娱乐节目方面。在“人民的电视”口号下，他们注重寻求一种更平易近人的主持方式。ITV的迅速崛起，一度使BBC的收视份额降到28%。

ITV的特许经营公司遍布伦敦和全国其他地区，各地的风土人情第一次在英国电视中得以充分体现，对原来以都市文化为中心的电视节目编排给予有力的补充。电视新闻进一步革新，播音节奏、新闻敏感性和画面冲击力都有明显提高，并取消了对政治事件和选举有关报道的禁令。周六下午的时段主要留给重要体育赛事。那

一时期大量的儿童节目受到很高评价。新的电视剧类型不断涌现，大批的笑星随之诞生。一直到今天，以英国式幽默为主要卖点的情景剧、娱乐竞赛节目还是最受欢迎的类型之一。

这一时期，对于商业化电视和公共服务电视共存的疑虑仍然此起彼伏。对于BBC而言，保持竞争力，无论对于保证其收视许可费唯一受益者地位和其国家电视台的形象都至关重要。为了加强BBC各种类型节目制作水平，1962年的彼金顿委员会①（Pilkington Committee Enquiry）提议设立BBC第二个电视频道，于是BBC 2在1966年正式开播。彼金顿委员会同时发现，ITV的节目过于商业化，选材琐碎且制作不够精良。彼金顿委员会提出要加强独立电视委员会的监管力度。1964年的《电视法》对独立电视委员会提出了很多具体要求：保证各种节目类型和主题之间的均衡，而且在播出时间和时段上要有所体现，更要确保给观众提供各种类型的好节目。独立电视（ITV）的特许经营公司必须在播出之前将节目单呈交独立电视委员会审查并依据上述标准调整。

三、第三阶段（60年代~70年代早期）：针砭时弊凸显锋芒

这一时期的主要议题是围绕“现代化”这一议题展开的。英国电视人开始思考如何在文艺和纪实片中更加真实、全面地反映这个多元的社会，如何更深入而批判地制作节目。当时著名节目《上周就是那样》（That Was The Week That Was），一度颇受争议。然而当时的BBC总裁休·格林（Hugh Greene, 1960~1969年间担任BBC总裁）为BBC辩护说，那些激动人心的大胆嘲讽之作，恰恰反映了20世纪60年代英国社会自由且动荡的政治氛围。格林更提出了相当著名的有关公共服务电视的“镜子”论断。格林认为，公共服务媒体，应该为社会提供一面真实的镜子，无论这个镜子里看到的是“顽固、偏执还是成就”。格林相信，电视人有责任记录社会的变迁、机遇和挑战。他甚至认为，电视屏幕上出现一些轻率的内容也是可以接受的。这当然和BBC的创始人约翰·瑞斯（John Reith）强调尊严的信条有些偏离，但并不影响他成为除瑞斯以外最有影响力的BBC总裁之一。在格林的倡导下出现了一大批针砭时弊的节目，具讽刺意味的喜剧，针锋相对的政治访谈，纪实的警匪片，反

① 英国政府相继成立了很多个广播研究机构对广播电视未来的发展进行研究和预测，并对英国广播公司对《皇家宪章》的执行情况进行考察，安南委员会就是负责对20世纪80年代广播电视的发展趋势进行研究的机构。详见下编第二章。

映社会问题的电视剧和喜剧。

这一时期值得一提的事件是1964年4月BBC 2频道的建立。1967年，BBC 2成为欧洲第一个彩色电视频道。一直到1969年，BBC 1和独立电视台才开始转播彩色电视。除了技术上的突破，BBC 2的建立主要是突出多样性为主的教育和文化节目，肩负这一使命，BBC 2 首次制作并播出了大型的纪录片《文明》（Civilization）等，并开启了BBC至今引以为荣的纪录片传统。

四、第四阶段（70年代）：因应批评作出调整

20世纪70年代的英国电视作为公众热点话题，受到很多尖锐的批评和多方压力。尤其是新闻时事节目。1971年BBC制作的以在野工党为主题的节目《昔日明星》（Yesterday's Men），极尽调侃之能事，采访刁钻且多涉及敏感隐私问题，激怒了各个党派的政客。代表其他阶层的观众也反映媒体对他们的报道不够全面充分。传统卫道士更是对有关性和暴力的节目深为不满。媒体社会学家们也在这一时期对媒体的客观公正性提出质疑，并试图探讨对社会问题的新闻报道如何更加符合当时人们的承受能力和意识形态。

英国电视媒体就这些批评意见作出了调整，对编播的控制有所加强。BBC设置了几个新的机构专门处理观众的意见和建议。其中“社区节目组”（Community Programming Unit）负责听取各阶层观众对节目编排的建议，“节目意见申诉委员会”（Programme Complaints Board）负责处理观众对不公平报道，侵犯隐私等问题的申诉。

这些调整中最具影响力的要数1982年第四频道的建立。第四频道建立的初衷就是为新锐的、反传统的和试验性的节目提供舞台。这样一来，既减轻了主流的BBC众口难调的压力，又给非主流的声音提供了空间。作为主要的公共服务电视，第四频道允许播放广告。这对独立电视台独占广告市场的局面带来了挑战。为了避免双方的竞争，尤其是广告商对节目内容的影响，从而突出其公共服务性，独立电视委员会（IBA）对第四频道（Channel 4）的财政做了特殊安排。IBA每年从独立电视台各特许经营公司的总收入中拿出约14%的预定数额作为第四频道的基本运作费用。作为回报，独立电视各特许经营公司可以在第四频道播出他们的广告，并保留广告收入。第四频道也可以播放广告，但并不以广告为主要收入。这样以来，既保证了第四频道的充足经济来源，又避免了它的节目内容和公共服务性受到广告商的影响。

五、第五阶段（80年代中期至今）：“公共服务”遭遇困境

这一时期电视发展的主要矛盾是财政问题和产业结构的调整。撒切尔夫人领导的保守党认为电视应该成为产业而不仅仅是文化机构，因此它的机制急需重新调整。极端商业化的修正主义思潮一时间风起云涌，公共服务电视的很多机构有了重大调整，但仍有一些根本问题的改革遭遇阻力。具体的改革我们将在下一章详述。

1885年任命的孔雀委员会（Peacock Committee）主要关注BBC的财政问题，研究除收视许可费以外的经费来源比如广告、赞助等的可行性。1986年出版的《孔雀委员会报告》批评BBC和ITV两家霸占电视市场，形成了一个“舒适的双头垄断局面”，缺乏有效的财政政策来降低两家的运作费用。该报告指出，广播电视的根本使命是通过竞争给观众带来更多的自由选择和更多的公共利益，因此，报告提议“公共服务模式”应该从全方位提供（Full-Blown）转变到市场补充的模式。委员会彻底改革英国电视的提议说出了保守党政府的心声。但是撒切尔夫人亲自任命的孔雀委员会并没有完全服从于政府的改革思想。他们不赞成BBC播放广告，认为广告收入的竞争将导致BBC提供节目的多样性受到限制。

尽管勉强接受了孔雀委员会不赞成BBC播放广告的建议，但保守党政府并没死心。政府对媒体施压，显然并不止法律这一种途径。改革BBC的计划不得不从内部推行。1986年和撒切尔政府持相同政见的强硬派人物玛玛多克·哈赛（Marmaduke Hussey）被任命为BBC主席，以推进更深入而全面的改革。玛玛多克·哈赛同时也是BBC历史上唯一任满两届的主席。保守党政府暗示如不改革，1996年的BBC宪章修订①将面临重大挑战。在1987年上任的BBC总裁迈克尔·切克兰（Michael Checkland）及1991年上任的约翰·伯特（John Birt）领导下，BBC的管理结构经历了全面彻底的调整。为节省管理经费，BBC裁员达两千多人。伯特时期又通过推行“制片人选择制（Producer's Choice）”引入内部市场机制，节目制作部门和技术设备支持部门各自独立核算，形成买卖关系，制片人有权选择是否从公司内部购买服务。与此同时，BBC广泛拓展国际业务、多频道电视（Multichannel Television）、合作拍摄和海外节目销售。

大量商业机制的引入和20世纪90年代末数字电视的发展，也使BBC陷入不得不

①《皇家宪章》是BBC的立法基础，详见下编第二章。

重新定义“公共服务”的尴尬境地。“公共服务电视”的未来在哪里，是BBC必须面对的问题。1992年出版的《拓宽选择》（Extending Choice）和1995年出版的《观众和节目》（People and Programmes）都集中讨论了这个问题。《拓宽选择》中提到公共电视的三个主要目标：为全国性的讨论提供信息（Informing the National Debate），弘扬英国文化和娱乐（Expressing British Culture and Entertainment），提供教育机会（Creating Opportunities for Education）。1995年的《观众和节目》（People and Programmes）则更侧重从观众的角度讨论如何能够制作出全方位的反映现代流行口味、爱好及生活方式的节目。

第二节　英国电视产业五大特点

一、BBC稳坐大哥宝座

BBC依然是英国电视的中坚力量，其地位已得到官方证实。肩负多重任务和各方的厚望，BBC显然是在“一心多用”。目前数字电视盛行，BBC必须通过提供市场所无法提供的高质量的节目来向所有纳税人证明收视许可费是物有所值的，同时还必须跟ITV争夺大众市场来保证其收视率。换句话说，BBC必须使所有人满意，众口难调也要调。尽管政府认为BBC作为主要的公共服务电视台，应该主要服务英国观众，同时也迫使BBC不得不通过节目出口、联合制作等其他商业活动，向世界推广英国文化，同时赢得商业利益。盛名之下，BBC显然已经意识到，在观众有很多选择的时候，必须全力维持节目质量和社会责任，以品质和权威性赢得人心。BBC必须超越管理上的局限性和越来越捉襟见肘的预算保证其艺术创造性永不枯竭。同时还要在采编独立性和日益苛刻的公众责任中间找到平衡。

从政策层面看，BBC目前正致力于最大限度地在所有节目类别上丰富它的内容制作，无论是严肃的，还是轻松的，神秘的抑或是出位的，都能在BBC提供的文化大餐中觅到踪影。BBC传统特色比如经典连续剧和大选报道当然还是保留节目。与此同时，谈话节目、游戏、速配、综艺节目等大众趣味也能得到满足。2006年3月15日出炉的攸关BBC未来的白皮书中特别强调，BBC必须更加严肃认真地对待其娱乐节目的制作。在传统公共服电视的“资讯、教育和娱乐”三者中，娱乐第一次被放在中心位置。文化部长泰莎·乔尔（Tessa Jowell）强调说：“在2005年的绿皮书公众咨询过程中，观众对BBC节目普遍认可，但主要意见集中在娱乐节目上，纳税人希望从BBC收看到更多喜闻乐见的节目”。当然，难就难在如何在保证BBC精良制作和卓尔不群的基础上迎合大多数人的口味。白皮书还特地表扬了BBC制作的《来跳舞》（Strictly Come Dancing）、《地球上的生命》（Life on Earth）和《对不起，我完全不明白》（I'm Sorry I Haven't A Clue）等几个备受欢迎的娱乐节目。

二、收视许可费争论不休

2003年凯利事件后，坊间盛传政府将趁2006年修订《皇家宪章》的时候给BBC小鞋穿。问题的矛头当然指向最为敏感的收视许可费问题。英国广播电视产业在上个世纪初首创了“收视许可费”制度，并沿用至今。收费标准以20世纪80年代中期政府制订的零售商品价格指数为准。2006年每户彩色电视机的执照费为一年131.5英镑，相当于人民币约1972元。收视许可费制度依法律的形式保障了公共服务电视台（BBC）免受商业电视的竞争，以期更好地服务于公众利益。直到现在，收视许可费仍然占BBC总收入的75%。

BBC以公众经营的公共电视制度，从20世纪80年代开始便不断遭遇市场挑战。公共服务电视制度的正当性，受到资本主义自由市场竞争浪潮的冲击，当时英国保守党政府认为，BBC缺乏资本主义的效率，更有“左倾”成分，因而希望让BBC私有化、商业化；另一方面，工党也认为BBC走的是精致文化路线，与工党本质不符，也就是，80年代英国主要两大政党均不支持BBC。最后在多方争执之下，政府宣布成立第四家无线电视台第四频道，主要服务小众，并以文化多元及政治社会自由为依归，财务则与商业电视台ITV之广告互相搭配。如此，市场多增加一个竞争者，才保住了BBC公共电视的原貌。

90年代以来，跨国媒体集团所提供的影视娱乐内容逐渐成为全球电视观众的新宠，向来被赋予公共服务角色的本土无线电视，在与卫视、有线电视竞争收视率与商业广告时，均面临是否要继续背负这类导致其经营成本增加的社会责任的难题。BBC的困境在于：新的科技发展带来了新的电视平台技术，在有线电视及卫星电视平台（在英国尤其是后者）成功地分走无线电视的观众之后，很多观众既已另装卫星天线付费看电视，便逐渐开始对传统的电视执照费产生抱怨。但如果BBC以一般商业电视台的逻辑，去制作一些通俗性的、容易获得高收视率的节目来挽回观众，势必又会遭致违背其公共服务宗旨的批评，形成一个进退两难的局面。收视率低（表示服务普及率低）会被批（因为每家都要付钱），但如果收视率高，又往往是多播出主流通俗性节目，相对牺牲对小众弱势族群服务或教育性节目的结果。

相对于其他商业无线电视台的踌躇犹豫，大多数经费来自纳税人的公共电视，对承担公共服务责无旁贷。问题是，私营电视台所能提供的视讯服务已经五花八门，许多消费者另外花钱装了有线电视或卫星电视，既然商业广告足以支撑电视台提供各种电视节目给观众，纳税人（国家）何必再付钱给公共电视？便成为一种很容易被挑战的论点。

2003年8月，在全英国电视媒体年度盛会爱丁堡电视节期间，当时在英国已经拥有700万订户（约占所有家户的30%）的天空卫视（BSkyB，由澳洲媒体大亨默多克的新闻集团经营）总裁托尼·保尔 （Tony Ball），在受邀演讲时，便猛烈批评以BBC为主的英国公共电视系统，认为其所能提供的有限选择，已经无法满足英国消费者的需求，英国政府有必要检讨现行执照费制度，并在2006的《皇家宪章》审查中，对BBC现有的各权利予以较严格的评议。

默多克旗下集团除了已经独占英国卫星电视市场，目前更积极游说想要拿下一家无线电视经营权。由于英国国会2005年7月间已经完成《广播法案》修正，放松了对无线电视的股权持有限制。再加上默多克集团对收购无线电视台动作不断， 人们不仅要问，是否任由商业电视逐渐取代过去以公共电视为主流的收视环境？是否应让跨国媒体集团长驱直入，以地面无线电波型态直接进入每个英国家庭的客厅？就以上问题，英国国内引发了一场热烈讨论。其中2003年爱丁堡电视节期间天空卫视执行主席托尼·保尔（Tony Ball）和BBC总裁戈里格·戴克（Greg Dyke）就收视许可费合理性的论战最有代表性。

天空卫视自从进入英国市场，对于指控BBC以通俗性节目“挤压”其他商业电视部门向来不余遗力，保尔在他的2003年爱丁堡演说中则更进一步。保尔认为既然BBC是以公共服务为己任，其经营目标应不在与商业电台一起竞争收视率，而应该保持成功不必在我的态度，以成为“优质节目制作培育中心”为目标。保尔声称BBC每年应该（至少）将其最受欢迎的八个节目卖给同为无线电视的竞争对手ITV或Channel 4，将所得利润再投入非商业性节目制作，如此才能把纳税人的钱做更有效的运用。

保尔以充满煽动性的措辞指控BBC为了安排2002年圣诞节排特别节目，竟然花大钱买下美国好莱坞电影《哈利·波特》的电视首映权。“BBC的资源应该被重新分配于支持更多英国本土的独立节目制作”，他批评这种花钱买外国票房电影的做法是“当事人以虚荣心取代其所应尽之公共服务义务的明证”。保尔同时宣布了一份天空卫视所做的民调结果，显示51% 的英国观众（有史以来最高纪录）认为，他们每年要缴交131.5英镑收视许可费，全年总共筹措25亿英镑的经费供BBC运用，但这些钱花得“并不值得”。

保尔还引经据典，以霍布斯（Thomas Hobbes）的“巨灵”理论加以分析：在一个没有BBC或其他公共电视系统的数字商业电视环境中，必然会出现各家抢食收视市场及广告大饼的纷乱现象，如同霍布斯笔下形容的“自然状态”（the State of Nature）。在匮乏、失序、粗野的自然状态下，煽情、杀伐、媚俗、偷窥当道，自然不会有好的电视节目出现，于是国家介入了。在介入的第一阶段，因为投资太少，所以如同石沉大海，效果不彰，于是国家继续加码投资。第二阶段效果逐渐显现，原本没有足够经济诱因却有实际需求的节目开始出现，而且因为公共电视的非商业取向，提供了较高品质的节目，导引或迫使商业电视台也必须提高制作水准互相抗衡。

在前两个阶段，保尔对公共电视系统持肯定态度，但他认为，如果国家继续扩大投资到第三个阶段，情况却会出现好转。一旦投资超过一个临界点，不但会出现报酬率递减的状况，而且因为公共电视吸引了大多数的观众，将会对私营部门的投资意愿造成排挤。而在保尔眼中，BBC目前的状况就是国家过度投资，导致公共电视系统除了其应扮演的公共服务角色，还参与制作或购买一些“即使在自然状态下也会获得供应”的电视节目。例如购买《哈利·波特》首映权等等。虽然对于何谓“过度投资”的看法见仁见智。哪里才是政府投资的临界点，执照费究竟是否应该继续依现在特许状中的规定，随物价波动调升，还是应该依反对者的建议逐年降低都尚待辩论。但保尔这种“理论上肯定，实际上质疑”的攻击策略，确实打到了BBC现况困境的七寸。连向来为公共电视政策及BBC辩护的《卫报》都承认，BBC确实应该对斥资购买好莱坞电影版权的做法进行检讨。

质疑执照费使用的正当性，等于直接危及这个老字号公共电视的生存命脉。保尔的重炮轰击对于当时正因为“凯利事件”导致职业道德受到外界质疑的BBC来说无疑是是雪上加霜。

同时出席爱丁堡电视节盛会的BBC总裁戴克（Greg Dyke）对保尔的攻击并不意外，他同样从节目制作角度反击指出，作为英国境内独占市场的卫星电视平台，天空卫视每年营业收入31亿英镑，却只拿出其中的5%制作节目，简直不成比例。根据该公司自己公布的数据，2003年天空卫视光花在运动比赛转播权及电影频道的版权费上的支出就高达11亿镑，而其余所有娱乐节目及新闻制作费用，总共才支出1.33亿英镑，比例相当悬殊。

BBC方面同时举出另一份民调指出，相较于天空卫视只得到30% 英国观众的声援，有86%的人表示支持BBC。虽然双方各自引用自己的民调数字，但稍加探究，可以发现两份民调的执行单位不同，提问的方式也不同，结果未必能直接拿来比较。立场上倾向支持BBC的英国《卫报》发表社论，针对天空卫视的这份民调指出，相对于观众看天空卫视每年300到500英镑的支出，每年116英镑的执照费相对便宜。因为BBC用执照费提供的服务包括无线电视、广播、数字电视，而天空卫视将大部分钱花在买球赛转播权及电影版权，除此之外节目乏善可陈，对英国电视制作环境几无贡献。《卫报》对保尔反唇相讥，提醒英国观众，保尔的薪水每年高达750万英镑，若再加上股票认购权将达930万英镑，天空卫视应该调查一下用户们认为如此花钱“值不值”。

前任BBC董事会主席凯恩·戴维斯（Gavyn Davies）是具有工党背景的著名经济学家，1999年间工党政府在斟酌是否同意BBC要求额外增收执照费以因应数字化投资之需求时，曾请其针对BBC的运营做一报告。戴维斯在报告中对依赖收视执照费的公共服务电视存在的必要性从经济学角度提出了三点理由：

第一，公共电视是一种公共财产（Public Good），如同灯塔、国防，让所有的人都受惠，一个人受惠之后也不会排挤另一个人享受服务，所以国家不应放任由私营部门提供服务，而必须做一定程度的投资。

第二，公共电视不只是一种公共财产，而且是一种“殊价财”（Merit Good）。[①] “殊价财”最好的例子是教育。如果国家不介入去建立教育体系，国民未必会愿意投资在教育上，但在教育上的投资最终将会回馈到整个社会的生产力及品质，对整体社会产生好处。就如同对公共电视的投资，“人们不会知道电视节目可以做得多好看，直到他们亲眼看到才会相信”。

第三个理由则反映科技发展的趋势。由于多频道分众收视已经成为趋势，未来商业电视台因为资源越加分散，因此越来越无法集中资源投资于高品质的节目制作，这反而是强调作品质量的公共电视，彰显其存在价值的好机会。

虽然随着数字技术的陆续上路，电视平台多频道化的趋势已不可逆，但在收视分众时代，公共电视的存在价值是否因此减损？恐怕连对BBC批评最不遗余力的托尼·保尔都不敢这么说。透过竞争对手的批评眼光，我们看到全世界历史最悠久，

① John O'Hagan and Michael Jennings: Public Broadcasting in Europe: Rationale, Licence Fee and Other Issues,《Journal of Cultural Economics》27: 31–56, 2003, available: http://andromeda.dsc.unibo.it/dsc1/corsodilaurea/laureespecialistiche/Sc.Com.Pubblica/documenti/Materiali_didattici_02–03/Mazzanti_hagan–jennings_tv.pdf.

声誉最卓著的公共电视BBC目前的艰难处境。不过从保尔的演讲中我们也可以清楚看到，即使是最尖酸刻薄的对手，对于BBC所赖以存在的公共电视的合理性基础，都不得不给予肯定。从这个角度看，英国公共电视制度的根基未曾动摇。

2006年3月出炉的白皮书重申了下一个十年BBC的收视许可费收入不受影响，但是决定对BBC的监管机制进行大的调整。白皮书认为，现有的12人的BBC董事会已经不适应时代的发展。一个独立的信托机构将取代其地位，并另外成立一个专门的高级行政机构对该信托机构负责。工党政府对此举的解释是："在一个独特的条件下，针对一个独特机构所制订的独特的解决方案"。

三、 公共服务电视捍卫传统优势

日渐多样化的社会和科技的迅速发展推动了电视产业的革新。人们发现"公共服务电视"和"商业电视"的划分越来越不足以体现英国电视系统的多元化和复杂性。公共服务作为英国电视的主要特点仍然起主导作用，但是不可否认，"公共服务"理念已经面临很多挑战，其影响已大不如前。竞争因素已经注入电视系统，但是还没有得到全方位的发展。无论如何，注重"公共服务"的英国电视与全盘商业化的美国电视还是大相径庭。尽管美国电视的公共服务电视台PBS也还挣扎在主流电视的边缘，追求质量的公共服务电视和追求收视率的商业电视显然力量悬殊。英国电视则是一个较为均衡的系统，竞争使多元化得以充分体现，而公共服务的理念仍然处于主导地位。BBC 2 和第四频道仍然以社会责任为节目编排的首要标准；BBC 1则趋于综合，以求平衡阳春白雪和下里巴人；第三频道则更为迎合大众口味；第五频道，以其电影和体育节目的优势吸引固定的观众群。

公共服务电视继续加强其传统优势节目类型，而新的挑战也使某些节目类型的未来不可预知。尽管BBC 2和第四频道仍不遗余力地捍卫许多小众节目（Minority Genres）的生存空间，但对有些节目类型还是显得力不从心。儿童节目尽管仍然坚持多样化发展的路线，新的发展则更多地偏向动画和开发玩具、图书等节目副产品。以社会和政治为主题的纪录片制作日渐消失，更多的题材侧重现代社会和流行文化。时事节目对重大问题报道的深度和广度依然值得肯定，但是各党派政客出现频率有所降低。一些艺术类型已经被挤出黄金时间，流行文化得到更多的关注。电视连续剧作为各台之间争夺观众的焦点之一， 通常在傍晚6~7时播放。每周播出集数有所增加，剧情也更趋戏剧化。其他电视剧对大牌明星更加依赖。以犯罪、法律、医院为背景的题材增多，凭借其医疗急救、社会案件等特有的视觉冲击力吸引观众。

尽管对目前英国电视的评价方法也许不尽相同，大部分的人仍认为当前的电视不像过去那么呆板，但却流于浮华。一些英国人认为电视的品位和质量大不如前。一些著名作家和制片人抱怨艺术创作受到太多制度性的限制。无论如何，一大批优秀的节目还是源源不断地涌现出来，尤其值得一提的有：经典系列之《傲慢与偏见》，社会政治剧《北方的朋友》，喜剧游戏节目《我给你带来新闻了么？》，时事评论节日《新闻夜话》和《四频道新闻》等。

有学者将英美电视具体的区别概括为以下几个方面：英国电视没有类似美国《最新绯闻》（A Current Affair）等以煽情为主的八卦杂志类型的节目；英国电视不允许把儿童简单当成追求刺激的消费者，暴力节目相对少很多；英国电视人依然保持优秀的纪录片传统，持续支持社会题材的电视剧；在控制商业化方面，主要电视频道的广告时间保持在每小时七分钟以内，对广告产品也有严格的控制。

四、数字化浪潮汹涌而至

数字时代数字化生存原本是用来形容新新人类的新兴生活方式。即将全面数字化的英国电视产业，如何在数字时代生存却是大大小小的电视平台都无法不面对的命题。根据Ofcom的统计数字，到2004年12月31日止，英国家庭数字电视的普及率达到59.4%。如此一来，任何一个装有卫星电视的英国家庭都可以轻松收看两百多个基础频道，数不清的大片，全世界的大型体育赛事。DVD播放机、游戏机、宽带网络对这些家庭来说也将是家常便饭。消费者期待空前高涨，内容发行科技无孔不入，商业伙伴关系错综复杂，电视产业的变化另人目不暇接。

除了技术层面的挑战以外，更大的问题来自如何吸引观众的眼球。英国电视在很长时间以来都只是四个模拟电视频道独步天下。随着有线和数字电视时代的到来，人们可收视的频道第一次可以自己支配。这种新的竞争模式，改变了电视的方方面面。这场观众争夺战的直接结果是大量的竞争策略集中在如何在最短的时间内抓住观众的眼球，如何在节目的节奏上做到简洁明快，扣人心弦，使节目引起轰动效应。妇孺皆知的故事、谈话节目、邀请观众参与节目、开设节目热线和热邮、有奖竞猜、观众自排片断等等都是常见的方法。在这场争夺战中，即使是一直被独立电视委员会（ITC）称为“一贯表现优秀”的第四频道也不能免俗。第四频道曾不止一次被指通过播放过激画面和讨论敏感问题来作秀，扭曲了其对前卫新锐的定义。第四频道曾顶着各方压力，首次在英国电视上现场直播尸体解剖，引起社会各界一片哗然。总体上讲，大量的投资和时段花在节目和频道的包装和推广上。电视的品牌效应从来没有如此深入人心。各大电视台都有专门的包装团队。Channel 4和BBC 2 的频道包装水平赢得业界公认。

BBC 2 频道宣传片。

除了建立观众对品牌的忠诚度以外，一个有竞争力的节目编排和时间表对于吸引观众的眼球来说变得空前重要。因此各电视网都在节目编排上使尽浑身解数。所有频道的节目安排越来越相似，同类节目间的观众争夺战也日益激烈。20世纪90年代以来，默多克的天空卫视（BSkyB）和BBC、ITV之间争夺主要体育赛事转播权的斗争日益激烈。英国国会也就此展开激烈辩论，很多人认为这些赛事的转播权应该确保由模拟信号转播而不是被卫星信号独占。1997年第五频道的开播，更加剧了这场争夺战。主动权和决策权日益向节目表编排人员倾斜，他们根据观众收视研究和其他相关数据制订出详细观众群和节目收视预期，采编人员必须按照他们的要求做相应改动。一种有关成本和收视观众的比例计算（Costs-by-Viewers-Reached）在这个过程中起到很大作用。

在电视节目内容发行手段无孔不入的今天，一个电视节目可以再开发成录像带、DVD、Pod Casting 和视频点播内容等多种形式。节目的知识产权就自然成了摇钱树，谁拥有它，谁就掌握了以钱生钱的魔法。通信办公厅所做的《节目制作行业评估》在2006年底尘埃落定。这个评估对谁将拥有播出节目的知识产权问题在电视网、独立制作人和网络运营商之间裁决。尤其是在视频点播技术广泛应用的今天，这一裁决对谁有权再开发这些节目的商业价值有决定意义。目前，业界关注的监管问题有：通信办公厅（Ofcom）如何通过限制对节目知识产权的竞争，最大限度地制约四大电视网追求狭隘的个人利益，从而保证节目制作人的利益；以及Ofcom如何保障在这种情况下不会影响到付费电视的投资问题。①

五、后福特主义大行其道

1979年以前，英国电视产业一直是一个纵向一体化批量生产模式的产业，市场由英国广播公司（BBC）和独立电视公司（ITV）垄断。②无论是英国广播公司（BBC）还是独立电视公司（ITV），只有不到1% 的节目，是外包给有限的几个独立制作人完成的。③1977年，当时的英国文化部长安东尼·史密斯（Anthony Smith）预见了电视跨越大众市场，走向有共同兴趣群体的专业化观众的趋势。一些更提倡创意的英国公众甚至希望有一个专门服务于黑人、亚裔、女性甚至同性恋者等少数观众的电视台。以有线和卫星电视的发展为“第一浪潮”，数字电视出现为“第二浪潮”的科技进步带来一批更大规模更专业化的频道的出现。不同文化背景、职业、教育程度和年龄段的观众要求更多更有针对性的节目来满足他们不同的兴趣要求，节目供应商面临着提高节目多样性的挑战。电视节目现在已经从推动观众变为观众推动。变化了的观众需求导致了节目生命周期的缩短和大众市场的不定性，这一切都向规模经济的基础——标准化生产提出了质疑。电视市场的专业化细分又代表了从“广播”（Broadcast）到“窄播”（Narrowcast），从大众市场

① Lisa Opie on Broadcasting，Independent, 27th Feb. 2006.

② 英国广播公司的组织结构是一个完全纵向一体化的模式，公司的业务涵盖了从前期创意、拍摄、制作、播出、技术保障，到后期的跨国节目交易和多种经营等等。独立制作公司的情况虽略有不同，但是在操作层面上，基本上所有的地区性节目的制作，都由各地的授权公司独立完成。

③ Peter Goodwin, Television under the Tories: Broadcasting Policy: 1979~1997 (London: BFI Publishing, 1998), p. 15.

（Mass Market）到分众/利基市场（Niche Market）的变化。从产业大的角度来看，即电视产业从“福特主义”到“后福特主义”的转变。

1977年，工党政府执政期间的安南委员会提出报告，对日益细分的市场需求作出敏锐反应，认为英国广播事业中应该出现“第三种力量”，以打破英国广播公司（BBC）和独立电视公司（ITV）的双头垄断局面。第四频道“节目出版商”模式创立的初衷，除了打破BBC和独立电视公司（ITV）对英国电视行业的垄断以外，还体现了保守党政府积极推进电视产业化的迫切愿望。第四频道的“节目出版商”模式决定了其所有的节目都“委托”（commission）独立制作公司制作，提供所有预算资金，并最终“发行”他们的节目。第四频道每年向大约500家不同的独立制作公司征集节目，这种类似图书出版公司的“节目发行商”的特殊身份，推动了英国电视产业中小制作力量的发展。

英国十大独立电视制作公司

排名	名称	年销售额/百万
No. 1	All3Media ALL3MEDIA	£ 157
No. 2	Talkback Thames talkbackTHAMES Part of the FremantleMedia Group	£ 145
No. 3	Hit Entertainment	£ 126.8
No. 4	Endemol UK endemol	£ 120
No. 5	TWI（uk） TWI	£ 112.7

（续表）

排名	名称	年销售额/百万
No. 6	The Television Corporation	£ 67.3
No. 7	RDF Media	£ 64
No. 8	19 Entertainment	£ 44.8
No. 9	Ten Alps TV	£ 44.8
No. 10	Tiger Aspect	£ 44.22

这一成功做法随着撒切尔夫人执政时期保守党推行的《1990年广播法案》的颁布，得到了进一步的巩固。法案的制订者深信竞争机制是电视节目制作过程中不可缺少的因素，并规定BBC和独立电视公司（ITV）至少25%的节目，必须“委托”给独立制作公司制作。《1990年广播法案》的出台，以法律的形式规定BBC独立电视公司（ITV）必须每年拿出至少25%的份额用来播出来自独立制作公司的节目。更是从根本上促进了独立制作市场的繁荣。这一政策也被后几届政府所接受并继续推动。

2006年3月出版的工党政府就BBC白皮书中特地提到，独立制作公司以后将有望参与BBC 25%的在线节目和12%的广播节目的制作。随着产业结构的重组，独立制作人/公司被赋予了更多的机会，一大批由出自名不见经传的独立制作公司的优秀节目以不可阻挡之势在英国以及全球电视市场遍地开花。而这些中小制作力量的发展和壮大，正是英国电视市场日益成熟、分化的体现。从第四频道的出现到英国广播公司“制片人选择制”的推行，英国电视产业正在经历这种纵向高度一体化的组织形式的演变，取而代之的是专业服务提供商的出现，以及以外包合同为形式的大企业内部结构的纵向精简。

从1977 年的《安南报告》到20世纪的最后20年见证了英国电视产业不可逆转的历史潮流。英国电视产业无法挽回地卷入了结构变革。从广播时间和服务消费者的新媒体，从早间电视到第四频道的开办，从有线网络到卫星电视，加之国内家用录像机和录像带出租业务的普及，电视产业的扩张是迅速的。日益稀薄的制作收益、政府改革的压力和越来越多的竞争对手都迫使旧的高成本的官僚机构转变经营模式。英国电视产业在政治力量的影响下，从外包合同开始，大垄断组织通过纵向细分实现了整体“瘦身”。一种新的灵活的组织结构出现在英国广播公司（BBC）和独立电视公司（ITV），而更多的高度专业化的独立制作公司、辅助性服务机构也应运而生，形成了一个繁荣的独立电视制作市场。

1982年第四频道开播以来，中小独立制作力量迅速发展，并成立了自己的行业工会电影电视独立制作人联盟（Producer Association for Cinema and Television, 简称PACT）。PACT创建于1991年，代表独立电影、电视、动画和交互媒体行业独立制作人的利益，保护并促进独立制作行业商业利益的最大化。目前PACT已经形成超过1000个不同大小和制作专长的庞大队伍，总产值每年超过11亿英镑。

有数据显示，独立制作公司的运作环境日益改善，2005年以来，独立制作行业与大电视网之间商业关系好转。独立制作行业挣得了保留和二次开发节目知识产权的权利。随着越来越多的类似《老大哥》和《换妻》等独立制作的节目在市场上日益火爆，独立制作公司正在赢得更多的外部投资和伦敦大银行的注意，这些都有助于他们有机地发展和兼并。

第二章
英国广播电视监管理念、机制和发展趋势

【本章提要】

众所周知，同为英国媒体，报业和广电行业的监督机制却大相径庭。追根溯源，两者的根本区别在于监管体系的价值基础不同。本章将分别介绍英国广播电视监管体系的价值基础及由此产生的独特的公共服务电视体制和“公商分离”的监管制度。公商之分，除了价值基础的不同，在形式上体现在是否播出电视广告上。在分别介绍BBC和其他商业电视台的监管机制的同时，本章详细介绍了电视广告的监督和管理。

2003年，一个综合广电和电信行业的超级监管机构Ofcom横空出世，更昭示着英国电视和电信业多平台交互的发展方向。新的监管体制的推出，整合了以前“公商分离”的监管模式，将BBC纳入监管范围，进一步强调了行业整合和大趋势。

在阐述英国广电行业监管机制的同时，本章着重分析了英国广电监管制度的发展趋势和内在原因。20世纪80年代以前，英国电视曾经以其独特的双头垄断和有限竞争模式著称于世。从BBC和ITV双头垄断下的有限竞争到放松管制和行业自律，为适应日益激烈的竞争环境，英国广电监管体制越来越趋向商业化和自由竞争模式。广播电视行业的日益成熟和发展也造就了一系列行业机构的建立和完善，广电行业有一套自我监督机制和道德规范。英国广电行业机构名目繁多，本章只以广播电视广告许可中心（BACC）和收视率调查机构（BARB）为例说明英国广电行业机构的发展和完善。

英国媒体监管政策的核心矛盾就是报业和广电监管截然不同的理念和传统。报业政策崇尚自由市场并把它等同为“自由公众”。而在英国的广播电视领域，国家

干预的痕迹要明显大于新闻出版业。国家干预以保证内容的公正和广泛直到现在依然是英国对电台和电视台管理规范的显著特征。例如，允许自由竞争的、免受政府不必要干预的媒体的存在，这是英国民主政治的一条基本原则，也是保证它正常运行必不可少的条件。利用报纸来支持党派的政治观点早已成为英国政治的一个特色，但是，英国政府却不那么愿意让党派和政治团体来操纵电台和电视台。英国政府干预报业的例子极其少见，最近一届皇家新闻委员会（Royal Commission on the Press）的报告明确反对任何政府部门及公共机构在审核申请的过程中有歧视行为。但在广播电视行业，独立电视委员会在拍卖营业执照的过程中却有绝对的否决权。通常并不是出资最高的买主得到执照，委员会考虑申请人的综合指标，其中最主要的一项是提供节目的质量。

报业和广电业监管理念的差别曾经归结为传播技术层面的差异。广电行业本身由于频率资源稀缺，必须将有限的资源充分为公众利益服务。然而在数字时代到来的今天，电视频道的数量已经远远超过了全国性报纸的数量。上述解释因此有明显的缺陷。以默多克为主的新自由派强烈建议广电媒体全面效仿报业监管模式。他宣称广电放松管制将有助于减少对政府的依赖，降低精英控制，真正把权利交给消费者。[①]然而，持另一派观点的人也不在少数，他们认为英国的广播电视比报纸在公共服务方面做得更好，因此报业应该按照广播电视的模式重组。[②]两派观点的持续交锋恰恰体现了英国媒体政策本身的分歧。无论如何，要求不同媒介间监管理念的统一也似乎没有道理。不同的媒介有不同的功能和特质，受众反馈方式也大相径庭，因此选择不同的监管政策才能对症下药。

英国媒体监管制度直接反映了不同媒介发展史、监管指导思想和业界压力的共同作用，因此它决不是一个连续的战略。反映在监管体制上，不同的政府部门负责监管不同方面，政府同时也不时委任专门委员会调查某一时期的特定问题，例如下编第一章提到，1977年工党政府执政期间的安南委员会就双头垄断问题提出质疑；而1985年保守党政府任命的孔雀委员会（Peacock Committee）主要关注BBC的财政问题。保守党政府1992年设立国家遗产部，专门负责媒体和艺术产业。除此以外，贸工部、财政大臣办公室和首相办公室都对媒体政策都有重要的影响力。目前为止还没有哪个政府文件能够完全解释英国媒体政策的不连续性。[③]

① Rupert Murdoch, Freedom in Broadcasting (McTaggart Lecture), News International, London, 1989.

② Jean Seaton, “Down with Annt Tabitha; A modest Media Proposal”, in Ben Pimlott and Anthony Wright (eds。), The Alternative (London: W.H. Allen, 1990).

③ James Curran, Policy for the Press: A discussion paper for the media and Communications Project at the Institute for Public Policy Research, 1995, pp.1–2.

第一节　三大理念奠定价值基础

一般来说，媒体管理模式遵循两大理论原理：社会原理和经济原理。社会原理主要涉及两个方面：预防“信息缺失”（Information Failure/Gap）和保证公共资源（Public Goods）的有效提供。信息缺失，从经济学角度讲，是指消费者无法在购买商品和服务之前了解其价值。比如观众无法在看过一部影片之前，对其价值作出判断。由于媒体产品的特殊性，媒体市场本身无法解决这个问题。这就需要一个监管机制，保证媒体产品可以达到消费者预期的最低标准。广播电视信号作为公共资源能给大众带来普遍利益。市场机制有时不能保证公众资源充分发挥作用。比如以广告为主要收入的电视台以赢利为主要目的就影响了播出节目的多样化，从而限制了它所占有的公共资源发挥作用的效率。社会管理在这方面的作用主要是以资助公共资源发展为手段，制定公共服务的质量标准。

媒体管理的经济原理是和广播电视信号资源的“稀缺性”（Spectrum Scarcity）密不可分的。从技术角度讲，报纸印刷的数量相对无限，而广播电视的转播频率在数字电视推出之前却是绝对有限的。这也是区分报纸和广播电视管理的主要因素。从这个角度看，对广播电视的市场准入、所有权集中、区域垄断等问题都是至关重要的。在此基础之上，所有媒介管理的模式都不能脱离本国的政治、文化传统和广播电视在当地社会生活中所扮演的角色。近50年来，英国广播电视的监管逐步由管制到放松管制（Deregulation）到自我约束（Self-regulation）。即便如此，和美国的自由竞争模式相比，英国的广播电视仍然是高度监管的产业，管理制度和相关法令法规具体而严格。[①]这一切都和英国媒体监管体制的价值基础密不可分。

一、广播电视=“（公共利益）监护人”

提出英国广播电视“监护人”角色的说法的初衷，是为了确保广播电视转播的公共责任以防止英国广播电视系统出现“美国式的混乱情况”。广播电视的“监护人”角色是由BBC的创始人约翰·瑞斯最先提出的。瑞斯是英国中产阶级道德和宗

① See Cave, M and Williamson, P, “The Reregulation of British Broadcasting’, in Bishop, M, Kay, J and Mayer, C (eds), The Regulatory Challenge (Oxford: Oxford University press, 1995), pp. 160–190.

教信仰的坚定维护者。他的这一提法在1926年的克劳佛委员会（Crawford Committee）的报告中正式使用。该报告建议，广播电视服务应该由足以担当“（公共利益）监护人”的组织担当，其责任和地位应该反映“公共服务性”。[①] 柏卫基（1934年）从政治经济学的角度的阐述，恰如其分地说明了这一提法的经济意义：“在自由市场经济条件下，顾客可以买市场上提供的任何东西。但是，市场上所能提供的商品，并不一定是对顾客最有利的商品。事实上往往是那些给商家带来最大利益的商品。”

所以说，“公共服务性”是英国广播电视的共性，并非为BBC独有。1973年的《独立电视委员会法案》也相应地提出“独立电视委员会应确保电视和地区广播的服务”作为公共服务，传播信息，提供教育和娱乐。从某种角度讲，由于通常认为的商业电视台对广告收入的依赖会导致其有逃避公共责任的倾向，所以法律对商业电视台在公共服务方面的规定则更为详细。比如：独立电视台的有些节目，像短小的儿童节目、宗教节目、教育节目一度被规定不能夹带任何广告。由于BBC以纳税人依法缴纳的收视许可费为主要经费来源，其公共服务的责任则更为重大。

随着有线电视、卫星电视、数字电视等发展，“监护人”概念便有所变化。1984年颁布的《有线电视和广播法案》在很大程度上放松了对有线电视在公共服务方面的要求。《1990年广播法案》的颁布推动了广播电视系统改革。虽然没有完全抛弃“公共服务性”概念，却全面放松了对私有广播电台和电视台在“公共服务”方面的标准。尽管如此，学界一致认为，在欧洲和美洲，没有任何一个国家像英国这样对私有电视台的“公共服务性”有如此严格的要求和深入系统的发展。

二、 媒介管理机构的政治独立性

英国媒体管理机制的最大特色是与其“监护人”角色相对应的“政治独立性”。政治独立性是相对政府而言的，是指媒体的运作和管理独立于政府的控制。西方民主理论的重要论点之一即政府的力量不应该是无限制的。从这个角度讲，媒体作为第四权和政府的关系是对立而不是勾结。[②]第四权的存在价值与意义在于监督政府、提出批评，以免政府滥权。出于以上原因，民主理论的主旨是为了避免政府为达到自己的政治目的而对编辑政策指手画脚，政府应该和媒体的所有权和影响力保持距离。[③]

① 引用自Anna Report, 1977:9.

② 新闻媒体被西方民主国家视为行政、立法、司法等三权以外的第四权。

③ Thomas Gibbons, Regulating The Media (2nd Edition), (London: Sweet & Maxwell, 1998), pp. 35–36.

广播电视的政治独立性是从报纸的政治独立传统发展而来的。在BBC创立初期，政府和广播委员会即就BBC的政治独立性达成共识，即强大的媒体不应成为某一政治党派的工具，主要政党不得依靠它们财力上的优势控制电视台而将那些小党派的声音排除在外。这个传统在1956年独立电视台创建时没有受到任何挑战，1984年有线电视网开始运营的时候也顺理成章地延续了下来。不仅如此，这一传统一直被议员和政客们多次在公开场合重申。[①]从政府的角度来看，对媒体独立原则的认可虽然不是出于他们自愿提倡言论自由，但提倡民主对增强政府的政治可信度无论如何都是明智之举，政府通常也愿意委曲求全。没有任何一届政府愿意在任期内背上操纵媒体的恶名，他们担心会因此而下台。

无论是BBC的理事会还是独立电视委员会在行使监督权的时候都享有相当程度的独立性。BBC的12名理事会成员由女王亲自任命。创建初期，邮政大臣建议把BBC建立在《皇家宪章》（Royal Charter）而不是《公司法》（Corporate Law）的基础之上，赋予它更高的地位和尊严。在任命独立电视委员会（前身是独立广播委员会）成员时，政治独立性也是不可忽视的重要的因素。根据法律规定，候选成员不能是国会议员或是在经济和其他利益方面与管理工作有冲突的人选。比如：候选人禁止参与广告业、独立制片公司、通信设备制造或是与BBC有关的业务。但是仅仅以法律条文的形式显然不足以体现媒介管理人员的政治中立性。这就不能不涉及到英国的政治文化。[②]

很长时间以来形成的在媒介领域遏制政治力量的传统使得媒体有可能成为公共利益的“监护人”。政府任何试图利用单方面的力量任命媒体监管人员的做法都有可能带来一场政治风波。除了政治独立以外，因为英国社会的民族构成比较复杂，媒体监督人员的任命还必须体现多样性原则，至少要能代表不同政治和宗教信仰。[③]安

① See Home Office, Broadcasting in the 90’s : competition, choice and Quality(White Paper) (1988) Cm. 517, para. 2.6 (but cf. para. 7.15 on the banning of direct statements by terrorists’ representatives), the Home Secretary’s position, outlined in (Peacock), Committee on Financing the BBC (1986) cmnd。9824, paras 14 and 15; Third Report of the Home Affairs committee, The Futrue of Broadcasting (1987–88) H。C。262–I and II, paras 11–15, 24–25; BBC, BBC Annual Report and Accounts 1986–1987 (1987), p. 63; (Pilkington), Report of the Committee on Broadcasting 1960 (1962) Comnd. 1753, paras 22–23.

② This is all more significant as there is no written constitution with basic civil rights。 However, the European convention on Human Rights does function as a substitute, at least to some degree. See Bailey, Harris, and Jones, 1991: 1f, 749fff, 819f.

③ For the first twenty years, cf. Poeeter, 1989: 84ff., 92ff.

南委员会曾经就此多次建议："不代表任何特定团体利益的个人和代表极少数组织和团体的人选也都应该在任命的过程中给予考虑。在满足这些条件的前提下，政府挑选出最中立、有丰富阅历且德高望重的人任命为独立电视委员会的委员。"①

尽管如此，在实际操作中，政府试图通过颁发运营许可证、财政制度和竞争保护等条件进行政治威胁的可能依然存在。②例如，《皇家宪章》和附加协议授予许多政府部长，尤其是国务大臣规范和要求BBC某些行为的权力。例如，国务大臣有权对广播的最多和最少的小时量作出指示，可以要求BBC设立额外的站台；国务大臣可以限制广播一些特定的内容；任何部长在认为出现紧急情况时，可以要求BBC广播任何通告以及其他信息。《皇家宪章》附加协议授予外交部在有关国际事务的广播方面非常大的权力。BBC经常被要求把外交部制定的目标作为优先考虑的工作重点。此外，BBC还被要求在有关国际事务和政府的相关政策方面和外交部保持合作，以保证在制作节目时符合国家利益。

BBC在平衡它作为一个英国重要的公共机构的身份与保持其相对于外部利益的独立性这两方面的关系时，不可避免地会遇到种种困难。但有一点是非常明确的，即它在国家的任何政党政治中必须保持中立。BBC在法律上有义务传播政治、经济和社会问题的一切重大信息和各种不同的观点，而不能有意或无意地偏袒任何政治党派。而且，该项义务受到各政党的严密监督。即使如此，由于一些具体细节上的规定模棱两可，媒体和政府之间的关系在有些方面依然存在摩擦。2003年的凯利事件就是很好的例证。关于凯利事件的具体问题，将在下编第三章详述。

三、 言论自由备受保护

前面讨论的两个价值基础——"公共利益监护人"角色和媒体的政治独立性，和下面要讨论的第三个价值基础——言论自由——是相辅相成的价值体系。言论自由权通常被认为是西方"民主社会基石"，因此对言论自由权提供保护是国家应该履行的义务，而不仅仅是媒体监管的价值体系。媒体是公民行使自由表达权的载体，确保媒体免受国家的干预，保持媒体的政治独立性是保证公民表达自由的一个重要前提条件。另外，言论自由权在欧洲以《欧洲人权公约》和《欧盟基本权利宪章》等形式受到法律的保护。《欧洲人权公约》对言论自由作了比较具体的规定：

---

① 详见（Tunstall, 1983:212-216. Hood, 1980:39f; Potter 1989:91).

② See Burns, above, n. 63, pp.180-185.

"人人有表达自由的权利。此项权利应包括持有意见的自由、接受和传播信息和思想的自由，不受公权干涉，不受疆界影响"以及"媒体的自由和多元化应受到尊重"。《欧洲人权公约》规定各缔约国政府有义务创造一个适于多种形式的、独立存在的媒体发展的环境。

所有社会制度都必须承认，没有绝对的自由。问题是采取什么样的方式既可保证公民的自由表达权不受公权力的干涉又能避免自由表达权的滥用？除了1990年和1996年出台的《广播法案》，英国没有一个综合性的全面的新闻法。约束新闻活动的法律原则和规范散见于广泛的法律、规章和判例法之中。在实践中，涉及到对言论自由权作出限制的法律有《1996年诽谤法令》、《藐视法庭法令》、《保守秘密法》、《1989年国家秘密法令》、《1959和1964年的淫秽出版物法令》、《1978年的儿童保护法令》等。这些法律法规的具体内容在本书报业法规部分已经详述，在此不再重复。尽管有法可依，在英国媒体行业，更多的是采取行业自律的方式，法律作为国家意志的体现，是最终的解决办法。有关广电行业自律的具体内容将在下文详细阐述。

学者们通常认为，实现媒体为公共利益服务的过程中，公共垄断是对言论自由的最大限制，而媒介所有权的多样化则是言论自由权的有效保障。在通过所有权模式，保证言论自由权方面，《欧洲人权公约》第10条严禁国家对广播电视的垄断。[①]在英国，除了英国广播电视公司（BBC）和第四频道（广播电视公司），所有的媒体都属于私有。虽然英国历届政府大多支持媒体行业应由私人投资、私人所有而非政府推动发展的观点，但也并不一味地支持私人拥有媒体。英国法律还对公司主导媒体市场的权利作了限制。无论是报业、电台还是电视台，都不允许只受控于一家或少数几家机构，否则将削弱媒体为公众提供多样的信息的能力。法律规定，任何个人或公司所控制的报纸的日发行量如果超过了50万份，没有政府的许可，该个人或公司将不能拥有该报纸的所有权；某电视台的观众如果超过了观众总人数的15%，依据法律，任何个人或公司都不能拥有该电视台的许可证。[②]这种所有权的多样化一方面保证了公众选择的多样化，另一方面也保证了市场竞争规则，在调整媒体市场的同时，提供高质量的免受商业因素影响的公共广播电视节目。2003年修订的《通信法案》也重新规定，为了保护传媒业的多样性，鼓励投资和竞争，如果两家公司的兼并严重损害了传媒多样性，政府将由首相发布命令禁止其兼并，

① 参见 Informations Verein Lentia v. Austria 1991.

② Perry Keller, The Media in Britain, P.8, The British Council, 2001.

或者有条件地批准，并且规定通信办公厅（Ofcom）每三年对市场结构进行一次评估。

第二节　依法监管趋向统一

英国广播电视监管体系的构成可以根据资金来源简单地从纵向上划分为BBC的独立监管体系和其他以广告收入维持的电视台监管体系。这两大体系的主要区别除了法律基础上的根本区别以外，商业电视的监管相对多于对电视广告的监管这一主要模块。从横向上看，则可以分为立法和执法监督两大系统。英国政府负责制订相关法律法规，对广电媒体的发展和从法律的角度加以规划。国会颁布的法律由多个独立的监管机构来执法监督。在这里，笔者将首先从横向上简述政府在广电行业监管方面的作用和意义，然后对公共服务电视和商业电视的监管体制分别介绍。由于机构名目繁多，广电监管法规更是浩如烟海，笔者将以主要机构和主要法规为例进行介绍。

一、以法律引导传媒发展

英国广播电视监管系统现有的立法机构是1997年工党政府上台后建立的文化、媒体和体育部（Department of Culture, Media and Sports，简称DCMS），其前身是保守党政府领导下的国家遗产部（Department of Heritage）。国家遗产部1992年继内政部之后接管广播电视管理。这项权力最初由邮政大臣（Postmaster General）行使。国家遗产部负责任命各管理机构的官员，监督政策的制订（有时和工业贸易部联合行使监督权）、讨论和通过。

英国政府在广播电视政策的制订和发展中起着举足轻重的导向性作用。很多政策直接影响到节目制作层面。任何一个重大结构性转变的酝酿和推出都要经历从专门调查委员会的研究报告到国会议案再到法案的过程。政府定期委任独立调查委员会，根据公众对广播电视的期望和未来发展对具体问题进行调查研究，并通过调查报告提出意见和建议。这些委员会在历史上对英国广播电视的发展产生过巨大的影响和推动作用。前文提到的彼金顿委员会、孔雀委员会和安南委员会都是很好的例证。

历史上影响重大的调查报告和国会议案

时间	名称	重要贡献
1935年	《萨尔斯顿委员会报告》（Selsdon Committee Report）	主要探讨电视的发展和当时存在的不同科技的优劣比较。
1945年	《汉克委员会报告》（Hankey Committee Report）	研究战后英国电视。
1949~1951年	《柏卫基委员会报告》（Beveridge Committee Report）	推动了《1954年广播法案》的颁布，为商业电视台的创立提供了法律依据。
1960~1962年	《彼金顿委员会报告》（Pilkington committee Report）	推动了《1964年广播法案》的颁布，为BBC 2频道的创立提供了法律依据。
1974~1977年	《安南委员会报告》（Anna Committee Report）	推动了《1980年广播法案》的颁布，为第四频道的创立提供了法律依据。
1982年	《亨特报告》	推动了《1984年有线和广播法案》的颁布，提议设立新的有线电视管理局监督有线运营商的选择和基本运转情况。
1986 年	《孔雀委员会报告》（Peacock Committee Report）	重新阐述了市场在广播电视领域的作用，反对BBC播出广告，提出制订年度份额，保证独立电视制作市场的发展和繁荣。
1990年	《1990年广播法案》（Broadcast Act）	重组了独立广电管理局（IBA），并更名为独立电视委员会（ITC），将原来的有线电视管理局并入其中，改组了独立电视台的特许经营公司选择系统。
1995年	重新修订的BBC《皇家宪章》（Royal Charter）	
2006年	重新修订的BBC《皇家宪章》（Royal Charter）	保证BBC下个十年的收视许可费，重新定义“公共服务电视”理念，规划数字时代BBC所要承担的职责。

二、传统监管机制概述

在2003年通信办公厅（Ofcom）正式行使权力之前，电视产业有两家主要监管机构——独立电视委员会（ITC）和广播电视标准委员会（BSC），而BBC则由

BBC理事会代表女王进行督导。2003年Ofcom成立后虽将过去的几个监管机构合为一体，但监管政策和体制并没有根本的改变。下面先介绍2003年之前的监管模式。

1. BBC的独立监管体系

BBC是在1927年依据《皇家宪章》建立的，《皇家宪章》是BBC的法制基础。《皇家宪章》规定了BBC的目标、宗旨和职责，并由女王亲自签署。除《皇家宪章》外，BBC和政府间签订附加协议，规定了BBC的编辑独立权，职责和经费来源。BBC向政府申请电视播出执照，并且要履行持牌人所应尽的责任和义务。该《宪章》主要确保BBC的节目能够满足各阶层观众的口味，但并不干涉具体的电视和广播节目制作。在实际操作中，规定了所有具体责任的《皇家宪章》附加协议，才是BBC真正的行为准则。

《皇家宪章》规定BBC的权利与责任，包括理事会组成、财务来源、成立宗旨等内容。已经成立80多年的BBC，从1927年颁布的第一份《皇家宪章》（Royal Charter）开始，认定独立自主为公共服务的立法基础，并以向公众收取收视许可费为经费来源。从1927年颁布第一份《皇家宪章》起，每十年审查一次。最近一期，2006年宪章审核的重点首次集中在BBC的公共服务角色、理事会的监督任务和对BBC所涉及的一些商业行为等细节问题上。随着《2006年白皮书》的颁布，现有宪章审查工作已经告一段落。

BBC由一个12名执政官组成的理事会（Board of Governors）代表公众管理各项事务。理事会成员由政府提名，女王亲自任命。理事会是其最高权力机构，对外全权负责，对内聘任总经理与专业经理人，同时肩负经营治理（Governance）与监督管理（Regulation）的功能。理事会负责任命BBC总裁和其他管理层的负责人。通常，BBC内部管理层对BBC政策和节目编排有决策权，理事会只起最终授权和事后评价的作用。然而，自20世纪70年代以来，理事会的角色日益主动，80年代曾一度引发BBC内部的深层改革。

在保障公共服务性方面，根据《皇家宪章》的规定，BBC建立了一系列的机制，旨在反映公众的需要，确保对公众负责。根据章程第12条的规定，成立了北爱尔兰、苏格兰和威尔士三个广播理事会，同时在英格兰的各个地区成立地区咨询理事会。这些理事会的功能在于为BBC提供有关地方事务的意见，反映当地观众的利益，保证不同地区的文化在BBC节目中得到适当的关注。

2. 商业广播电视监管系统

其他以广告为主要收入的电视台，受独立电视委员会（Independent Television Commission，简称ITC）和广播电视标准委员会（Broadcasting Standard Commission，

简称BSC）的管理。到1990年为止，各商业电视特许经营台每年向独立电视/广播管理局缴纳年费来维持其正常运作。除此之外，这些商业电视特许经营台还需向英国国家财政部缴纳税款。这两项金额，曾一度高达其总利润的 66.6%。ITC前身为独立电视委员会（ITA）。ITC与BBC不同，ITC拥有节目的播出设备和播出权，但它本身不制作节目，它主要负责监管独立电视台和其15个地区特许经营公司，负责全国新闻和早间节目的公司（负责独立电视台全国联网部分的节目编排）、第四频道、第五频道、有线、（信号发自英国的）卫星电视和模拟数字电视的日常管理。[①]节目制作由这15家公司负责，2家负责伦敦地区，剩下的13家各自负责其覆盖范围内的地区。基于这两大系统的不同性质，监管机制也有所不同。目前的英国广播电视管理主要依据《1990年广播法案》和《1996年广播法案》。2003年通信办公厅成立后，重新修订了《广播电视行为准则》，但基本还以1990年和1996年制订的两大法为基础。

独立电视委员会通过行政指令、警告、罚款和年度报告等形式，确保其所辖电视台履行各自义务。独立电视委员会的职责由《1990年广播法案》制定。和BBC理事会类似，独立电视委员会也由12名理事组成。这12名理事都由政府任命。独立广播管理局的主要职能有以下四点：

●建设、经营转播平台

●指定独立节目制作公司，并颁发特许经营执照

●指导节目有关事宜

●监督广告播出情况

另一个政府机构——广播电视标准委员会（BSC），主要负责处理因电视台或电台不公正的行为引起的申诉案件。BSC是1996年由政府和广播电视企业出资成立的，是英国唯一的监管所有广播电视服务领域的组织。BSC由13名委员组成，所有委员都由英国政府文化、媒体和体育部任命。BSC对议会负责，每年要公布它的工作报告。BSC制定有关广播电视内容标准以及涉及公正问题的行为指南。BSC在此基础上主要负责处理这两种类型的争议：任何公民在看到或听到某个广播电视节目后，认为涉及到暴力、色情、不良语言或其他有关节目的品位等问题时都可以投诉到委员会；只有那些在节目中涉及到直接利益的当事人才能提起有关公正和侵犯个人隐私权的投诉。BSC可以举行听证会来处理争端。一旦BSC决定支持投诉，广播电视商必须通过广播电视或在报纸、杂志上公布委员会的处理结果。BSC没有权力在

① 详见IBA Act of 1973.

节目播出之前审查节目内容。所以，BSC的处理方法是事后的纠正，被投诉方一般都遵守委员会的决定。

英国广电传统上并不推崇单一媒体政策，由单一政府部门和官员管理。这就导致了英国至少有30家不同的公共机构参与媒体政策的制订。这些监管机构通常也根据需要自己制订行为准则。独立监督机构有权在各电视机构违反行为准则和非法的情况下吊销其营业执照。在英国，国民也对媒体管制的参与非常热衷，经常会有人通过写信或打电话的方式向有关部门举报或投诉。虽然不同观众会有不同的标准，但是一旦相关投诉比较集中，有关主管部门就会对相关媒体作出相应的处罚，甚至交由法庭裁决。

第三节　电视广告监管：依法保护消费者利益

英国政府对广告的管理主要是制定法律。英国广告监管的最大特点，就是广告法律法规健全，规则清晰，标准透明，易于监管。英国是市场经济体制比较完善的国家，它的广告监管法律体系比较完善，特别是广告标准非常细致，操作性很强。英国是世界上第一个通过广告法规来加强广告管制的国家，1907年颁发的《广告法》是世界广告发展史上最早的比较完整的广告法。该法规定禁止广告妨碍娱乐场所、公园、风景地段的自然景色。1952年修订版规定凡涉及乡村风景、公路、铁路、水道、公共场所及任何有历史价值的建筑物等场所，均禁止张贴广告。1972年又增加了禁止广告装饰车辆行驶街市等规定。英国广告管制法律法规包括判例法和成文法两种，而以判例法为主。以成文法出现的法律法规中大约有40多个涉及限制、管理或影响广告的内容。比较重要的有《公平贸易法》、《儿童与青年法》、《食品和药品法》、《消费者保护法》、《版权法》、《诽谤法》、《商标法》、《独立广播电台法规》、《消费者信用法》等。

英国将广告分为三大类，一是非广播电视类广告，二是广播广告，三是电视广告。2003年以前，对这三类广告，都有依法设立的专门机构进行监管。广告标准局（ASA）负责制订和执行《英国广告和营销准则》，监督所有非广播电视类媒体广告，即电影、录像、文字新闻、杂志、招贴、传真、邮件、推销和非广播电视类电子传媒广告。广播管理局（BA）负责制订和执行《广播广告和赞助准则》。独立电视委员会（ITC）负责制订和执行《独立电视委员会广告业行为标准准则》，监督规范电视广告。目前BA和ITC制订广告行为准则的职能由通信办公厅（Ofcom）

替代。然而广播电视广告稿或电视广告样本的审查还是由行业机构——电视广告审查中心（Broadcast Advertising Clearance Centre，简称BACC）负责。

长久以来，英国的电视广告管理规则，其实是以一系列对全国观众进行的调查、研究，以及和无数从业者的广泛沟通为基础发展而来的，不仅适用于3个全国性商业电视台，也包括了数百个有线、卫星、数字商业电视频道的广告。英国所建立的电视广告管理的基本方针就是：广告不应误导观众，不应造成深层或广泛的愤怒情绪，也不应导致伤害，尤其是对儿童或其他易受伤害人士的不良影响；节目和广告之间应有明确的区分，所以观众知道什么时候看到的是节目，什么时候是广告。以下将就广告时段和一些具体广告播出要求展开讨论。

一、广告时段上的规则

大部分英国观众喜欢收看的电视节目是电视连续剧、纪录片以及新闻和谈话类节目。这些时间段的广告市场当然也成为广告商家和制作公司角逐的战场。但英国严格限制广告的插播时间。电视台和广告商只有到节目“适合中断”时才能插播广告。无论广告多精彩，也不能突然中断正常节目插播广告，因为这会让观众很难接受。各大商业电视台也不想这么做，因为这会让高价买来的节目的质量和收视率大打折扣。

在英国，三家全国性商业电视台因同时肩负着“公共服务”的使命，在有关广告时段方面的限制，比有线、卫星等“纯”商业电视台严格得多。每一个广告时段最长不超过3分50秒，这当中一定要包括与正规节目明确区别的影像和音响设计，而且商业广告的播出不得超过3分半钟，为其他节目招徕观众的节目促销广告则不能超过20秒。不过，如果节目制播单位能够提出充分理由的话，通信办公厅（Ofcom）对于以上规定将会作适度的弹性处理。在全国性商业电视频道里，一个节目通常要连续播出20分钟左右，才能出现一个广告时段，除非情况特殊（例如是30分钟的节目，或者是一个现场直播的体育类节目，则广告空当或有可能提前播放，但务必选择在正规节目自然告一段落的时刻，才能插播广告。就一个长达120分钟至149分钟的节目来说，无论独立电视一频道（ITV 1）、第四频道（Channel 4）或第五频道（Channel 5）一共都只能播出5个广告时段。以ITV 1、Channel 4和Channel 5一整天的播出时间计算的话，则其广告总时数均不得超过每小时7分钟的平均值，同时在任何一个小时之内，也都不应有总长超过12分钟的广告时间。

在所有的商业电视频道中，某些节目是完全不准插播广告的，例如：16岁以下的少儿节目中或宗教仪式的转播、英国王室的正式典礼或重大场合、为学校制播的教学节目、节目长度少于30分钟的儿童节目，以及国会开会的现场转播等。晚间9时被称为英国电视的“分水岭”（watershed），也就是说，每晚9时以前所播出的节目，都应以适合全家观赏为宜，成人性质的节目应该排在晚间9时之后播出，因此每晚9时以前，任何电视频道都不得播出儿童服用成药、维生素或其他食疗补品的广告，也不得播出安全套的广告。

在这一点上，小甜甜布兰妮代言的香水品牌电视广告在英国铩羽而归，就是最好例证。2004年美国化妆品品牌伊丽莎白雅顿公司推出一款名为“好奇”（Corious）的香水，并由布兰妮代言该品牌。在这段30秒的电视广告里，布兰妮独自在旅店中幻想着相邻房间里的俊美男模，然后镜头直接切换成两人欢爱的情景，最后回到布兰妮仍旧独自一人的镜头，让观众无法判断刚才的一切是真实发生的，还是仅仅存在于布兰妮的想象。英国电视广告监管机构独立电视委员会认为，这段广告充满了性暗示，很容易对年少的观众产生不良影响，因此责令这则广告不得在晚间7时半前的电视节目中播放。

英国的广告各个广告监管环节都有严格的监督，尤其是涉及儿童、金融、药品、营养品、慈善、宗教等领域的电视广告行为规范都严格入微。首先，金融、药品等等广告必须经过英国独立电视委员会下属的广告监管委员会的逐条批准核对。画面字幕上的内容有严格的法律规定，就连银行政策中的利息、汇率都要注明是税前还是税后纯利息，不允许以模糊的信息误导消费者。2003年英国独立电视委员会（ITC）禁止苹果公司的一个关于G5的广告播出正是出于这个原因。

另外，什么样的商品广告可以播出，在英国也有严格的限定。英国负责电视广告监管的独立电视委员会不仅对各类商品是否可以做电视广告有明确的规定，而且对具有不同功能的同一类商品在做电视广告问题上也有不同的规定。其中对医药广告文字的规定就有36条50多款，涵盖医药、治疗、保健、营养和食品添加剂五大类。法律还规定任何电视机构不得受理具有治疗酒精中毒、脱发、受孕测试、催眠等病状的广告。任何药品不得面向16岁以下的观众。滋补品、纯天然一类我国电视广告中司空见惯的词均不能出现。英国各大小医疗协会机构以及代表学科前沿的大学博士点，为医药类电视广告出具证明或代言是不被允许的。其实这种做法反而提高了医药广告主在其领域的权威性，而且增强了广告的有效性。英国任何地市级电视机构在受理广告之前必须就其内容征求适当而独立的医学专家的意见，包括与产品的营养、医疗或者预防作用有关的内容，进行讨论论证。而且独立电视委员会有一个由著名顾问组成的咨询小组，来对所有医药广告进行监控。

二、立例保护青少年

由于英国社会治安问题日渐严重，青少年犯罪案层出不穷，英国政府决定借助媒体改善这一局面。最近，英国对广告宣传有了新的约束。有关烈性酒、色情诱惑、易对青少年造成身体伤害的运动广告将被排斥在电视广告之外。为减少肥胖，英国政府2005年酝酿推出一项新政策，禁止各家电视频道在晚上9时之前播放任何“垃圾食品”广告。食品广告中，不得表现对某食品食用过量的镜头，不得出现购物车里面塞满同一种食品的广告，甚至不得有描述儿童夜间食用糖果的镜头。

在英国的电视广告中，酒类产品占据了相当大的比重，因此针对酒类的广告规定细致入微。首先，新的广告规定明确表明：酒类广告绝对不能有引诱青少年饮酒或者酗酒的内容，将酒与性联系在一起的广告必须绝对废除。粗暴无礼、仗势欺人、惹是生非的画面不允许出现。甚至在电视广告上开酒者给在场的所有人添上一杯的画面也是被禁止的。酒能乱性，各种暗示喝酒可以促进性欲的语言和动作不允许出现在电视广告中。虽然将酒与浪漫气氛连在一起还可以打擦边球，但是这样的广告也只能限于绅士般的对话，而且异性距离至少6英寸，面部表情或者那些暗示性活动的身体动作不能允许。按照英国新的电视广告规定，男女可以眉目传情，但绝不可以出现男女间相互性感接触的画面。

如此之严格的规定还在继续收紧，《广告行为标准准则》指出：在将来的电视和电台广告中，那些年轻的体育名人、宠物甚至卡通人物均要从酒类广告中清除。虽然这么做的结果会使酒类广告在英国的创意空间大打折扣，但迫于社会责任的压力，这种不断严格的规定一直延续到今天。

英国人爱好体育，也崇拜体育明星，像足球明星贝克汉姆等人上电视做广告是家常事。但是绝对不允许以“我推荐”、“我信赖”一类的凭借个人名气的直述或直荐出现，以免误导受众。而现在为避免造成青少年的意外伤害，极限体育的广告也不允许在电视上播出，如有关滑板运动的广告就在被禁止的范围之内。

第四节　超级监管机构（Ofcom）横空出世

为适应媒体平台逐步合并的局面，英国政府决定将原有的五个通信传播领域的监督机构合并成为“超级监管机构”——通信办公厅。通信办公厅依据《2002年通信法案》设立。2003年，英国新《通信法案》（Communication Act）经过17天激烈争论和500多处修改后，在上议院获得通过。依据这部法律，通信办公厅成为最高的电信管理机关，取代原来5个部门：广播电视标准委员会（BSC）、独立电视委员会（ITC）、电信办公室（Oftel）、广播管理局（R Auth）和广播通信代理局（RA）。随着《2003年通信法案》的生效，通信办公厅正式行使管理权。

大卫·高夫（David H Goff）对这部新法从经济学角度进行了分析。从目的上看，他认为，这部新法律旨在促进英伦三岛通信业的竞争、投资的增加，使之变成世界上最具活力和竞争力产业。从渊源上看，他认为，冷战结束促进了包括传媒在内的经济全球化，为了保证本国或本民族在全球化进程中取得竞争优势，越来越多的国家为了刺激投资、促进创新、增强竞争而放松了政府管制，尤其使欧盟及其成员国自20世纪90年代以来成为这场运动的领头羊。

Ofcom 既不是政府的一个组成部分，也不是民间组织。Ofcom 直接对议会专门委员会（该议会专门委员会同时负责贸工部与文化、媒体和体育部的有关事务）负责，而不需对内阁大臣或政府部长负责。财务上，Ofcom 只接受国家审计办公室的审计和监督。这样使 Ofcom 独立于政治，高度透明并具有延续性。政府无权干涉Ofcom的监管工作，仅在有关无线电频谱的国际事务中，Ofcom需要与贸工部一起，处理有关事务，如出席有关无线电国际大会。

Ofcom的组建过程、组建后的详细职责，都事先有立法来规定和指导。Ofcom 行政的主要法律依据是议会制订的《2003年通信法案》和其他九个法案以及欧盟的相关指示。其中，仅《2003年通信法案》就有411条（每一条有若干款），赋予Ofcom共260多项不同职责，比原来5个不同领域管理者的职能之和还多出130多项。

作为超级监管机构，通信办公厅的职权非常广泛，涉及所辖各产业的所有业务。它的法律责任是通过推动竞争和保护消费者不受有害内容侵犯来扩大消费者和公民的利益。它的主要责任涉及：颁发运营许可证，开展研究工作，设定政策法规和行为规范，处理投诉和监督竞争。通信办公厅更以提供大量咨询著称。和原有的几个监管机制相比，通信办公厅致力于建设更为开放，更有公信力，更能接受公众和业界的批评意见的监管机构。

Ofcom的基本任务是：通过一个能够促进竞争的管理体系，进一步提升公民消费者的利益。为了实现这一基本任务，Ofcom重点做好以下方面的工作：平衡多种选择和竞争，培育多种选择，提高公民知情度，保护观众、听众和消费者，促进文化多样性；随着信息产业进入数字时代，服务公民消费者的利益；通过促进竞争，满足创新者、创造者和投资者的要求，从而繁荣市场；促进电子媒体和信息网络的进化和发展，使消费者普遍受益。

作为新成立的职能强大的电信监管机构，Ofcom为自身制定了如下基本原则：要根据一个统一协作并公开审议的年度计划来进行管理，有明确的政策目标；仅在有明确法令规定前提下，为了达到一个公众政策目标而单独靠市场调控又不能实现的情况下，才采取必要的干预措施立足于在不需要对信息领域进行任何人为干预的前提下开展各项工作，但是要具备在必要时进行鉴定、及时并有效地干预的能力；努力确保其干预自始至终是基于证据充分、程度适中、连贯一致、负责任并且公开透明；始终努力寻求牵涉面最少的管理机制来达到其政策目标；不断地研究市场，努力保持有最前沿的技术性理解；在向市场引入管理规定前，要广泛征询所有相关单位的意见，并要评估管理行动所带来的影响。

Ofcom的庞大职责范围内，涉及广播电视管理的部分可以简单概括为咨询（Consultations）、处理节目投诉（Programme Complaints）和颁发运营许可证（Licensing）三大部分。

这里所说的咨询就是就一些政策的草案广泛征求各方意见。通信办公厅认为咨询所得的信息和证据是正确决策的有效保障。通信办公厅一般通过在其网站上公布所需咨询的文件全文或缩写稿向公众征求意见。以2006年《皇家宪章》重修过程为例：政府先提出一个征求意见稿，称为“绿皮书”，政府参考各方意见之后再发表修改稿“白皮书”。“绿皮书”和“白皮书”都发表在Ofcom网站上，公众和文件涉及的各方均可以自由发表意见。咨询时间一般是10周，这个阶段结束后，通信办公厅会在其网站上全文发布所有反馈意见和信息（除机密文件以外）。通信办公厅还要将所有咨询的意见总结成一个正式文件，作为制定政策的依据。

作为广播电台和电视台的监管机构，通信办公厅负责处理公众对节目的投诉。通信办公厅收到投诉后，通常会向播出单位索要一份复印件。通信办公厅根据事先规定好的针对该广播电台/电视台的行为标准来判断被投诉节目是否符合准则的规定。通信办公厅同时会要求被投诉的单位就投诉的问题作出回复。如果通信办公厅初步判定节目违反了准则的要求，被投诉广播电台/电视台仍有申诉的余地。通信办公厅最后将对该项投诉作出裁决。

2004年6月，通信办公厅收到成立后的第一桩投诉。有24个观众对福克斯电视主持人约翰·吉布森（John Gibson）提出投诉。原因是约翰·吉布森在节目中就BBC事件发表评论，称BBC“沉迷于反美情绪，不诚实，并且缺乏理智”。约翰·吉布森同时说：“BBC自以为有权撒谎，为了保护撒谎的记者还有权否认撒谎。”

约翰·吉布森还攻击事件主角安德鲁吉利根说他在节目中“坚持称伊拉克部队英勇地击退士气不佳的美军”，而BBC不但不自我反省，还坚持说自己的记者有权夸大事实，因为BBC知道这是一场错误的战争，因此所有反对这场战争的证据都理应是正确的。有不少观众对约翰·吉布森的此番言论相当反感。他们抗议吉布森对BBC的不公正指责。经广泛调查，通信办公厅裁定吉布森对BBC的指责内容是不真实的，因此通信办公厅裁定福克斯公司提供节目时段让BBC就吉布森所说的内容进行辩驳。

通信办公厅的另一项主要职责是负责管理通信信号（电磁波）的分配和向广播电台/电视台颁发运营许可证。目前通信办公厅频发运营许可证的程序仍沿用传统监管机构ITC的做法，这一程序将来有可能被修改。

一、 Ofcom和BBC的关系

Ofcom成立后，涉及英国电视系统的监管格局有所改变。如前文所述，2003年以前，BBC有独立于其他商业电视台的监管系统。两大系统的法律基础和监管机制大相径庭。Ofcom成立后，在媒体平台逐渐合并的条件下，BBC的很多业务也已超出了传统电视监管系统的范畴。因此超级监管机构的介入也有其合理性。通信办公厅和英国广播公司的关系在《2002年通信法案》，尤其是第12条中有详细规定，《英国广播公司协议更正》（Amendment to the BBC Agreement）中也有记载。

Ofcom在广播内容、竞争模式、独立制作内容和自创内容的额度分配等一些涉及整个电视产业平衡的事务上有权监管BBC。尤其针对黄金时间新闻、时事和地方节目的传播效果和份额方面，如果BBC的表现低于2002年的水平，Ofcom有权要求BBC理事会提供合理解释。BBC需要和Ofcom出台的节目制作和其他一些针对整个产业方向性的准则保持步调一致。在行业竞争方面，Ofcom有权依照《竞争法》对BBC的相关行为进行监管。Ofcom有权在BBC违反规定的情况下处以25万英镑的罚款。

总的来说，Ofcom并非BBC的总体监管机构。Ofcom对BBC的监管主要在产业层面上，性质上将更多的是大方向上的。Ofcom并不凌驾于BBC理事会之上。2003年凯利事件后，工党内部曾有人提出将BBC全面纳入Ofcom管理范畴之内，此举立即导致BBC理事会成员以提出辞职的方式抗议。所以，Ofcom的成立并没有影响BBC理事会继续作为BBC的最高监管机构。

二、从“双头垄断”到放松管制

英国广播电视管理模式的与众不同不仅体现在BBC的存在和“公共服务”传统上。在商业模式方面，也是独树一帜。一直到1982年第四频道开播以前，英国广播电视系统都是由BBC和ITV两家电视台“双头垄断”的。尽管商业电视早在20世纪50年代就在英国出现，但是独特的双头垄断模式使得媒体的发展免受经济竞争的影响。在广播方面，地区性的垄断也有很长的历史。

从BBC、ITV到第四频道的创立，英国广播电视从纯粹的公共服务开始取得了商业突破和文化创新。首先资金源突破了收视费的单一渠道，除广告外，还增加了收费电视、电视商业活动税收。这些不同渠道彼此之间没有竞争。每一时期都有新的节目形式出现，探索如何更好地和观众交流。这些有益的探索都不同程度地推进了电视的社会意义和商业价值。第四频道的创立，更是极大地推进了英国社会少数民族人口的社会认可度。公共服务电视理念因此而得到不断的充实。①

随着《1996年广播法案》的生效，1997年第五频道的成立和天空卫视在英国市场的全面成功，英国电视市场的竞争日益激烈，国内市场的竞争很大程度上已经超出了政府所能掌控的范围。频道数量的增加和观众争夺战的加剧，各种管制和监督机制也面临新的挑战。要促使英国电视产业抗衡全球市场，更是要全面加强各电视机构的竞争力，并鼓励发展电视旗舰。虽然英国不同时期的政府对广播电视监管的理念不尽相同，从严格的双头垄断到天空卫视在英国市场的长驱直入，英国广电管理政策的放松管制趋势显而易见。通信办公厅的成立更好地体现了媒体多平台发展的趋势。

2000年12月，英国政府发布了题为《通信的新未来》的通信白皮书。白皮书强调在数字时代政府有放松管制的必要性，同时保护公共广播电视的发展对于英国政府有着特殊的意义，同时白皮书在内容上同样放松了对商业电视网的限制，并赋予商业电视网自我发展的权利，这主要体现在商业电视网在新闻采编上的变化。

从市场准入的角度看，英国新通信法律终止了“许可”制度，进入英国通信、广播、电视、网络等市场不再像以前那样提交申请，只要向通信办公厅报告自己的意图即可。但是，为了防止市场操作，法律要求通信办公厅制定“重大市场支配力

① James Curran and Jean Season, Power Without Responsibility: Te Press and broadcasting in Britain (London and New York: Routledge), 1998, p. 302.

量”（significant market power）标准，以期防止市场份额被少数企业控制；如果发生此类情况，必须要求有关企业承担额外义务，并采取包括控制价格、成本定价等措施促进竞争。2003年9月，通信办公厅已确定18个专门市场有重大市场支配力量存在，于是与公平交易办公室一道采取措施，促进通信业竞争。

从市场结构的角度看，英国新《通信法》放松了对传媒所有权集中的管制。原来规定，除英国广播公司外，每家广播电视公司拥有的英国观众量不能超过15%，报纸发行量不能超过20%的市场份额。《1996年广播法案》已经放松了这方面的限制：一家公司拥有的市场份额可以超过15%。在这种法律精神鼓舞下，企业兼并加剧，广播公司由16家合并成2家。2001年12月，英国文化、媒体和体育部部长泰莎·乔尔（Tessa Jowell）重申了对媒介所有权的规定：每一个电视频道的市场份额都不得超越15%，同时现存的跨媒体规定不变，即任何一个媒体所有者在三种媒介市场不得分别拥有超过20%的受众，在两种媒介市场分别占有率不得超过30%，但拥有报纸20%的市场份额就不能同时拥有无线电视或广播。2003年新《通信法》进一步放松了这方面的管制。默多克的新闻集团在英国拥有5家全国性报纸，占英国报纸市场的37%。根据新的《通信法》，将来除了默多克集团可以购买ITV以外的商业无线电视台之外，迪斯尼、维亚康姆等跨国集团，因为不拥有英国报纸，可投资英国家无线电视的空间更大。

即使并不算完全解除限制，在这个传统上几乎被视为神圣不可侵犯的（无线电视）领域的让步，在英国境内一度引起相当激烈的反对意见。放松无线电视股权限制的《传播法修正案》是由执政的工党政府提出，但反对的声浪也起自工党内部。修正案在经下议院表决通过后，却在上议院被阻拦。英国的上议院对法案虽没有决定权，但却可以通过程序进行阻挠，拖延时间。上下两院意见相左时，通常会以政治协商方式寻求妥协折中。

2003年5月间，英国上议院针就是否应放宽无线电视股权持有限制进行辩论时，社会上的正反两面意见也激烈交锋。英国独立无线电视台（ITV）总裁司徒亚特·普来博（Stuart Prebble）评论指出：“（如果英国政府最后允许默多克集团进入无线电视）这将是电视史上最大的错误之一。因为根据过去经验，默多克将无所不用其极地运用无线电视台来宣传其旗下其他媒体。未来转播足球赛，观众会在第五频道（目前默多克最可能买到的无线电视台）看到开始罚球的镜头，然后就必须付钱才会知道罚球的结果”。“英国政府似乎允许默多克来决定修法走向”，普来博非常尖锐地指出工党政府在这次修法中的致命伤。

经常在《卫报》上撰写媒体评论的威斯敏斯特大学（Westminster University）

传播学教授斯蒂夫·巴奈特（Steve Barnett）对工党政府的批评也很直接，认为媒体所有权应该多元化，而工党政府在此次修法过程中“显然偏向其财团盟友”。或许是某种未曾言明的默契，默多克旗下的《太阳报》传统上都倾向支持保守党，但在近年来对工党布莱尔政府的施政方针却相当捧场。

在为政府的修法立场辩护时，文化、媒体和体育部部长泰莎·乔尔对外指出，英国的媒体已经被“过度管制、过度保护太久了”，她说：“为什么法国、意大利、德国公司都可以有英国无线电视的股权，但澳洲或加拿大的公司就不行。意大利前总理贝卢斯科尼可以买无线电视股权，为何AOL就不行？”工党政府显然想改变过去与欧陆国家单独分享无线电视经营权，而排除美洲、澳洲等地区的局面。为了让新法顺利通过，泰莎·乔尔最后与上院普特南爵士（Lord Puttnam）达成政治妥协，同意今后任何重要的媒体股权转移案，都必须通过一项“股权多元性审查”（Plurality Test），由Ofcom根据公众意见及公共利益来做决定。

第五节　行业机构不可小觑

一、广播电视广告许可中心（BACC）

英国电视广告是由Ofcom依法监管的（2003年以后，之前是独立电视委员会）。Ofcom授予播出执照的同时，要求所有持牌电视台都必须遵守Ofcom制订的有关电视广告标准的细则。并且Ofcom有权对不能遵守规定的电视台处以罚款，严重时可吊销播出执照。根据《2003年广播法案》的规定，Ofcom有权将其部分职责委托其他机构承担。针对广告引起的争议和投诉，Ofcom授权广告标准局（ASA）调查和仲裁。

前文提到，英国电视广告的相关法规林林总总，对任何一个电视台、广告商或广告公司来说，完全了解这些规定并非易事。为了严格遵守播出执照的条款，并给各广告商和广告公司提供服务性的咨询，各大电视台联合出资组建一个专门机构——广播电视广告许可中心（BACC）。BACC的运作资金来自10个商业电视台按季度缴纳的审核费。所有全国范围内播放的电视广告，除了少数地方电视台的广告以外，都要事先送BACC颁发播出许可。BACC为10个商业电视网和上千个广告代理商服务，每周审核的广告片多达千余条。

BACC提供两项主要服务：一是对电视广告拍摄前的广告稿提供咨询，二是对最后电视广告成品进行播出前的审查。尽管对广告稿的咨询不做强制性要求，但BACC成员普遍表示这项服务很有必要。经BACC审查过的广告几乎都不许修改，顺利拿到播出许可，只有一小部分需要少量修改。2004年，BACC处理的广告稿达28,320条，广告成品达43,066条。

BACC作为行业机构，主要是在广告播出前提供行业范围内的服务。BACC在广告播出后的争议中，并没有仲裁权。2003年底，苹果公司推出新款个人电脑Power Mac G5，并在电视广告上宣称是"世界上运行速度最快、最强大的个人计算机"，该广告播出后惹恼了不少AMD支持者。据称有8位AMD支持者投诉该广告。ITC在其官方网站上发表声明称，没有足够的证据能够支持苹果公司广告中所声称的"世界最快、最强大的个人计算机"，该广告对消费者起到了误导作用。ITC表示，已经有一些AMD用户提出抱怨，称"广告中所做出的结论只是基于有限的试验，而这些试验是基于苹果公司为了得出最好的结果而特别配置的电脑，因此其结论不具有普遍性。将这样的结果用于广告宣传中，无疑是对消费者的误导"。

那么这样的广告当初是如何被允许播出的呢？据BACC称，其第三方独立的IT专家曾对苹果的广告提出过质疑，但苹果公司给予了满意的答复，因此该广告得以获准播出。"苹果公司提供的证据表明其有关试验是由第三方操作的，因此是公平合理的。"但是广告播出后，遭到AMD支持者的反对，迫于压力，BACC重新对该广告进行了审查。由于广告商解释的理由有很强的技术性，独立电视委员会责成BACC的有关专家进行进一步调查。该专家的调查报告指出，苹果公司提供的试验数据并不是来自第三方机构，而且"G5的运算速度和现有最好的英特尔工作平台不相上下"。独立电视委员会因此认为，苹果公司没有证据证明G5是现有的"最快，最强大的个人电脑"。独立电视委员会同时强调，计算机的升级速度和标准的多样性更加令人质疑苹果公司广告语的可信度。独立电视委员会提醒BACC一定要对如此绝对的宣传用语找到确凿的证据。经过一系列调查，独立电视委员会最后认定苹果公司提供的证据并不充分，该广告应立即停播。

英国电视广告的监管除法律条例这一基本依据以外，在很多情况下是BACC根据主观标准来裁决。这些主观标准包括：社会风尚和人们的审美情趣、政治偏好等等，往往和这个国家的文化品位、社会习俗甚至政治气氛密不可分。因此在对电视广告禁播与否的裁定上有时也颇有争议。

2003年初，独立电视委员会停播了一组ITV 1台2002年圣诞录像的广告片。该广告是动画片制作公司2DTV制作的一组讽刺漫画。在其中的一个短篇中，布什总统拿出一盒录像带说："这是我最喜欢的，快放进录像机里看看吧。"说完，他拿起录像带朝烤面包机里放下去，录像带很快就烤焦了。BACC裁决认为，该广告在没有经过其允许的情况下质疑了总统先生的智商，因此有冒犯布什总统的嫌疑。这套动画片中的另一部讽刺贝克汉姆的片子也因此被禁播，因为片中贝克汉姆问他的妻子："维多利亚，你知道如何拼写DVD吗？"

该动画片的制片人杰尔斯·皮尔布劳（Giles Pilbrow）解释说："认为冒犯布什总统是BACC一厢情愿的解释。幽默和调侃是我们的饭碗。并且动画片本身比该广告更具讽刺意义，但是片子本身并没有受到独立电视台的任何质疑。"我们的律师看了广告片之后认为没有到"冒犯"的地步，并且认为即使是法庭判决，也不会构成"冒犯"。因此他认为BACC不加解释地滥用权力。杰尔斯·皮尔布劳就反问BACC如果该广告讽刺的是本·拉登或者萨达姆是否同样会被停播，答案是"会"。

BACC负责人对该决定作出的解释是："任何人都有权不受商业利益的剥削。"独立电视委员会的一贯信条就是：电视广告应该受到严格限制，因为它是每个家庭的"不速之客"。独立电视公司广告监管条例之一即"在没有本人允许的情况下，目前仍在世的人的个人形象不应被以绘画或漫画的形式出现在广告中"。

二、英国节目收视率调查机构（BARB）

英国电视产业发展成熟，相关的收视研究制度也十分完善。英国的收视调查资料主要由Broadcaster Audience Research Board Limited（简称BARB）提供。20世纪70年代，BBC（British Broadcasting Corporation）与ITA（Independent Television Association）因为收视调查的争议问题达成协议，同意成立一个双方都同意且接受的收视调查组织，BARB因此于1980年成立，提供收视率和收视质量的调查资料。到目前为止，其组织成员包括BBC、独立电视台、第四频道、第五频道、天空卫视、广告从业者协会（The Institute of Practitioners in Advertising，简称IPA）等电视台或卫星电视频道。BARB的组织成员必须每年缴费，以支付收视调查的费用。

BARB同时提供定量和定性分析的节目调查资料，其中定性研究提供节目品质的资料，称为电视观众反映服务（TV Audience Reaction Service）；定量研究提供节目收视率等资料，称为观众测量服务（Audience Measurement Service）。

1. 收视率调查（Audience Measurement Service）

BARB虽然提供收视率数据与资料，但它本身并不进行收视率调查，而是委托

RSMB电视研究有限公司（RSMB Television Research Limited）和泰勒·尼尔森·索福瑞（Taylor Nelson Sofres，简称TNS）两家公司进行。BARB把收视率调查的工作分成两部分，其中RSMB负责样本户部分，包括基础调查（Establishment Survey）、样本户的更新维护与控制等，TNS 则负责资料搜集工作，包括人员测量仪（people-meter）的提供与安装、资料搜集与统计分析等。

英国收视率调查采用人员测量仪（people-meter）作为搜集资料的工具，样本户总共有4485户，为了反映总体的结构，负责样本维护与控制的RSMB电视研究公司每年要进行一次4万人规模的基础调查。根据调查结果对样本进行调整与控制，以便使样本能够充分地代表总体。

TNS的人员测量仪比第一代人员测量仪的先进之处在于，它不只安装在电视机上，还安装在录像机、有线电视、卫星电视机顶盒上，样本户的家庭成员与来访宾客，在使用以上视听媒体之前，必须按下遥控器上特定的按钮，以进行身份登记。在收看过程中，人员测量仪会记录下所有收视情况，包括开机、关机、转台、收看的频道以及看录像机时快进、倒带、录像等，到夜晚将所记录的数据通过电话线，传回到TNS公司的资料库中，以进行各种统计分析。TNS公司使用的最新技术的人员测量仪则更具备了对数字电视的监测功能。

2. 定性节目研究（TV Audience Reaction Service）

BBC从1941年开始进行广播电台听众的喜好调查，所以英国是最早进行广播节目品质研究的国家。在电视出现之后，BBC以不同的概念进行广播与电视节目的品质研究，在广播部分使用“反映指数”（Reaction Index），在电视部分则用“欣赏指数”（Appreciation Index）。

“欣赏指数”是独立电视局（Independent Broadcasting Authority，简称IBA）和BARB所共同研究的节目定性研究方法，主要用于鉴定节目品质。“欣赏指数”从20世纪60年代开始用于英国BBC节目定性研究，并发展出“观众反映评估”（Audience Reaction Assessment，AURA），同时使用“兴趣”（interest）、“享受”（enjoy）两个层面来进行节目评估。所谓“欣赏指数”有六个等级用以测试观众对节目的看法。这六个等级包括：极度有趣／享受、非常有趣／享受、颇为有趣／享受、普通、不大有趣／享受、完全无趣／不享受。“欣赏指数”演变至90年代，修改成0到100分的计量工具，也就是请受访者依自己对节目的欣赏程度由0至100分打分。一般而言，英国节目的“欣赏指数”最低约为50分，最高约为88分。

负责节目品质研究的BARB也善用进行收视率研究的4485个样本户，BARB鼓励这些样本户的成员提供关于节目品质的意见。另外，BARB长期针对16岁以上的成人，以及4~15岁的儿童对节目品质的意见，进行固定样本连续调查。成人的样本数高达3000人，每周均进行一次调查，儿童样本为1000人，每四周进行一次调查。在收视率部分，英国收视率调查采用人员测量仪（people-meter），不过英国采用样本户的控制和资料汇集分开进行，避免了一家公司暗箱操作的可能。

英国电视产业的行业机构名目繁多，在此不做一一介绍。从以上BACC和BARB的例子可以看出，行业机构的设立和发展体现了英国电视行业逐渐成熟和自律的发展趋势。虽然和报业相比，广电行业有截然不同的监管理念和机制，可以笼统地概括为报业自律、广电官律，但是英国电视产业的成熟和发展离不开行业自律机制的完善和配套行业机构的发展。尤其重要的是，广播电视作为一种受人尊敬的职业，如何形成和发展一套独立的行业道德规范体系。在以下几章里，笔者将以具体案例详细介绍公共电视台和商业电视台的自律机制。

第三章
英国广播公司（BBC）——当代公共服务电视的典范

【本章提要】

虽然BBC和商业电视台的主要区别在于它的公共服务性，但本章不再赘述前面两章讨论的公共服务电视的特点及争议。本章的讨论依然以“公共服务性”这一特征为基础，用新闻改革和数字化革命的具体事例阐述BBC如何特立独行于商业电视台之间。

本章的上半部分以BBC历史上最近一次发生的凯利事件为主要线索，探讨BBC独立于政治的公共服务传统，历史上与各届政府之间的历次摩擦及由凯利事件引发的BBC新闻采编制度改革和董事会改革。

本章的下半部分以数字化革命为主线，讨论了英国数字化进程中涉及的商业垄断危机和推广新技术新观念等主要问题以及BBC作为公共服务电视台在这一进程中的重大贡献。

约翰·瑞斯在20世纪20年代初创办BBC时，这位20世纪最著名的媒体巨人与独裁者之一（他的性格与丘吉尔相当类似）笃信尚还极度幼稚的BBC肩负着像英国皇家艺术院、英格兰银行这样机构的崇高使命。他坚持认为BBC的广播节目是用来教育而非娱乐英国人民，它接受政府的补贴，却不能听命于政府。

作为唯一的、由国家设立的广播机构，BBC因为在20世纪三四十年代，尤其是“二战”期间的杰出报道，获得了几近不朽的声誉。“二战”爆发后，BBC做了许多激励人心鼓舞斗志的节目。在国家的危机时刻，人们守在收音机旁，倾听丘吉尔的演说与前线报道，它影响并包容了整个国家的情绪。1943年，由一些具有丰富经验的记者成立了战争报道组。这些节目和报道为BBC赢得了诚实的声誉。战争结束时，它已经在用世界上40种语言向全球播出。据说当时任希特勒宣传部长的戈培尔听着节目曾咬牙切齿地说，BBC广播是对欧洲的侵略！

虽然英国第一家商业电视台ITV在1955年成立，打破了BBC对英国电视市场的垄断，但一直到20世纪70年代末，BBC的地位从未遭受到商业电视广播真正的挑战，BBC在世界范围内几乎具有无人匹敌的影响力。这一影响力即使是在1982年CNN创立以后也没有被颠覆。当代杰出的知识分子爱德华·萨义德（Edward Said）高度赞扬BBC的新闻立场说，BBC意味着值得信赖。

BBC成长的过程也是其节目不断创新的过程。20世纪30年代，BBC创作了大量新形式的戏剧、喜剧和音乐。1932年，开辟了“帝国服务节目”，邀请国王乔治五世作了首场广播演讲。1936年，BBC开设了世界上第一家高分辨率的固定电视频道。1937年，又通过电视首次实况转播了英王乔治六世的加冕礼和温布尔登网球赛，当时被称为“小奇迹”。1953年6月2日，BBC播出英女王伊丽莎白二世加冕礼，掀起了第一次电视高潮。在20世纪60年代，BBC利用当时包括调频立体声、彩色显像管、数字技术在内的一系列技术革新走出因苏伊士运河战争的报道而受政府压制、收视率下降的阴影。90年代中期，BBC推行“制作人抉择”的理念，赋予制作人更多的自主权，自由选择公司内外资源，使公司内部形成市场化氛围，增加了多样性和灵活性。

步入数字时代，BBC又扛起推广新技术新观念的重任，一方面成功阻止了天空卫视对英国数字电视市场的垄断，另一方面为英国成为世界上数字化最迅速的国家作出了重大贡献。总而言之，BBC在新闻理念和准则上不向政府屈服，在利国利民的数字化革命中又和政府精诚合作，被学者称为当代公共服务电视的典范。

BBC台标及总部大楼。

BBC 历史大事记

时间	事件
1922年	英国广播公司成立，约翰·瑞斯担任第一任总裁。最初的收视许可费为10个先令。
1927年	英国广播公司根据《皇家宪章》重新组建。
1929年	英国广播公司首次试播电视。
1932年	伦敦BBC总部广播大楼（Portland Place）落成并投入使用。
1936年	在伦敦亚历山大宫正式启动世界上首套定期播出高清晰电视节目。
1938年	电视新闻首次出现，但当时还没有图像。
1939年	“二战”开始，电视停播。
1946年	电视节目重新恢复，并首次推出儿童节目。
1950年	35万人拥有电视和收音机的联合收视许可证，1200万人持有收音机的许可证。
1953年	电视直播女王伊丽莎白二世的加冕典礼，成为历史上的第一次。
1954年	300万人持有联合许可证。女王加冕礼的直播直接促使许可证持有人数在不到三年的时间里增加了250多万人。天气预报员首次出现在电视上。
1955年	彩色电视机开始测试。95%的人口拥有电视。独立电视台在伦敦地区开播。
1957年	面对学校的电视节目开播。
1960年	伦敦电视中心（White City）落成并投入使用。
1964年	BBC电视二台开播，并开始使用彩色信号。
1967年	BBC广播一台开播。原有广播电台改称广播二台、三台和四台。
1969年	BBC电视一台采用彩色信号播出。
1974年	常规BBC文字信息服务（Ceefax）开播。
1982年	第四频道成立。
1983年	早间电视开播。
1986年	日间电视开播。
1990年	广播五台开播，提供体育和教育节目。
1991年	BBC世界电视开始运营。
1994年	广播五频道 Radio Five Live 实播替代原有的广播五频道。
1997年	BBC推出新闻24小时和在线新闻服务。第五频道成立。
1998年	BBC推出第一个数字频道——BBC 选择。
2002年	BBC推出新的数字频道：BBC四台，少儿频道 CBBC 和 Cbeebies，BBC 6音乐台，BBC 7台，BBC亚洲网，广播一台特别节目和广播五台的体育实况转播特别节目。
2003年	BBC 3台成立，取代BBC选择。
2006年	BBC将退出数字化教学服务，帮助学龄儿童在线学习。

第一节 杰出创始人奠定基石

21世纪的管理科学无一例外地将领导者对公司影响的研究列入重大课题之一，而在媒体领域BBC这个创建于20世纪20年代的“老古董”和它杰出的奠基者约翰·瑞斯却早已把这一课题演绎得淋漓尽致。

BBC的创始人约翰·瑞斯据说其貌不扬，脸上还因战争留下的子弹疤痕带着永久的怪相，他的苏格兰口音更是让人不敢恭维。这样一个外貌远不够理想的人物却是典型的理想主义者。他33岁创立BBC，从一开始他就要求所有播音员必须在麦克风前着正装，尽管听众并无法看到他们。他的纯粹的理想主义当然不仅仅拘泥于这些细节。他创立BBC的初衷，就是要成立一个有独立声音的媒体，不受政府或任何一方政客的制约。除娱乐节目之外，他要求BBC播放高雅音乐、辩论、文学和宗教节目。BBC最初成立的时候是一个商业公司，是崇尚苦行修炼的加尔文主义者瑞斯将他变成了神圣文化“十字军”。这就是公共服务理念的起源。英国历史学家艾伦·泰勒（Allen J.P. Taylor）曾经说：“瑞斯用残酷垄断的方式将基督教的道德观念深深地烙在每个英国人的身上。”有人开玩笑说，他将自己的意志强加于员工的能力也许与他的彪悍体形不无关系。为了跟他对视，他的手下不得不站在楼梯上跟他争论。丘吉尔本人曾戏称瑞斯是“呼啸山庄”。瑞斯的管理风格正如他私人日记里记载的那样充斥着欺压。缴送瑞斯的文件在他批阅之后总是批满了“垃圾”、“笨蛋”、“撒谎”等批语。瑞斯自大、傲慢而且毫无幽默感，而另一方面，像其他的夸大狂患者一样，他有些神经质和自怜自哀。

瑞斯认为BBC应该凌驾于任何政治和政客之上，新闻媒体应该公正、独立地报道事件的真相。在1926年英国全国大罢工期间，当时的财政大臣温斯顿·丘吉尔（Winston Churchill）强烈要求BBC听命于政府，只报道官方信息，却遭到瑞斯的严词拒绝。后来，来自政府的压力越来越大，瑞斯不得不统一播放当时的首相斯坦利·鲍德温（Stanley Baldwin）的广播讲话。就是这篇广播讲话决定性地扭转了局面，最终解决了罢工。瑞斯深信他在这次罢工中保持了BBC的独立性，然而无论丘吉尔还是他的追随者们都不

BBC创始人约翰·瑞斯(John Reith)。

能原谅瑞斯最初的铁面无私。12年以后，约翰·瑞斯被迫辞职，被“发配”到皇家海军任职，后在“二战”中又被降职到海军法庭工作，从此再没有担任过重要职位。

约翰·瑞斯其貌不扬，固执且缺乏幽默感。他近乎滑稽的理想和抱负使他看到了广播电视这项新技术强大的威力和不可限量的未来。后来的人们仍感谢他首创的公共服务理念，称他为BBC公正、独立和高水平的节目制作打下了坚实基础。然而瑞斯的命运似乎也预示着桀骜不驯、一身正气的BBC也许根本无法赢得这场媒体与政治的博弈。

第二节 BBC与政治的博弈

2005年，BBC为纪念反法西斯战争胜利60周年，特别摄制了有关日本天皇裕仁的纪录片，片中根据史料判断，裕仁“身体残疾、性格扭曲”，并称日军在“二战”时用毒气杀害270万中国人。该片遭到日本右翼的辱骂，可是BBC《时间回眸》节目发行部主任助理约翰·阿什沃斯（John Ashworth）却坚定地表示，既然BBC投入经费制作这个节目，就一定会继续下去，节目在2005年8月中下旬按既定时间播出。

类似上面的例子，在BBC历史上不胜枚举。自创立以来，BBC就不愿意片面迎合某种人群的偏好或是某些流行的观念，而是时时处处具备自己的个性。正是基于“公众服务”的理念，BBC在财政和制作理念上都离不开一个“公”字，但BBC的视角较为独特，它并不认为凡事都与政府保持一致就是最好的支持，而是认为保持民主、平等、独立等“价值观”，才是展现英国地位的最佳方式。从某种程度上讲，BBC建立的基础即是对政治的排斥。在政府占据“硬实力”制高点的同时，BBC正在以英国实际上的“软实力”创造者和价值观捍卫者自居，成为政府宣传的很好的补充形式。

虽然如此，自BBC成立之初就有人担心BBC会沦为政府的宣传工具。原因是BBC有两个软肋直接在政府的掌控之中：一是BBC的董事会人选由政府来提名，二是每10年一次的《皇家宪章》修订由政府主持。换句话说，政府有决定取消其收视许可费的权利。按理说，BBC应该更多为政府说话。事实却并非如此。实际上，BBC常常受到历届政府的指责，说它有违反国家利益和反政府政策的偏见报道。BBC自创办以来，就和政府之间冲突不断，历届政府都跃跃欲试地想在BBC头上动刀子。伦敦城市大学新闻系主任罗德·艾伦（Rod Allen）表示：“与其他任何事情相比，每个（英国）政治家最想驾驭的就是BBC。”他说，“他们可以收买那些具有政治倾向的报业主或其他类似的媒体，唯独BBC强悍得有如政治家一样难以驯服。”一般说来，政治家们都仇恨这点，而且是绝对的仇恨。正是源于这样的仇恨，BBC同英国政府的冲突从来没有停止过。而在BBC的历次重大变革的背后，也都隐约闪现着政治的幽灵。

在政治和市场的双重重压之下，BBC在过去的20年间一直在进行着痛苦的转型。20世纪80年代，商业媒体蓬勃发展，信息革命风起云涌，给BBC带来巨大冲击。BBC的行动迟缓导致公共服务制度的正当性开始遭受更多的质疑，人们批评它过于傲慢与效率低下。当时英国保守党首相撒切尔夫人认为，BBC缺乏资本主义的效率，更有“左倾”成分，因而希望让BBC私有化、商业化。然而分析家认为，保守党政府当时所面临的政治压力也许是撒切尔夫人改革BBC的真正原因。

首先，BBC在马岛战争的报道，特别是在报道中坚持称英国军队为“英军”而不是“我军”的做法激怒了铁娘子。撒切尔政府曾指责BBC破坏英国的战争计划，时任BBC董事会主席的阿利斯特岩・米尔恩（Alistair Milne）还因此被传唤至议会并遭数落，并因此险些背上卖国贼的罪名。1983年大选报道中，一名观众在电话提问中严词质问撒切尔夫人发动战争，导致“贝尔格拉诺（Belgrano）号”战舰被击沉。而BBC在播出时，并没有把该片断剪辑掉，因此更是惹祸上身。除此之外，对北爱问题的报道和对政府处理北爱问题立场的批评更是进一步激化了双方的矛盾。

1985年BBC制作的纪录片《真实的生活》从普通人生活的角度反映了一个新芬党徒的日常生活和家庭状况。撒切尔夫人看过此片后，下令启动“播出限制”。这意味着，每当有恐怖组织成员出现的镜头，他们的声音必须被过滤掉，并由演员来代替。此举显然没有影响到公众对这些人的兴趣。但是对BBC来说，无疑是莫大的羞辱。不仅说明在这场权利争夺战中政府的权利得到彰显，更重要的是BBC高层最终还是屈从于政府的压力。

从某种角度讲，这是一场针对宪法所不曾清晰分配的权利的争夺战。BBC要坚持自己公正的立场和全面报道的权利，这种权利从另外的角度看就是赋予各种声音说话的权利，就是允许新芬党、极端分子和爱尔兰共和军也发出自己的声音。政府则要争夺压制某种声音的权利。在政府看来，给予话语权无疑就是无声的支持。撒切尔夫人有句名言：“宣传（Publicity）就是恐怖主义的氧气。”1984年，保守党大会期间，撒切尔夫人和丈夫躲过了爱尔兰共和军在其下榻宾馆埋设的炸弹。铁娘子对北爱问题的忍耐力至此也达到了极限。

到了20世纪80年代末，当时执政的工党也认为BBC走的是精致文化路线，与工党本质不符。其次，在政治信仰上，布莱尔信奉“第三条道路”，即经济上推崇自由市场，将自由经济模式视作国际典范。而BBC作为一个国有公营的媒体，在“布莱尔们”看来，显然就不那么顺眼了。另一方面，以布莱尔为代表的英国新的政治利益群体同商业（在媒体业界来说则是以默多克为代表的传媒大亨们）的联姻，也是英国政府拿BBC开刀的重要原因。在英国媒体市场，那些传媒大亨想得到什么，那么BBC就可能失去什么。

20世纪八九十年代英国主要两大政党都不支持BBC。最后在多方妥协之下，政府宣布成立第四频道（电视台），主要服务小众，并以文化多元及政治社会自由为依附，财务则与商业电视台ITV的广告互相搭配。这样，市场增加了一个竞争者，才保住了BBC公共电视的地位。

BBC在历史上几次关键场合，都曾采取与政府不尽相同的立场。1940年，温斯顿·丘吉尔在出任英国首相后的一周内就致信英国新闻部，要求加强对BBC的监管和控制。1956年，苏伊士危机期间，时任英国首相的罗伯特·安东尼·艾登曾经一度准备冻结BBC的海外服务权。1986年，时任保守党主席诺曼·特比特严厉指责BBC在“美军空袭利比亚”一事上的报道失真。他当时批评BBC说：“我并不是想欺负或者故意贬低BBC，我是想提醒他们，在需要讲原则的时候应坚持原则。”1999年，BBC驻前南首都贝尔格莱德国际新闻资深编辑约翰·辛普森（John Simpson）曾被政府指责“为塞尔维亚人说话”。时至21世纪，历史又一次重演，随着2003年英美对伊拉克战争的打响，一场没有硝烟的战争也在英国国内拉开序幕。BBC的公信力经历了历史上最严峻的考验。

第三节　凯利事件震撼世界媒体

作为发动伊拉克战争的根据，英国政府武器核查小组的报告指出，萨达姆的确拥有威胁世界安全的大规模杀伤性武器。而且还特别提到，伊拉克能在45分钟内部署部分大规模杀伤性武器。2003年，伊拉克战争开始后不久，英国最权威的武器专家凯利博士私下向包括BBC广播四台《今天》节目的安德

BBC记者安德鲁·吉利根（Andrew Gilligan）。

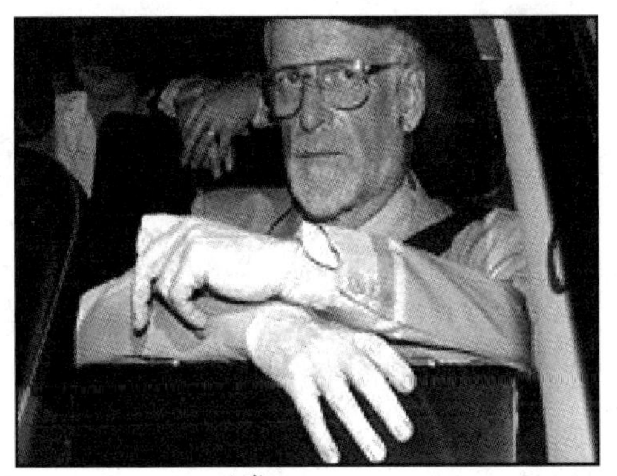

大卫·凯利博士(Dr. David Kelly)。

鲁·吉利根（Andrew Gilligan）和《新闻夜话》的苏珊·瓦特（Susan Watt）等几个BBC记者透露工党政府错误使用了关于大规模杀伤性武器的特工情报，“45分钟”一说是被夸大了的。这一消息通过BBC广播和《星期天邮报》公之于众，全国哗然。工党政府随即开始向吉利根调查消息的来源。凯利也因受到政府的压力对此深表不安。2003年7月18日，凯利出席外交事务委员会的调查三天后割腕身亡。公众和媒体普遍认为凯利是由于“承受不了巨大的精神压力”而自杀的。英国国防大臣杰夫·胡恩（Geoff Hoon）发表声明，宣布政府声明说，英国政府决定由审理过前智利总统皮诺切特一案的英资深法官霍顿勋爵领导一个独立调查组，立即对凯利死亡一事展开详细调查。

经过近半年的调查取证，霍顿勋爵于2004年1月28日在伦敦皇家高等法院公布了长达328页的最终调查报告。这份报告得出了以下结论：凯利是自杀的，没有牵涉第三者；英国广播公司（BBC）记者吉利根，指责政府在有关伊拉克武器的情报文件中做手脚的报道是“没有根据的”；BBC高层对吉利根报道的审查是有问题的；凯利会见记者超越了其工作权限；凯利自杀是因为失望和心理压力过大。

对于凯利事件，霍顿调查为英国政府开脱了一切罪责，对国防部做了轻微批评，却把矛头全部指向BBC。《霍顿报告》作出的结论对BBC非常不利。报告公布的当天下午，53岁的BBC董事会主席戴维斯即宣布了辞职决定。他的下台也被外界认为标志着久负盛名的BBC将面临其成立82年来最严重的一次危机。同一天，BBC总裁戴克也宣布辞职。第二天，临时任命的董事会代主席赖德爵士（Lord Ryder）拉下脸在电视上发表了“卑微的道歉”。隔一天后，风波的始作俑者、BBC记者吉利根也黯然离去。2月1日，BBC董事会考虑集体辞职，后被劝阻。

《霍顿报告》的公布让布莱尔成了最大的赢家。但多份民意调查表明，大部分英国人都要求“政府对伊拉克动武的证据”进行独立的公开调查；而在野的保守党也表示，准备向议会提交动议，对英国为何跟随美国卷入伊拉克战争进行调查。BBC认为政府不应随便使用纳税人的钱卷入战争。随着时间的发展，BBC再从监督政府的角色出发，发现布莱尔政府出兵伊拉克的不合理性，此时布莱尔政府弱势的一面无所遗漏地展现在受众面前，这里包含英国工党与保守党的矛盾、美国与英国间的国家利益趋向的矛盾等等。

一、《霍顿报告》偏袒政府，各界哗然

英国各界对《霍顿报告》的反应不一。政府方面，《霍顿报告》为BBC引来了朝野强烈的抨击。霍顿勋爵报告不但谴责BBC未能对记者的相关报道加以核实，称其新闻编辑工作也存在缺陷。他认为，对于像吉利根这种有关政府的报道，编辑应该在广播以前就对其措辞进行仔细斟酌；而且英国在野的保守党领袖霍华德也指出，BBC独自订立章程的理由从来都不是充分的，其董事会不能既对该公司进行管理又为自己订立章程。另有议员认为，三人的辞职不足以对凯利事件负责。

英国《星期天泰晤士报》2004年1月31日首次公开了BBC前总裁格雷格·戴克（Greg Dyke）在几个月前写给首相布莱尔的一封私人信件。戴克在信中批评首相新闻办公室经常向媒体"隐瞒实情"。英国舆论认为，这封信件无疑令公众对《霍顿报告》的可信程度更加怀疑。戴克在2003年3月21日写给布莱尔的信中说："在我担任总裁职务期间，由坎贝尔先生领导的唐宁街新闻办公室曾多次拒绝后被证明属实的新闻报道，我至少可以举出半打相关例证。作为政府媒体公关事务的负责人，他（坎贝尔）否认消息并非因为不是事实，而纯粹是唐宁街不希望被报道出来罢了。"尽管他在信中明确谴责英国政府对有关伊拉克战争的报道存在"威逼"和"胁迫"的"不公正待遇"，但负责调查武器专家凯利自杀事件的高级法官霍顿却对这一抱怨"置之不理"。英国广播公司方面也证实说，霍顿在进行司法调查的过程中从未理会过戴克的这封信函，这说明布莱尔政府的确曾就此事件施加巨大的政治压力。

戴克在2004年1月30日表示，他认为霍顿的调查报告"缺乏平衡，有错误"。他强调说："我对报告内容感到非常惊讶。很明显，政府中几乎所有的人都得益于它的判断，而英国广播公司则无人受益。"1月31日，几千名英国广播公司职员集资并签名，在英国大报中发行量最大的《每日电讯报》上做了一整版广告，支持戴克在担任英国广播公司总裁期间所坚持的新闻报道原则。他们在广告词中宣称："格雷格·戴克代表了勇敢、独立的BBC新闻理念。该理念一向指导我们无所畏惧的追求事实真相。我们坚定不移地相信，BBC为追求真理而调查真相的决心不应受到任何束缚。戴克以他的热情和正直引导我们制作最精良的节目和创意。我们为他的离去感到遗憾，但我们会继续坚定地延续他所取得的成就和他的新闻独立的信

念，不遗余力地把公共服务放在首位。”31日傍晚，200多名不满《霍顿报告》结论的抗议者还在唐宁街首相府外焚烧了《霍顿报告》，要求就英国政府对伊动武证据展开公开调查。

据《星期天泰晤士报》在2004年1月31日公布的最新民意调查结果显示，多达55%的英国观众认为《霍顿报告》有为政府“粉饰”过失的嫌疑。另有54%的受访者支持就伊拉克战争相关情报的真实性重新进行调查。在《星期天邮报》进行的民意调查中，后一比例更高，达61%。英国几家全国性报纸也评论说，《霍顿报告》为政府文过饰非。右翼报纸《每日邮报》发表社论说：“我们面对的现实是，当BBC主席不幸辞职，爱利斯特·坎贝尔（Alistair Campbell）却站在他的粪堆上洋洋得意。我的勋爵，难道这个判决真的用事实说话了么？”《每日快报》以“霍顿文过饰非，疑问悬而未决”为题，暗示《霍顿报告》没有涉及问题的核心，即布莱尔政府发动战争的理由是否证据确凿。另一方面，左翼报纸《卫报》和《每日镜报》等平时虽支持工党，却反对伊拉克战争，并对吉利根的反战立场表示同情。

默多克在英国的媒体从来对有着不同游戏规则的BBC不吝批评，希望可以动摇BBC的公共经费支持政策，从而进一步扩大其在英国的媒体王国。BBC此番遭到政府的打压，在某种程度上来讲是偶然中的必然。默多克及其旗下的《太阳报》、《泰晤士报》和《世界新闻报》素以BBC为敌，讨好政府，在BBC与政府乱战之时，一律倾向政府，向BBC这位同行发难，在BBC危难时刻更是落井下石。当BBC在凯利死后公开承认凯利确实是BBC的消息来源后，《世界新闻报》指责：“对BBC的傲慢自大就没有什么限制了吗？BBC应该对凯利之死负责。”默多克一箭双雕，不但打击BBC，降低它的收视率，使它的报道不再为英国人所信任，而且能够讨得英国政府的欢心。这些对于他抢占英国传媒市场的制高点将会产生重要的影响。

也有很多人认为，毫无疑问，英国政府对伊拉克开战的理由是建立在错误的信息之上的。试图指出这一错误的人为此失去了生命，而发动战争的人却没有一个人对他的死负责。与之相比，BBC所受到的打击实在是过于严厉。[①]英国媒体业界有人认为，如果严格按照《霍顿报告》的要求，英国的调查性新闻将受到钳制。因为随着英国媒体在商业化和煽情的道路上越走越远，更需要一个像BBC这样没有偏见、消息灵通并广受信任的新闻和最新消息来源。凯利事件对于BBC的形象确实造成了潜在伤害，因为它提出了一个问题：BBC作为一个新闻机构，是否依然值得信赖？

① Cornor Gearty, ‘A misreading of the law’, London Review of Books, 19th Feb 2004, p.3.

不过从目前英国本土的反应来看，这种伤害现在看起来还没有那么严重：大多数人仍然对BBC信任有加，甚至很多人认为在这件事情上，英国政府和英国的情报部门应该受到更多的批评。

二、BBC做错了么?

凯利博士当然是这一事件的牺牲品。到底是谁应该为他的死负责，当然值得我们关心。然而更另人担忧的是媒体在战争和政治事件的报道中是否应该质疑，是否有权质疑。英国学术界和媒体业界更多人担心的是BBC在凯利事件前后所承受的来自政府的压力，包括BBC董事们所受到的攻击。政府更是利用十年《皇家宪章》即将到期这一事实来威胁和恐吓媒体。BBC董事会主席凯文·戴维斯在2003年 7 月23日的《每日电讯报》发表文章揭露说政府的恐吓是严重而卑鄙的。[①]彼得·霍尔（Peter Hull）在《卫报》上发表文章说媒体报道的准确性诚可贵，而媒体的自由价更高。他批评说，在远离公众视线的地方，为确保BBC的独立性，宪章所规定的BBC和政府的平行关系正在被政府不断地无情践踏。[②]还有学者批评说，BBC的职责在《皇家宪章》中有清楚的规定，然而就政府和BBC之间的关系，却没有任何清楚的规定。很长时间以来政府和BBC之间的关系是基于一种模糊的共识。正是这种模糊的共识使得他们之间的关系在商业和公共服务领域显得越发不合时宜。[③]长期的研究和观察表明，无论是对待其他公共服务行业还是BBC，英国政府的表现都明显地忽视了它的职权范围。[④]

霍顿调查的结论之一——任何新闻如果面临截稿时间和不准确的新闻细节双重压力都是有问题的。可是又有多少新闻报道不面临这样的问题呢？这种结论引起了新闻记者对自己两难境地的深刻思索。[⑤]吉利根在新闻报道中出现不准确信息，这是任何一个好的新闻记者在揭露重大新闻事件的时候都早晚会出现的问题。况且事实早已证明，吉利根的报道是接近事实真相的。1972年，美国《华盛顿邮报》记者鲍勃·伍德沃德（Bob Woodward）和卡尔·伯恩斯（Karl Burns）在揭露水门事件的

① Gavyn Davics, ‘these threats to the BBC are serious and sinister’ Daily Telegraph, 27 July 2003.

② Peter A。 Hall, ‘Media accuracy is vital, but its freedom is even more so’, the Guardian, 17 January 2000.

③ Martin Sims, ‘government pressure meets intransigence from BBC’, Intermedia, December 2003.

④ Georgiana Born, Uncertain Vision (London: Secker & Warburg, 2004), P.457.

⑤ Peter Wilby, ‘Baghdad burns while London spins’, New Statesman, 25 August 2003.

报道中也曾出现重大偏颇[①]，然而这并没有影响他们获得普利策奖，并成为20世纪最出名的记者。而且至今是谁给他们提供了线索都还是一个谜。事实在于，这些重大的历史真相得以大白于天下，这就是作为记者的最大成就。然而几十年以后的今天，同样是在提倡新闻自由的西方国家，吉利根却没有这样的好运。

霍顿的报告同时批评了BBC的新闻编审制度。他说，记者的报道应该是负责任的，但是BBC编审制度也出了问题，对于如此重大的新闻，在吉利根有关报道播出之前，没有编辑审查过其内容，更没有任何人查阅过吉利根的采访笔记。消息源也是值得质疑的一个问题。在工党政府和BBC的争执中，前者认为BBC仅仅凭一个未经证实的消息来源就对政府进行如此严厉的指责是不妥当的，而后者却回应说，这个指责不是BBC做出的，而是其消息来源做出的，尽管是一个消息来源，BBC作为公共广播公司，也有义务进行反映和报道。

英国威斯敏斯特大学传媒系教授斯蒂芬·巴奈特（Steven Barnett）为在某些特殊情况下采用单一消息来源的做法辩护。他在《卫报》上撰文说，在国防和安全这些容易触犯保密法的领域中，记者很难找到愿意开口讲话的消息人士，但这些领域又特别需要新闻监督。不过，一些传媒业的评论家批评说，BBC近年来为了与同行竞争，为了抢独家新闻，常常牺牲多消息来源的原则。

事实上，政府对BBC关于战争的报道不满已久。在战前的报道中，由于民众的反战情绪高昂，政府指责BBC的新闻报道有反战的偏见，有不够客观公正的嫌疑。而一项关于英国媒体伊拉克战争报道的研究表明，BBC的报道基调虽无法和支持战争的默多克的天空卫视相比，却也远不及很多真正反战和反政府的媒体。BBC的报道采用了大量英国和美国官方和军方的消息来源，相对很多其他媒体较少涉及伊拉克的无辜百姓。在这种争议事件面前，BBC采用的是一种谨慎的实用主义，主要利用随军记者的优势重点关注战争进程，而不是对战争本身进行太多评价。在伊拉克战争的报道中唯一的破例，就是对伊拉克是否有大规模杀伤性武器的质疑。因为

① 鲍勃·伍德沃德和卡尔·伯恩斯曾经回忆说，他们在对水门事件的报道中曾经出现过偏颇。他们曾经报道说委员会掌握有一笔30万美元的贿赂专款，用于帮助总统二次入主白宫，而且这笔资金掌握在 Haldeman手中，并称一名证人已经就此向水门事件的陪审团作证。然而第二天早上在CBS的新闻节目中，他们却亲眼看到主持人拿着话筒对着该证人的嘴问他：“《华盛顿邮报》说你作证了，是真的么？”没想到该证人却否认说：“没有。”此言一出，全城哗然。伍德沃德和伯恩斯说，那时他们第一次被指责在报道中犯了错误。后来证实贿赂专款的数目是75万美元。

BBC显然比任何其他媒体都有资格对此进行质疑。①

布莱尔政府对媒体的高压控制已经引起英国公众的不满。2003年，专门负责调查滥用媒体进行政治宣传的菲力斯调查委员会（Phillis Inquiry）成立。菲力斯调查委员会的报告指出，政府或政客和媒体及公众三方出现全面信任危机。这场危机的关键是由于公务员丧失了公平公正原则，政党宣传和政府工作界限不明。这样就形成了一个政府和媒体互相指责的恶性循环。②

BBC前总裁戴克曾经信誓旦旦地说：BBC的天职就是“与政府对抗”，而不屈从于政治压力和“媚俗的市场需求”，不是讨好观众，“我们要让公众知道，BBC不是星巴克咖啡连锁店，更不是可口可乐，它所报道的新闻不是可以任意出售的商品。”而目前BBC的代理总裁马克·拜福德（Mark Byford）也承认“BBC的独立性在国内外都正面临紧要关头”，不过同时他又认为BBC“没有受到政治压力，也没有商业压力，更不会因此失去独立性”。但是，英国政府手中毕竟掌握着BBC的经济命脉，在新自由主义思潮波涛汹涌的英国，缠绕在这个具有83年历史的西方模范传媒脖子上的绳索似乎正在慢慢收紧。在客观和平衡的报道上，BBC究竟还能走多远？

第四节　全面改革应对挑战

《霍顿报告》出台的时候，正是在BBC《皇家宪章》即将在2006年重新修订的紧要关头。现行的英国广播公司特许证书于2006年12月到期。政府在2005年大选之前已开始对BBC特许证书的细节进行讨论，并就收费问题进行广泛深入的公众辩论和征求意见——一改以前续订的（续订10年）传统做法。《霍顿报告》对BBC的无情打压更是预示着政府也许会借重修《皇家宪章》之机对BBC进行报复：或将BBC纳入倾向工党政府的Ofcom管辖，或取消收视许可费制度。能否在2006年《皇家宪章》修订前在公众面前重新树立正面的形象，BBC面临如何调整新闻制度及董事会治理两大难题，加上永无休止的收视许可费之争，可谓雪上加霜。

---

① Justin Lewis and Rod Brookes, ‘how British television news represented the case for the war in Iraq’, in Stuart Allen and Barbie Zelizer (eds.) Reporting War: Journalism in Wartime, London and New York: Routledge, 2004.

② The Phillis Report, An Independent Review of Government Communications, London: Cabinet Office, January, 2004, p.2.

2003年底的凯利事件不仅使得前任董事会主席、总裁双双离职，启动BBC内部大规模的检讨改革，也引发外界对BBC是否仍能维持不受政治干预的独立自主的忧虑。在《霍顿报告》公布之后，英国政府决策官员认为，BBC董事会犹如拉拉队兼裁判，与经营层关系太密切，轻忽了董事会也有管理的责任。这也使得在这次《皇家宪章》审查时，董事会功能与角色成为审查重点。包括是否在董事会外另设立外部管理机构，或由2004年成立的广电主管机关Ofcom来管理BBC，都成为可能选择。

《皇家宪章》审查有一套缜密的流程，自2003年12月起，英国政府文化、媒体和体育部（Department of Culture, Media and Sports，简称DCMS）扩大公众咨询范围，历经各种质化与量化的公众意见调查，2003年9月任命伯恩斯勋爵（Lord Burns）主持独立审查小组，进行系列深度研讨。其中，收视费与董事会改革就是两大攻防战场。伯恩斯勋爵主持的独立审查小组不仅向DCMS建议废除BBC董事会，更建议另外成立公共广电委员会（Public Service Broadcasting Commission，简称PSBC）作为BBC的主管机构，清楚区隔BBC董事会肩负治理与管理的双重职能，而且如果BBC表现不符合公众要求，PSBC将有权从上层削去其财源，将经费分配给其他无线广电业者。根据英国媒体分析，独立审查小组主持人伯恩斯勋爵与英国首相布莱尔关系密切。而审查小组内包括亲商业媒体成员与自由经济学者两股势力，促成这项建议。

此议一出，BBC内部严阵以待。为了不让政府另成立主管机关，影响到BBC的独立性，BBC董事会主席迈克尔·格瑞德（Michael Grade）公开表示，若建议真被DCMS采纳，他将率领BBC反对到底，抗争不成就辞职抗议。另一方面，独立审查小组的改革建议也获得前BBC总裁伯特勋爵公开力挺。两方立场对峙，因此英国政府最终在绿皮书会提出什么版本的改革主张格外受到瞩目。

一、改革董事会

为了响应外界的改革呼声，在《皇家宪章》独立审查正式登场前，BBC新董事会主席迈克尔·格瑞德（Michael Grade）于2004年6月底，公布了BBC的董事会宣言《建构公共价值》（Building Public Value），从此启动各项内部检讨。除此之外，更有一个独立章节特别探讨治理BBC的董事会制度。过去80年，BBC依据《皇家宪章》，成为世界公共广播电视的经营典范，独立的董事会使得BBC免于政治与商业压力，赢得英国人民的信任，并成为生活的重要一部分。然而，如今外界期待管理监督更公开透明，BBC于是宣布将强化董事会的独立性，让董事会与经营层有更清楚的区隔，共有四个改革方向：

1. 董事会将另设独立治理小组（Governance Unit）：小组负责人由董事会任命，直接向董事会主席报告，成员则包含熟悉广电产业、新闻、经济、法律等各方面专业的人员，提供董事会评估意见，该小组人事任命由董事会全权负责，办公室所在地也与经营主管分开。除此之外，董事会也将经常性委托外部研究调查，借以评估BBC绩效。

2. 更严格与透明的审查机制：BBC属于英国公众，董事会最终的目标就在于监督公众资金能否发挥最高效能与效率，也因此推出新的评估控管制度，其中包括：

●每个新服务、新频道与重大变化，必须先通过董事会的“公共价值检验”（Public Value Test）：第一步检验其需要、成本与优势，第二步分析其个人价值（此服务所带来的个人利益）、公民价值（如有助于信息更完备的民主制度、提升教育水平与更多元的社会）以及经济价值（对广电产业经济的贡献）。提案必须通过这项检验才能执行。

●各频道与服务每年将取得董事会的“服务执照”（Service Licence）。

●设定年度预算、要求、绩效目标等，若有重大的变更须经过董事会同意。

●未来BBC年度报告将隶属于董事会，依据新的绩效评估架构，从触达率（Reach）、质量（Quality）、影响力（Impact）、投资价值（Value for Money）等四方面，要求经营团队提出报告，这也将呈现在BBC向国会与公众提出的年度报告中。

3. 加强履行公众托付责任与回应：除了通过以上所提系统化与严格的审查机制之外，每三到五年，董事会将委托进行大规模公共价值调查，样本将至少有一万名观众。此外，也将积极利用网络、数字电视等新科技，让观众的意见更直接地传达给董事会。

4. 加强BBC现有的各种咨询委员会：BBC十二位董事之中，有三位董事分别负责苏格兰、威尔士及北爱尔兰事务，并兼任三区广电委员会（The National Broadcasting Councils）主席。此外，还设有地方咨询委员会（The Local Advisory Council）、区域咨询委员会（The Regional Advisory Councils）等，现有超过60个以上的各种委员会，遍布全英国各地，确保BBC的服务反映各地观众的需求。

在BBC董事会所提出的《建构公共价值》的报告中特别指出，若将董事会监督管理职能移交给新成立的Ofcom，将减少英国广电主管单位的多元性。也就是说Ofcom成为英国广电事业的唯一主管机关。再者，Ofcom的角色偏重事后规范，无法像BBC董事会一样掌控目标与预算，完整地为公共利益负责。并且，任何在政府体系下的外部主管单位，都将缺乏BBC董事会现有的独立性。

绿皮书终于在2005年3月2日公布，虽然废除现行董事会制度，另成立“BBC信托”（BBC Trust），专责监督管理，却也拒绝了独立审查小组的改革建议。董事（Governors）改为理事（Trustees），其任命方式与原本董事会并无二致，依旧由英国政府依公职人员依照“诺兰原则”①（Nolan Principles）之无私、正直、客观、负责、公开、诚信、领导力等7项标准提名并由女王任命。原本预期会彻底解构BBC的改革压力，经过DCMS妥协性地化解。既未采纳独立审查小组的建议另设主管机关，也没有全盘接受 BBC提升董事会独立性的体制内改革。因此，英国《卫报》就有评论指出，这种改革的形式意义大于实质，是BBC的胜利，同时也赞扬文化、媒体和体育部部长泰莎·乔尔顶住了来自首相府希望对BBC下重手的压力，维持住了BBC的结构。

英国《经济学人》杂志分析，已经83岁的BBC到现在还深受英国人民喜爱，是DCMS考虑的主要原因。此外，BBC前员工的人际网络，深厚到足以左右政策。BBC长年累积的庞大影响力，也是任何一个政府都不能轻易与之匹敌。

争议两年多的BBC董事会制度改革，终于在2006年《皇家宪章》审查白皮书出版后尘埃落定。英国文化部长泰莎·乔尔宣布将以“BBC信托”（BBC Trust）取代BBC已经实行78年的董事会制度。自2007年起，BBC信托将为最高权力机构，对外全权对收视大众负责，对内任命经营委员会主席。与经营委员会（Executive Board）分别肩负起监督管理（Regulation）与经营治理（Governance）的责任。两单位均设主席（Chairman），而经营委员会成员除部门主管外，将首次纳入非执行成员（Non-Executive），详细权责说明如下：

BBC 信托（BBC Trust）

●经由特定沟通与公众咨询，建立全面符合公共利益之营运架构。

●在《皇家宪章》要求范围内，设定BBC整体目标。

① 1994年，保守党接二连三闹出丑闻，议员、部长用公款花天酒地有之，以权谋私有之。为了挽救政府的公信力，马卓安委任了一个专责委员会作研究调查，并提出有关公职人员及公及私的操守原则，由诺兰勋爵（Lord Nolan）出任主席。这个委员会的最终报告，提出了时至今日已是公共行政视为出任及任命公职的七项基本原则，称为Nolan Principles（即诺兰原则），就是无私、正直、客观、负责、公开、诚信、领导力（Selflessness，integrity，objectivity，responsibility，openness，honesty and leadership）。所有公职人士，都须遵守这七大原则，做到大公无私，品行端正；而委任任何人担任公职，也应以此为本。

●定义绩效衡量标准以符合整体目标。

●监督经营委员会对绩效负责。

●若经营委员会有违期待或出现问题，应予调查。

●对BBC各项服务授予服务执照。

●同意跨年度中程策略与年度计划，包括高比例的预算分配。理事有权同意、拒绝或要求经营委员会进一步提供数据。

●同意经营委员会提交之特定财务与策略计划。

●管理节目标准与符合法令要求之制播配额。

●任命经营委员会主席（总裁或非执行成员），同意经营委员会任命之非执行成员。

●建立申诉处理架构，并为最后仲裁者。

●针对特定服务领域，对外委托投资效益调查。

●总评经营委员会与自身的表现，向国会报告。

●决定经营委员会主席与其他成员的薪资报酬。

●评估经营委员会对新服务所提计划，向政府提出建议以制定决策。

经营委员会（Executive Board）

●依照Trust设定之架构，执行BBC各项服务。

●依照Trust设定整体目标，订定策略并执行。

●决策BBC所有活动之财务与策略。

●提出服务执照的申请。

●向BBC信托提交年度报告。

●经由一个提名委员会任命经营委员会所有执行与非执行成员，其中非执行成员须符合无私、正直、客观之诺兰原则，并经过BBC信托同意。

●与BBC信托适当商议，决定委员会成员薪资报酬。

这项根本性变革，表面上看来是BBC有史以来最大的结构性变化，但实际上却几乎保住BBC原有结构，避免了独立审查小组主持人伯恩斯勋爵提议增设主管机关公共广电委员会（Public Service Broadcasting Commission，简称PSBC），并将经费拨给其他广电业者的危机。更确保收视费制度再延续下个十年（2007~2016年），让BBC有稳定财源带领英国度过2012年的数字电视转换。

二、重修《制作人准则》

与此同时，为了加强自律，BBC重新修订《制作人准则》（Producers' Guidelines）。

在新闻操作规程方面，霍顿的调查报告认为BBC报道至少有以下两点缺失：

首先是报道本身的失实导致消息来源者身份曝光。凯利案的源头是BBC记者吉利根一篇宣称唐宁街蓄意夸大对伊动武证据的广播报道。报道援引高级情报官员的话称唐宁街明知关于萨达姆有能力在45分钟内部署生物武器的情报可能有误，仍在最后时刻把这一说法塞进了政府的伊拉克武器情报当中。吉利根的报道引发轩然大波，导致消息来源凯利的名字被公开，凯利在巨大压力下割腕身亡，布莱尔则因此陷入执政以来最严重的政治危机。

霍顿在调查中发现，凯利生前在议会作证时，明确否认对吉利根谈到过“45分钟”的说法；而从吉利根的采访笔记中，也看不出凯利对他谈过“45分钟”。这一情报之所以直到2002年9月份才首次被编入政府伊武报告，原因也并非像吉利根报道的那样，是因为单一消息来源和情报部门持怀疑态度，而是因为情报部门直到2002年8月才获得这一情报。霍顿说吉利根的报道“缺乏根据”，主要便是基于以上这些理由。

其次是编辑部严重失职，新闻缺乏佐证。霍顿又发现，吉利根的报道，实指政府在对伊动武证据问题上撒谎。但对性质如此严重的报道，BBC在播发前却没有任何编辑事前阅读过吉利根的报道文本或审阅他的采访笔记，没有编辑考虑过这一报道是否合适播发或应当经过审批，更无人考虑报道的措辞是否应当更加慎重。霍顿因此断定BBC的新闻采编体制存在缺陷，对此，BBC自然无话可说。

BBC管理层在处理政府投诉方面态度也很欠妥当。在他们看来，坚持新闻报道的独立性，与查核唐宁街对某篇报道的投诉有无道理并不矛盾。媒体既负有维护公共利益和监督政府的重责，就应该确保有关报道内容的真实和准确性。记者并非不可以使用未经证实的消息，但应该在报道中指明这一点，而任何相关人士就此投诉的话，也应该有妥当的程序来查实和纠正错误。而BBC管理层在回复唐宁街有关投诉之前，却没有检查吉利根的采访笔记；此后虽然检查了吉利根的采访笔记，却仍然没有注意到笔记内容远不足以佐证他的报道。

一直让BBC甚为自豪的《制作人准则》，号称世界广电业界最严谨的专业伦理规范，长达300页，共分43章。BBC《制作人准则》2000年2月公布最新版本，从第一章强调“价值、标准、原则”（Values, Standards and Principles）开始，清晰地阐述公平正确、隐私权、品位与格调、暴力、报道痛苦与悲伤、模仿反社会行为、秘密采访、刻板印象、利益冲突、节目中的儿童、政治、选举、民意调查等范畴之规范。BBC成立了一个4人组成的编辑政策办公室（Editorial Policy Unit）对方针的执行情况进行监督。但调查记者吉利根事件的《霍顿报告》公布后，BBC新闻专业形象受到严重冲击。凯利事件已成为重要的新闻伦理个案，BBC前新闻总监罗纳德·涅尔（Ronald Neil）等专业人士组成专项小组，还原事实真相，并据此在2004年7月局部修订《制作人准则》。

值得注意的是，虽然这个事件导致BBC更严谨地规范采编作业，但还是给予记者勇于揭露真相以及调查报道的空间，避免寒蝉效应。例如《制作人准则》中指出，若是记者确认报道为真实，为了重大公众利益，还是可以不事先给予被指控者辩驳机会，但必须先告知新闻部经理，也就是在内部专业审核后，保有弹性处理的空间。

BBC的《制作人准则》这次主要的修订内容，摘录如下：

第二章　公正与正确

新闻专业价值

勇于发掘，独立、公正的新闻就像是BBC的基因。无论报道或行事，应该永远让观众觉得信赖。身处越来越多元且分众的社会，BBC须保持开放的立场，让观众感觉BBC新闻是开放且诚实地报道世界上发生的事。公正无偏见的报道不但要值得信赖，也要帮助人们理解每个新闻事件；面对任何争议话题，每个相关且重要的声音都要被给予说话的权利，甚至包括那些令人不舒服的疑问。

BBC新闻承诺根据Neil报告（2004年6月）确立5项新闻编辑价值，并且毫不妥协。包括：事实与正确、为公众利益服务、公正与多元观点、独立和负责任。

力求正确

BBC的报道必须正确。所有节目都要彻底查证。尽可能搜集第一手信息，假如有困难，也要访问掌握一手信息者。要能区别第一手或是二手消息来源，要注意一个错误常会带来连串的失误。

确实笔记

采访必须有正确而可信赖的笔记。笔记不确实或未妥善保存，不但容易出错，也会付出昂贵的法律成本。采访时尽可能录音（影），如果受限于环境无法录音，则速记或完整笔记是最佳选择。

记者报道之前要参考当时的笔记或录音（影），不应只靠记忆。如果笔记中没有记下关键的新闻点，务必在报道前与消息来源再次核对无误。

若涉及严重的指控，更必须有完整与正确的笔记或录音。无论任何情况，编辑都必须确认这笔记或录音是正确而完整的之后，才能播报。

消息来源

尽量少采用单一消息来源，除非攸关重大公众利益，或是消息来源有很高的可信度。

不具名消息来源

BBC新闻报道仍会继续采用不具名消息来源，但前题是攸关重大公众利益，或是经过正确的方法查证无误。这个时候，要清楚告知观众，BBC的消息来源是值得信赖的，并且解释不得已的原因。保护消息来源是新闻专业的基本原则，不应给观众任何误导与臆测。

新闻节目的编辑必须确实核对消息来源的可信度。假若消息来源要求一切保密，也要有充分的信息，让编辑足以判断能不能播出。

基本的原则是，只要报道涉及单一消息来源，编辑就有权利要求记者告知消息来源的正确姓名。特别是报道涉及严重的指控，新闻单位的主管有权利知道真实姓名。若消息来源坚持不能向任何人泄漏姓名，记者就要清楚告诉对方，这样的信息可能不被播出。

不具名消息来源与指控

处理任何根据不具名消息来源的严厉指控，记者首先告知责任编辑，并随后向单位主管报告。目的在于确认是否符合公众利益，以及报道的正确性、消息来源的可靠性、可能的动机、法律面问题等。正确比速度更重要。

事先撰稿与双向访谈

严重指控性的报道不应该在没有脚本的现场对谈中揭露。编辑必须决定，这样是不是最安全与合适的方式。而在报道揭露之后，各节编辑处理追踪报道时，务必切实掌握全盘状况。

通讯社报道

来自海外的新闻通讯社报道，最好不要只依靠单一来源，除非这个消息是经过BBC当地特派员或是其他新闻组织查证过。BBC全球新闻服务的编辑室要能够经常提供相关建议，包括外国语文以及地理位置等。

衡量事实证据

正确多半来自准确搜集各项事证，各种证据都应该经过仔细衡量。尤其处理争议性话题时，相关的意见与事实更需要纳入考虑。报道若涉及法律争议，所拥有证据必须经得住法律的检验。

第三章 公平与对等处理

总则

勇于发掘第一手真相是BBC的承诺，亦即BBC有时会根据自己的调查报道提出指控。但一项必须遵从的原则是，要公平面对任何一方，包括消息来源、被指控者甚至是观众。不论在海外任何地方，都必须注意这些原则。

公平处理

节目应该遵从公平、公开以及对等处理原则，这对每一位工作者都一样重要。

对于消息来源

新闻受访对象可能不熟悉广电作业，对于专业者来说或许非常明显的事情，对于门外汉而言却可能是陌生的。因此，无论面对公众人物或是一般民众，不要让他们感觉被误导、欺骗或是被错误地呈现在节目之中。除非的确有公众利益考虑，譬如处理犯罪或反社会活动，否则新闻来源有权利知道以下事项：

访谈会出现在什么样的形式中，是专访或是部分的讨论。在邀访之前，尽可能事先告知节目探讨的范围，以及其他的邀访者是谁。

无论是现场或录像访问，不应该保证访谈一定会被播出，但若非真正需要，不应轻易录制一个访谈。

只有非常例外的情况，新闻或节目可以隐藏报道的身份或目的，但必须是攸关重大公众利益，例如揭露犯罪或严重反社会行为，揭发会影响到民众健康、安全、福祉等误导性言论，揭露不适任之公职人员、贪污腐败与非正义的事。这种善意的欺骗，必须限制在最小的比例，且务必向部门经理与编辑政策主管报告。

对于被指控者

当报道牵涉到严重指控的时候，被指控的相关对象须在播出前实时提出相对响应。当内容涉及许多人、各种组织或是部分的组织，务要注意已经接触过所有关键者，并要以开放的态度，诚实、清楚、确定地告知对所指控的事实。处理过程要留下清楚的记录，包括联络时间、对象等。

无论在法律或伦理上，编辑都必须确认是否有充分的证据，同时要权衡考虑每一个相关响应。当第一次播出的时候，应该向观众清楚说明。

当BBC所报道的指控关乎公众，且确信为真实的时候，可以允许记者违反以上原则。这样极少的例外情况，务必报告部门经理与编辑政策相关主管。

公平对待观众

要尽可能给予观众足够充分的信息，让他们能据此做出自己的判断。不应误导观众，并要解释为何无法提供信息，而不是提供任何臆测。

三、成立新闻委员会并强化申诉机制

除了增修《制作人准则》，BBC在2004年初也限制员工，不得在BBC之外的报纸、杂志上针对争议性议题发表文章。此外，在管理机制与申诉流程上，也陆续检讨改进。在BBC新任总裁马克·汤普森（Mark Thompson）上任之后，原有经营委员会（Executive Board）之外，另外依专业设立新闻委员会（Journalism Board）、创意委员会（Creative Board）、商业委员会（Commercial Board）。

在BBC组织架构中，总裁虽既是执行长也是总编辑，但是新任总裁汤普森认为“BBC的新闻事业要往前走，需要在高层领导组织中，建立更持续与集中的编辑领导中心”，因此，任命执行副总裁马克·拜福德（Mark Byford）担任新闻委员会主席，专责督导BBC新闻事业，新闻时事部、全国与地方部、全球新闻等部门经理，都在这个委员会之内。这也是BBC第一次把全国、地方、国际等新闻单位整合在同一个管理架构之中。

改革申诉系统，则是另一项重点。其实当记者吉利根在《今日》节目中指控英国政府夸大伊拉克武器情报之后，吉利根随后在《星期天邮报》上投稿称英国首相府发言人坎贝尔下令在情报中做手脚。随后，坎贝尔去函BBC抗议，并稍后在国会一项电视转播的外交委员会中，公开要求BBC道歉，更再次对媒体发表一封抗议信，但事后BBC并没有纳入节目申诉流程做任何处理。

同时，BBC《今日》节目编辑凯文·马什（Kevin Marsh）也在吉利根报道之后，向BBC广播新闻的主管写了一封电子邮件，批评记者吉利根的报道方法与用语轻率，措辞缺乏严谨判断。当时BBC相关新闻主管并没有正视这一封邮件。反而把力量都放在绝不屈服于政府压力的论战之中。这些都成为《霍顿报告》中抨击BBC申诉系统有瑕疵的原因。

之后，由执行副总裁马克·拜福德（Mark Byford）带领进行三个月的申诉系统总检讨，在2004年下半年，公布新的申诉处理规范，要使所有对BBC的意见能更快速、公正、透明地受理并响应。除了董事会任命专责申诉主管之外，BBC也建立申诉网站（BBC.co.uk / complaints）清楚对外说明申诉处理流程。

新的申诉规范中要求，所有申诉都必须在10个工作日内响应。假若是针对新闻报道的抗议，在两次回复之后还未能解决，此案将提交编辑申诉小组（Editorial Complaints Unit）进行独立的调查。若争议还不能妥善解决，将再上诉到董事会之节目申诉委员会处理。

自从《霍顿报告》公布以来，BBC不仅在24小时之内，董事会主席、总裁双双去职，更启动一连串的检讨与改革，例如董事会与经营层更清楚区隔、新闻采编流程更趋严谨并强化申诉机制等等措施。有人认为，或许BBC内部决策将因此变得更缓慢、增加更多行政官僚作业。但从正面意义来看，却也“宁慢勿错”，避免再发生难以承受之错误。而且从今而后，每一个申诉都会获得公平的处理，BBC将不再傲慢。

第五节　数字化革命的领头羊

英国是目前世界上数字电视普及率最高的国家，尽管BBC和政府间的争执不断，在发展数字电视方面，两者却是精诚合作的典范。在防止天空卫视垄断市场方面，BBC功不可没，在推广和普及数字电视方面，BBC也起到了领头羊的作用。

一、英国数字电视发展现状

英国数字电视（DTV）发展始于1998年，最初3种传输平台采用的均是付费运营模式。BSkyB率先为其用户提供了DTV频道；同年，OnDigital开始了付费 DTT服务（2001年OnDigital更名为ITV Digital），有线网络公司也开始提供数字电视节目。ITV Digital于2002年4月宣布破产，其拥有的3个DTT复用通道执照由独立电视委员会（ITC，现已并入Ofcom）重新招标，最终颁发给了决定采用免费收视运营模式、由BBC与传输公司Crown Castle组成的联盟FreeView。2002年10月，FreeView正式开始运营。回顾英国数字电视发展，至2002年ITV Digital破产前一直较为顺利。其中贡献最大的，是积极倡导数字电视技术并采取有效营销推广措施的BSkyB。英国1998年12月数字电视启动时只有1% 的家庭普及率，1年后提高至12%，2年后达28%，3年后增长为40%。在2001年底，英国已经成为全球发展最好的一个数字电视市场（当时普及率为40%），领先于美国（30%）、加拿大（23%）、爱尔兰（22%）、瑞典（22%）、西班牙（21%）与法国（17%）。

英国现有4种数字电视传输平台：卫星、地面、有线与ADSL。其中，付费卫星数字电视平台Sky Digital是英国第一大数字电视平台，在英国家庭中的渗透率约为28%，而在数字电视市场上的占有率超过50%（近两年由于FreeView的用户激增，市场份额已有所下降）；英国第二大数字电视平台为2002年10月建立的免费地面数字电视（DTT）平台FreeView，在数字电视市场上的占有率约为30%，在很短的时间内取得了令人意想不到的成绩。据Ofcom2006年6月最新统计，FreeView订户数量首次超过传统模拟电视家庭数量。全英共有710万家庭使用FreeView，而传统模拟用户只剩下640万户。英国的有线数字电视发展一直比较缓慢。ADSL作为数字电视平台尚处于起步阶段。英国政府最初于1999年宣布将在2006～2010年尽早关闭模拟电视广播，并于近期再次重申进行数字转换的决心，但同时也指出，尽管数字电视普及率令人欣喜，但要达到转换的前提条件仍有不少困难。因此，英国政府正在重新考虑数字转换时间表。一些机构，如BBC，认为2012年可能是完成数字转换的合适时机。

二、 机顶盒大战，天空卫视首战告捷

英国目前付费数字电视家庭总数要远远高于免费接收数字电视的家庭总数（在本书中“免费”概念指不需每月缴纳固定的收视执照费。在英国用户要为拥有的电视机支付“执照费”，每台每年现为131.5镑）。天空卫视作为最早的付费数字电视平台运营商，有力地推动了英国付费电视的发展。

英国无论是卫星或地面数字电视，都采取付费电视（Pay-TV）的经营模式。以数字地面卫星电视ITV Digital 的订户而言，最基本收看6个数字频道，每个月就须付12英镑的收视费。为了吸引用户付钱订阅数字电视，英国卫星数字电视Sky Digital率先打出免费赠送机顶盒（Set-top Box）的策略。从1998年10月Sky数字卫星电视开播起，订户凡订阅一年，就可免费安装机顶盒；而晚它1个月成立的地面卫星电视服务业者OnDigital（ITV Digital的前身），也跟进Sky Digital的“免费机顶盒”促销战，但却也因此为ITV Digital 带来庞大的亏损。

据《卫报》2002年1月的报道，ITV Digital已经“烧”掉股东Carlton以及Granada公司高达8亿英镑的资金，而糟糕的是，即便最乐观的估计，也还要两年该公司才能损益两平，到那时股东投资金额将高达11亿英镑。OnDigital在2001年7月改名为

ITV Digital，之后就不再免费赠送订户机顶盒，而订户增长率也因此每况愈下，甚至出现相当大的退订压力。2002年2月europemedia.net的一篇报道透露，在其因亏损而宣布裁员600人之后的一年内，有1/4的订户打算取消订阅，以ITV Digital目前126万订户来计算，相当于约有30万英国家庭尝试或已经拒绝这项数字服务。

在订户增长方面，2001年第四季ITV Digital共增加4.6万订户，与同年第三季增加8.2万订户相比，增长率也明显降低。ITV Digital股东Granada以及Carlton Communications公司已扬言，在无线电视台面临广告缩水的压力下，将不再将资金注入ITV Digital。也就是说，英国地面数字电视服务才开始三年多，就已陷入经营摇摇欲坠的困境。

相反，属于默多克集团的卫星数字电视Sky Digital却表现较出色，不但订户已增长到600万户，并且免费送机顶盒的策略也在持续进行中。换句话说，假使地面数字电视的发展情况不乐观，那么英国数字电视市场就可能由Sky一家独大，这当然不是英国政府所乐见的局面。为了协助地面电视数字化能走出困境，英国政府开始积极"促销"无线电视数字化。

三、 抵制垄断，BBC与政府联手出击

2001年11月，英国政府发表《数字行动方案》（Digital Action Plan），由电信部（DTI）与文化、媒体和体育部（DCMS）成立跨部委指导委员会，其下除原有的数字电视集团（Digital TV Group），也整合了电视业者、数字电视制造商、经销商、消费者组织等相关各界共同成立股东集团（Stakeholders Group），并任命现任英国第四频道副总裁拜瑞·考克斯（Barry Cox）担任股东集团的第一任主席。而拜瑞·考克斯不但是工党的长期支持者，也是英国首相布莱尔的好友，因此，这项任命也深受媒体注目。

此后，数字行动指导委员会主要将推展实验项目（Go Digital）、科技开发、市场营销以及频谱分配等四大工作，其中Go Digital实验项目将测试数字化转换过程中各种社会与技术性议题。

除了来自政府的动力，BBC积极地扮演数字化"领头羊"的角色。在《数字行动方案》发布的同时，BBC一方面邀集电视设备主要制造厂商召开高峰会，研商是否可生产更便宜的机顶盒，另一方面又与独立电视台、第四频道、第五频道等无线电视台共同组成数字联盟，共享地面数字电视广播、传输资源之外，更主要的任务是，将赞助厂商制造市价100英镑的平价机顶盒，推动免费收视（Free to View）运

动。

所谓“免费收视”（Free to View），指的是，消费者只要购买100英镑左右的机顶盒，加装在传统电视机上，就可免费收看BBC4等14个数字频道，而不用像过去一样每月再付订费。也就是说，过去一定要每月付费才能收看数字电视的经营策略，将因此大为转变。

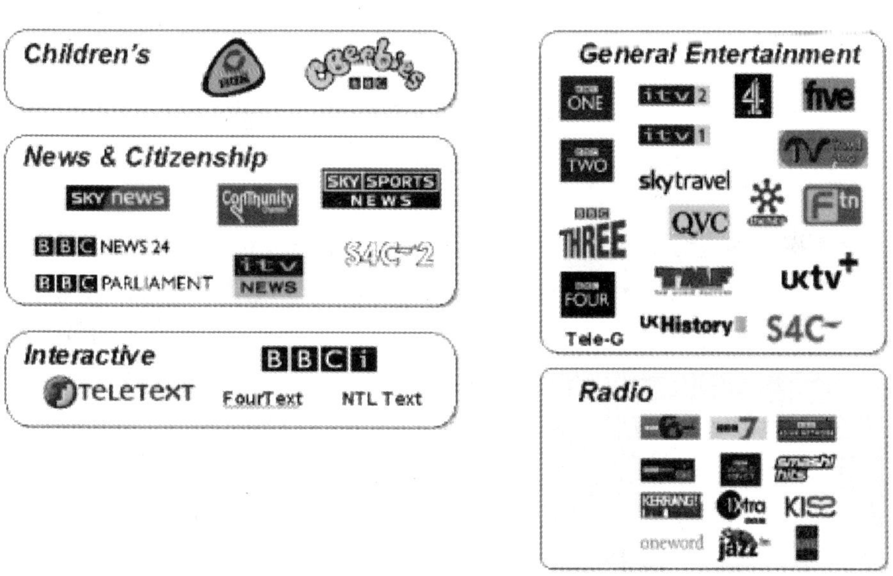

Free View的频道组合。

大众对数字电视接受度的迟疑，当然是促成转变的重要原因。2001年11月，一项由机顶盒制造厂商 Pace科技委托的民意调查结果显示，1/3的英国大众，不知电视数字化有何好处。更有高达92% 的受访者不相信必须为数字化转换而付费；其中超过1/3的人认为，应该是政府付钱补贴；也有40%的人说，他们会等到最后一刻才考虑数字化转换。

要观众打破迟疑，当然必须先让观众明了甜头在哪里。2002年初春，BBC 推出3个新数字电视频道——CBBC、Cbeebies以及BBC 4，可谓“免费收视”（Free to View）运动奉上的第一道大餐。

2002年2月12日，专为6~13岁学龄儿童推出的CBBC，以及为学前儿童设计的Cbeebies正式开播；3月2日，以多元文化、音乐、表演艺术、纪录片为主的 BBC 4，也紧跟着上阵；而主攻青少年的 BBC 3，虽因外界质疑，其路线与 Channel 4相近而遭致反弹，以致迟未获准，但BBC仍重新提案积极争取开播。

从主打不同年龄的儿童的 CBBC、Cbeebies，到精致文化路线的 BBC 4，BBC强调的都是真正本土自制的“英国原味”。值得一提的是，在BBC两个新儿童频道申请筹备期，包括迪斯尼以及尼克隆顿（Nickeloden）等美国儿童频道曾经强烈反弹。英国《金融时报》分析，BBC推出两个新的儿童数字频道之后，将会排挤英国现有儿童频道的市场，而且一旦BBC两个儿童频道如预期般成功，其他国家发展地面数字电视的时候，必定会效仿，这对迪斯尼等跨国性儿童频道的经营将有更深远的影响。

“我不认为公共电视就不能跟民营电视台竞争！” BBC儿童节目总监尼戈尔·匹卡特（Nigel Pickard）在接受《金融时报》采访时便指出，英国的儿童节目市场充斥着美国制作的相似素材，因此，BBC以英国自制节目投入竞争之后，这些境外跨国儿童频道当然也可多投资本地制作的儿童节目，来争取本地观众的认同。

早在免费收视（Free to View）的数字新频道陆续开播之前，BBC在2001年12月便推出“大家的BBC：连接你我他”（Everyone's BBC：connecting with our audiences）的大型营销活动。预计将通过BBC本身的电视频道、跨媒体宣传、印制海报手册、网络等营销管道，火力密集地强力营销旗下数字频道，并为观众解释如何取得数字服务。特别是要扭转观众认为数字电视就等于付费电视的观念。预计在BBC推动数字新服务之后的一年内，期望达到每位英国观众平均可看到100次促销广告的营销目标。另一方面，机顶盒生厂商Pace科技也宣布，已成功研发出市价99.99英镑的平价机顶盒，并且在2002年3月30日正式上市。

尽管卫星与有线数字电视用户仍在增长，但毫无疑问 FreeView已成为近期拉动数字电视用户增长的主要推动力量，为英国的数字切换计划注入了新的活力与希望。自2002年第四季度末到2004年第二季度末的一年半的时间内，数字电视在英国家庭的普及率增加了14.4%，其中DTT的贡献为75.7%。种种迹象显示“免费收视”（Free to View）的概念，已经越来越接近实际：观众只要付费买一个100英镑左右的机顶盒，不用换装高价的数字电视机，只要用家里原有的传统电视机，就可免费收看14个数字频道节目，甚至进一步订阅 ITV Digital提供的如体育等付费频道。

在数字电视多频道的战场上，BBC主导的FreeView无线数字电视平台凭借多个主题频道、日益廉价的机顶盒和免收视费等多个卖点成功打下市场，用户数量直追天空卫视的卫星平台。据Ofcom统计，截至2005年第一季度，FreeView持续快速增长，累计无线数字电视用户达5,059,350户，加上天空卫视退订户通过卫星免费收视用户445,000户，合计已达550万户。天空卫视增长相对缓慢，第一季度订户数

7,349,000户，两者差距逐渐缩小。FreeView 的成功，使得英国整体数字电视普及率从2005年第四季度的59.4%攀升到61.9%.

在高清晰电视方面，天空卫视已从2006年推出付费H数字电视服务。虽然受地面无线电视频宽的影响，在2012年实现DTT转换前，BBC方面还有一定的技术障碍需要克服，但是BBC并不甘心落后，将在数字卫星平台先推出试验性服务和天空卫视抗衡。目前，BBC已经承诺将在2010年，将所有的节目以HDTV模式制作播出。

近来裁员阴影笼罩下的BBC在宣布改革计划的时候特别提到高清晰电视的发展。总裁马克·汤普森（Mark Thompson）强调说："我们可以决定不投资HDTV，因为要筹得这笔经费，将会导致裁员，带来某些员工的痛苦。但是，HDTV是未来电视发展的关键，假如BBC不投资，就会像20世纪60年代决定不投资彩色电视一样，造成无可估量的风险。走上这条路，我们已经毫无选择。"

第四章
公共服务理念下的英国无线商业电视台

【本章提要】

2006年7月的最后一天，英国各大报纸纷纷报道独立电视一频道当月收视率创历史新低的消息。据统计，2006年7月独立电视一频道的收视率仅有16.8%，比2005年同期的20.2％下降3.4％。这也是独立电视一频道收视率首次跌破20％。独立电视台曾经期望靠足球世界杯来赢回观众，没想到，独立电视一频道的表现和英国队一样乏善可陈，最终被老对手BBC打败。独立电视一频道的其他节目也没能挽救直线下降的收视率。加上业界盛传独立电视台现任总裁查尔斯·埃伦（Charles Allen）离职在即，更令人们对独立电视台的未来担忧。几年前，独立电视台曾经统领全英电视收视率，很难相信曾经不可一世的独立电视台收视率如此惨不忍睹。收视率从50％到天空卫视进入英国市场后的35％再到目前的16.8％，一路直线下滑。人们不禁要问，这个曾经和BBC一台平分天下的商业电视旗舰台怎么了？

2005年是独立电视台创建50周年，也是英国商业电视的50周年纪念。反观50年来的商业电视发展历程，从双头垄断下的有限竞争，到新经济政策促成的市场竞争，从严格的市场准入到多频道电视盛行，天空卫视独步天下。英国商业电视的兴衰成败和历届政府的媒体政策密不可分。首先资金源突破了收视费的单一渠道，除广告外，还增加了收费电视，电视商业活动税收。每一时期都有新的节目形式出现，探索如何更好地和观众交流。这些有益的探索都不同程度地推进了电视的社会意义和商业价值。第四频道的创立，更是极大地推进了英国社会少数民族人口的社会认可度。公共服务电视理念因此而得到不断的充实。①

① James Curran and Jean Season, Power Without Responsibility: Te Press and broadcasting in Britain (London and New York: Routledge), 1998, p. 302.

然而科技的发展和日益增长的文化生活的需要，往往不是人为力量可以预知的。随着《1996年广播法案》的生效，1997年，第五频道成立和天空卫视在英国市场大获全胜，英国电视市场的竞争日益激烈，很大程度上已经超出了政府所能掌控的范围。虽然历届政府对广播电视监管的理念不尽相同，从严格的双头垄断到天空卫视在英国市场的长驱直入，英国广电管理政策的放松管制（deregulation）趋势显而易见。2003年通信办公厅（Ofcom）的成立更好地体现了这一发展趋势。本章力图以50年来英国政府颁布的几大《广播法案》为横轴，三大主要无线商业电视台——独立电视台（ITV）、第四频道（Channcl 4）和第五频道（Channel 5）的发展轨迹为纵轴，阐述英国特有的公共服务理念下的商业电视市场群雄逐鹿的50年以及重大监管政策的变化和意义。

第一节　公共服务商业电视简史

1954年英国《电视法案》出台，允许建立播放广告的商业电视台。50多年来，独立电视网、第四频道、第五频道等一大批新的商业电视台涌现出来，并主要侧重于新节目形式的开发和制作，保证商业电视的节目编排作为BBC公共服务的主要的有效补充。为了有效管理这些商业电视台，当时的英国政府依照相关的国会法案于1954年创立了独立电视管理局（the Independent Television Authority，简称ITA）。1972年商业广播进入英国后，独立电视委员会更名为独立广播管理局（the Independent Broadcasting Authority，简称IBA），同时监管商业广播电台和电视台。1990年的组织重组后，独立广播管理局再度更名为独立电视委员会（the Independent Television Commission，简称ITC）。2003年通信办公厅成立后，取消了独立电视委员会，商业电视的监管从此并入通信办公厅的管辖范围。

独立电视委员会致力于从制度上限制商业电视台过度沉溺于追逐商业利润。该机构定期重新颁发商业电视特许经营许可证，以此作为鼓励和督促各商业电视台保持并提高制作水平的手段。该授权过程最初以不公开任命为主，后来改为公开竞标和授权。独立电视委员会负责制订其管辖范围内所有电视台的节目质量标准。只有达到标准的才有权参与竞标。自1955年创立以来，特许经营许可证曾在1968年、1974年、1982年和1993年重新审核颁发。1993年以后改为竞标。

所有独立电视委员会管辖下的电视台都要履行相当的公共服务义务，即在新闻和时事报道方面遵循客观公正的原则，并保证新闻、时事和纪录片的数量。独立电视委员会监督独立电视台的节目编播，并有权取缔引起广泛争议或不登大雅之堂的电视节目。

1998年12月，独立电视委员会曾经因一部有争议的纪录片对中部电视公司（Central Television）处以200万英镑的罚款。1996年，中部电视公司制作了一部名为《内线》（The Connection）的纪录片，该片宣称发现了一条通向英国的海洛因走私新通道。经过调查，该片反映的内容不准确，在很多重要方面有误导的倾向。再现的场面不够明显，使观众误以为真，另外几个人物和场景有捏造的嫌疑。比如片中一个人物吞食大量海洛因的场面，以及一场与哥伦比亚大毒枭秘密会面的场景，后被证实拍摄于该片制片人的宾馆房间。

1996年正处于黄金时间收视率争夺战的顶峰时期，大量骇人听闻的节目充斥着电视屏幕。很多制片人认为，《内线》节目被处罚有些不公。严格地说，运用同样手法拍摄的纪录片不胜枚举。而且对该片的调查最初是由一群记者在《卫报》上发表讨伐文章引起的。很多人对一个媒体没有对另一个媒体的表现手法完全了解前就大肆批判的做法表示怀疑。

制作该节目的中部电视公司的母公司卡尔顿传播公司（Carlton Communications）任命了一个调查组对该片进行调查。调查组的成员包括当时是牛津大学三一学院院长的著名律师和前BBC编委会成员。调查委员会根据独立电视台行为规范对该片进行审查发现：该片违反了行为规范中规定的“尊重事实”一条。该片的重要发现不属实。调查组同时建议审查该片的资料来源。卡尔顿传播公司接受了调查结果。独立电视委员会在调查结果递交后的两周内宣布对中部电视公司处以200万英镑的罚款。这是独立电视委员会历史上数额最大的罚款。卡尔顿传播公司也是其历史上第二家受罚的模拟电视制作公司。

这次处罚显然符合英国广播电视监管强调节目质量标准的一贯风格。但该案例还涉及一个新的问题。调查发现，《内线》这部纪录片的制作人并不是中部电视公司的正式雇员。本书下编第一章提到，20世纪90年代中期正是后福特主义在英国电视产业大行其道的时期。各种短期的合同制的雇佣方式开始出现在节目制作市场。独立电视委员会在就此项处罚发布的新闻中对电视产业日益松散的雇佣方式和由此带来的责任感危机表示重视。独立电视委员会要求卡而顿传播公司对其企业文化和目前纪录片和时事节目外包制度进行反思。

事实上，英国社会对商业电视台节目质量危机的思考早已有之。当时的独立电视委员会主席，早在上任之初就曾指出商业电视台有违英国电视高质量传统的倾向，并强调说电视监管机构应该更加关注商业电视台是否能够切实保证颁发运营许可证时所要求的节目质量和多样性。这一问题在后来第四频道完全外包节目制作的模式下显得更为突出。第四频道挑战传统的一贯作风一方面给新颖的节目创意提供了舞台，更好地发挥了公共服务电视的职能；另一方面，《老大哥》等节目以新鲜、出位和骇人听闻为主的恶作剧式的真人秀给商业电视的监管带来了新的挑战。天使还是恶魔往往只在一线之间，如何掌握监管的度，是目前英国商业电视监管的挑战所在。

英国广播电视管理模式的与众不同不仅体现在BBC的存在和“公共服务”传统上，在商业模式方面，也是独树一帜。一直到1982年第四频道开播以前，英国广播电视系统都是由BBC和ITV两家电视台“双头垄断”的。尽管商业电视早在20世纪50年代就在英国出现，但是独特的双头垄断模式使得媒体的发展免受经济竞争的影响。

由于独立电视台对广告市场的垄断，独立委员会的监管着重于节目质量、格调、公共服务节目配额的完成情况以及商业电视台内部各地区台之间竞争的监控。英国广电系统鼓励公共和私有电视台（广播电台）在传播信息、新闻制作等方面的竞争，但是对经济利益方面的竞争却加以严格限制。[①]他们普遍认为这对保证节目的多样化来说是很必要的。[②]BBC以收视许可费为主要经济来源，不能播出广告。商业电视台以自己覆盖范围内所有广告收入为经济来源。BBC和独立电视台的竞争仅限于传播立场、观众认可程度、播出权、人力资源等方面。BBC和独立电视台特许经营公司之间的竞争也是被严格限制的。各公司在自己的覆盖范围内保持播出权和广告收入的垄断，只在两地区的边界地段发生有限竞争。但是所有的特许经营公司的节目是由独立电视协会（ITVA）进行联合编排的，主要节目的播出全国同步，因此边界范围内有限竞争的影响几乎可以忽略。

1982年，第四频道作为全英国第二个播出广告的电视台成立，也并没有打破独立电视台对广告市场的垄断局面。为了避免双方的竞争，尤其是广告商对节目内容的影响，从而突出其公共服务性，当时的独立电视管理局（IBA）对第四频道的财务做了特殊安排。IBA每年从独立电视台各特许经营公司的总收入中拿出约14%的预定数额作为第四频道的基本运作费用。作为回报，第四频道的广告时间归独立电视台各特许经营公司支配，并保留广告收入。第四频道也可以播放广告，但经济来源并不依赖广告收入。这样一来，既保证了第四频道的充足经济来源，又避免了它

① 详见Negrine,1989：100f，107f.

② 详见Smith,1986：2f.

的节目内容和公共服务性受到广告商的影响。《1990年广播法案》对此做了修改，第四频道完全依赖广告费，并独立管理自己的广告业务。但是由于第四频道的创建理念是要补充现有两家电视台提供节目的空缺，因此第四频道和独立电视台虽然同靠广告收入，但节目编排和风格迥异，一个关注大众喜好，一个服务小众文化，因此不存在实质上的竞争。

1985年，撒切尔政府任命的孔雀委员会（Peacock Committee）在其调查报告中抨击了独立电视台垄断广告市场的事实，建议打破BBC和ITV对市场的“舒适的双头垄断”，推动市场机制。其中一些很重要的建议被《1990年广播法案》以法律的形式加以规范。比如本章以下要谈到的：独立电视台特许经营权由内部授权改为公开竞标，第四频道经营自己的广告时段等等。孔雀委员会还第一次提出要用公开竞标的办法授权建立第五频道。毫无疑问，撒切尔政府当时的媒体政策就是要从高度保护的公共服务体系转换到以消费者权益为基础的发达的市场体系[①]。有学者认为，这是英国媒体政策哲学性的转变。

第二节　独立电视台（ITV）——“人民的电视台”

独立电视台台标及台址。

2005年是独立电视台创建50周年纪念。50年来，它奉献给观众无数备受欢迎

① 详见Home Office，1986，p.133.

的电视节目。虽然50年前独立电视台被国会强行推出，但英国人民喜爱它，支持它，并亲切地称之为“人民的电视台”。有学者认为，独立电视台的最大贡献在于它带给人们对广播电视媒体的全新体验。维·帕内尔（Val Parnell）和格雷德兄弟（Grade Brothers）等演艺界人士出现在电视屏幕上毕竟比正襟危坐的BBC说教让人耳目一新。[①]50年前，独立电视台将当红的国际巨星引入保守的英国家庭。独立电视台推出的周日版综艺节目成就了英国历史上第一个本土制造的综艺主持人——布鲁斯·弗赛特（Bruce Forsyth）。迄今为止，布鲁斯仍是英国妇孺皆知的电视明星。尽管美国文化的侵袭是政府最反感和担忧的，但是84%的收视份额有力地表明，英国人以极大的热情拥抱文化的自由。开播一年以后，独立电视台便创下了20个最受欢迎节目的纪录。直到今天，独立电视台仍然拥有包括《谁想成为百万富翁》主持人克里斯·泰伦特（Chris Tarrant）、《流行偶像》主持搭档安特和泰克（Ant and Dec）等在内的强大明星阵容。

独立电视台为了成为名副其实的“人民的电视台”，不惜投入巨资打造品牌节目。从1960年至今，每周两集（1989年以后改为三集）的《加冕街》（Coronation Street）无疑已经成为全英乃至全世界最经久不衰的电视连续剧。正是独立电视台深入地方且遍布全国的特许经营台，保证了这部反映平民故事的超级电视连续剧原汁原味。另外，在电视剧制作上，独立电视台更有着将经典剧做成流行剧，将流行剧做成经典的魔力。

然而流行节目的轰动效应并没有掩盖独立电视台文化节目的锋芒。在新闻方面，独立电视台对英国电视的贡献有目共睹。当年BBC的新闻由播音员在幕后朗读预先准备好的新闻稿，并配以新闻图片。而独立电视台则独创了一种全新的新闻模式。他们首先起用新闻记者做播音员，允许他们写自己的台词，并出现在屏幕前。此举为独立电视台赢得了大批观众。除此之外，独立电视台在推广滚动新闻、实况转播和24小时新闻方面也功不可没。一系列时事追踪、深度报道节目涌现出来。独立电视委员会还首次将驻外记者的概念引入新闻报道。作为公共服务电视传统的一部分，虽然独立电视台不享受任何财政补贴，但它仍然要履行公共服务电视的义务。独立电视台投入全部节目时间的33%制作公共服务性质的节目。事实上，和BBC相比，它的新闻时事、纪录片、经典剧作、少儿节目、艺术和宗教节目都毫不逊色。这正是独立电视台的“独特”之处。

① James Curran and Jean Season, Power Without Responsibility: The Press and broadcasting in Britain (London and New York: Routledge), 1998, p.169.

有人说，ITV的创立虽然打破了BBC的垄断地位，却是“BBC最美丽的遭遇”。20世纪50年代的BBC刚刚经历过“二战”的浩劫，运营经费不足。当时的总裁威廉·黑利（William Haley）爵士对电视没有什么兴趣，节目编排过于严肃和精英化。虽然BBC以女王加冕礼和新闻时事节目“Panorama”赢得了很多尊重，但是BBC的节目过于严肃，缺乏轻松诙谐的生活气息。独立电视台的创立给当时的英国电视界带来了全新的“非BBC式”的电视感受。游戏节目和职业摔跤比赛等全新的节目形式迅速赢得了大批观众。独立电视台的成功导致其覆盖区域内BBC的收视率一度降至25%。

1983年，英国商业电视网首先发现了早间电视这一新时段。独立广播管理局设立了一项新的全国电视台特许经营许可，播出时间段限制在每日早间的三个小时之内。这项特许经营许可最终授予一家名为TV-AM的电视公司。TV-AM承诺要提供充满活力和激情的新闻节目，并提出“以解释新闻为己任（mission to explain）”的口号。早间电视聚集了一大批成功的新闻主播，其中“五大名人”更是家喻户晓，他们是：大卫·福洛斯特（David Frost），迈克儿·帕金森（Michael Parkinson），罗伯·特基（Robert Kee），安娜·福特（Anna Ford），安吉拉·瑞朋（Angela Rippon）。

为了和TV-AM抗衡，BBC也迅速推出一档周一至周五每日播出的早间节目“早餐时间（1989年更名为早间新闻）”，并在TV-AM开播前两周的1983年1月17日和全英观众见面。BBC“早餐时间”的开播抢了TV-AM的风头。加上开播三个月内，“五大名人”中的四人加上总裁彼得·基（Peter Jay）辞职，直接导致了《早安，英国》的收视率灾难。后来，两任强势领导人上任，力挽狂澜才造就了商业早间电视的成功。在收视率方面，BBC也当仁不让，自休·卡雷顿-格林上台后，调整节目编排，努力向流行文化靠拢，并在1964年创立BBC2台。BBC的努力又为它赢回了不少观众。很长时间以来，BBC和独立电视台平分秋色，各自有自己忠实的拥护者。这段时期，BBC和独立电视台你追我赶，共同提高。双方都出产了大量精品节目和著名电视制作人，20世纪80年代因此被称作英国电视史上的黄金时期。

独立电视台的另一个独到之处是它的“地区性（regionalism）”。而这一点正是当时英国公共服务电视的弱项。虽然公共服务理念下的英国商业电视从一开始就怀着向BBC看齐，做“播出广告的BBC”的理想，并在技术和包装方面效仿BBC，但独立电视台和BBC风格迥异。它主张本地化和大众化，反对精英主义，大力推行大众娱乐节目，因此在节目编排的风格上和刻板的瑞斯主义背道而驰。独立电视委员会主席希尔爵士（Lord Hill）在任期间，强调了独立电视台分散各地的特许经营公司加强在节目制作方面的区域性。这种区域性不仅表现在节目内容突出本地文化，更强调由本地的制作公司来制作。

希尔爵士的继任者遵循了他的这一做法并将其发扬光大。1981年，独立电视委员会认为一度坚不可摧的全国性频道ATV在节目编排和制作方面忽视了英格兰中部地区，决定将其改名为中部电视台以加强对英格兰中部地区的服务。更有甚者，中部电视台还被迫出售部分股份给当地的公司。这一举措正是独立电视台区域化的直接结果。这种区域性在20世纪80年代中期达到顶峰，当时，本地特许经营公司如果向非本地的制作公司购买节目被视为大逆不道。如果说BBC是公共服务电视（for the people），独立电视台则是公众自己的电视（of the people），因此在服务公共方面并不逊色。

一、独立电视台主要地方特许经营公司

独立电视台特许经营公司按地区分布在全英各地，其中伦敦地区有两个台，分别负责周一至周五的节目和周末的节目。另外13家电视台负责服务伦敦以外的各个地区。这15个商业电视台共同出资成立了一个全国新闻台——独立电视新闻台（Independent Television News，简称 ITN）。这15家商业电视台在广告方面没有竞争关系，他们联合起来跟BBC抢占收视份额。在第一年度的财政危机之后，各特许经营电视台决定成立电视网，并由五家最大的公司定期碰头制定统一的黄金时间（7:30pm~10:30pm）节目编排计划，在这三个小时的黄金时间内，全国各地的商业电视台播放同样的内容，此外的时间段才由各地的电视台自己安排。

通常来说，特许经营地区性商业电视台有以下几大类：

● "五大（Big Five）"：覆盖人口最密集的四大地区：伦敦（两个电视台）、中部、西北部和约克郡。他们分别为：伦敦的泰晤士电视台、伦敦周末电视台、中部的中部独立电视台、西北部的格兰纳达电视台和约克郡的约克郡电视台。这"五大"电视台提供了商业电视网播出的主要英国本土节目。

● "五中（The Middle Five）"：覆盖人口不太集中的地区，比如：英格兰南部和东南部、英格兰东部、苏格兰中部、威尔士和英格兰西部。"五中"为商业电视网提供每周两小时的电视节目并制作一些地区性的节目。

● "五小（The Smallest Five）"：覆盖英国人口稀少的边远地区，比如：英格兰西南部、苏格兰南部、苏格兰北部、北爱尔兰和海峡群岛。他们制作每天一小时的本地节目。

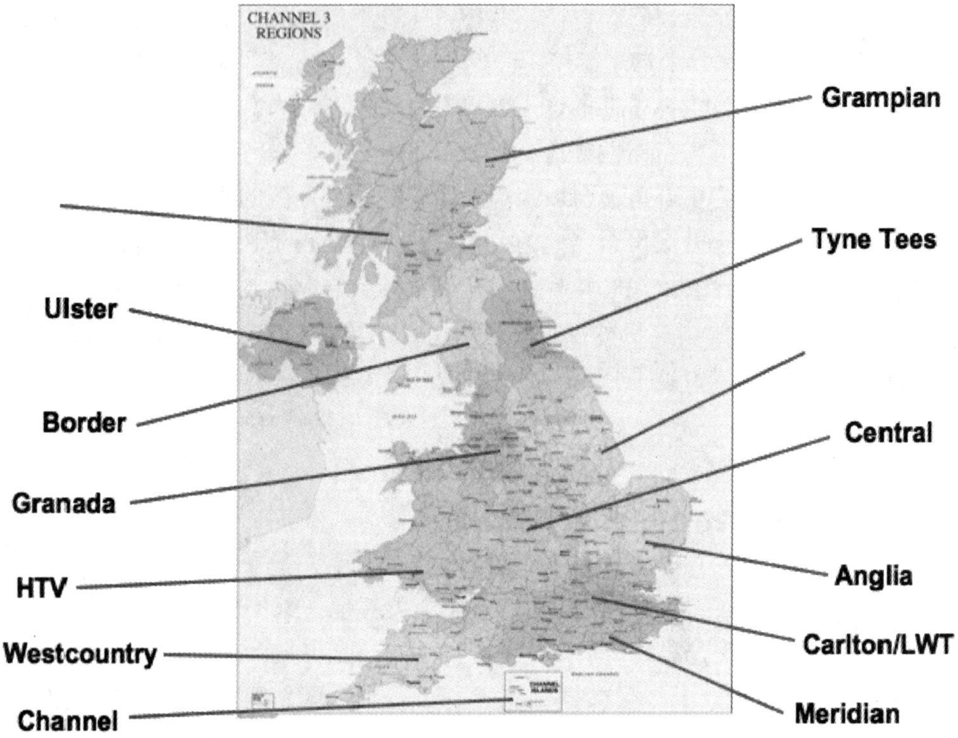

独立电视台特许经营公司分布图。

泰晤士电视台在1968年赢得伦敦地区周一至周五的特许经营执照。很多年以来，泰晤士电视台一直是独立电视特许经营执照持有者中规模最大、经营状况最佳的一个。泰晤士电视台以出产大量的现代电视剧著名。泰晤士电视台20世纪70年代的电视剧导演杰瑞米·艾萨克后来历任第四频道的第一任总裁和BBC总裁，并被誉为“BBC历史上最好的总裁”。泰晤士电视台旗下有一家名叫尤斯顿电影（Euston Film）的节目制作公司，曾经制作了大量家喻户晓的节目。尽管如此，在1991年续签特许经营权时，泰晤士电视台不敌卡尔顿传播公司，失去特许经营执照。此后便成为节目制作公司，后又协助创建英国黄金频道（U.K. Gold），专门播出早期泰晤士电视台制作的节目和BBC的经典节目。

伦敦周末电视台（LWT）于1967年赢得伦敦地区的特许经营执照，并于1968年2月开播。LWT以其制作的娱乐节目著名，其时政节目《周末世界》和经久不衰的艺术节目也令人称道。

中部独立电视台（Central）1982年开播，覆盖英国中部和中西部地区。英国电视界最有影响力的格瑞德爵士（Lord Grade of Elstree）担任中部独立电视台总裁多年。格瑞德爵士曾担任传播公司协会的主席，该协会曾是英国发展最为成熟的娱乐财团。格瑞德爵士是公认的20世纪50年代以来出口英国电视节目到美国最成功的人。

格兰纳达电视网（Granada Television Network）覆盖英格兰西北部，自1956年5月开播。格兰纳达电视网的首任主席悉尼·波恩斯坦（Sidney Bernstein）是早期英国电视界最有影响力的人物之一。1959年《观察家报》称他是"电视文化先生"和"最著名的社会主义百万富翁"。格兰纳达电视网的前身是有22年历史的格兰纳达集团。该集团旗下经营一系列的影院和剧院。格兰纳达电视网在时事、电视剧和地区性节目制作上独树一帜。它制作的电视剧《加冕街》从1960年播到今天依然长盛不衰。格兰纳达电视网在独立电视特许经营公司中持牌时间最长。它同时持有默多克所有的天空卫视的股权。

独立电视新闻台（Independent Television News or ITN）创建于1955年，专业经营新闻节目。初创时为独立电视台旗下专属的新闻制作机构，后依据《1990年广播法案》改制为商业电视台，同时在合同的基础上为独立电视台和其他电视网提供新闻节目。目前独立电视新闻台的股东包括卡尔顿、中部电视、格兰纳达、LWT、路透社、安哥里亚和STV，其中后两者各占5%，其余五家各占18%。

二、《1990年广播法案》和商业电视：放松管制还是放任自流?

作为英国首家商业电视台，独立电视台对广告市场的垄断为其带来丰厚的利润。苏格兰电视台的总裁罗伊·汤姆森（Roy Thomson）曾经戏称独立电视台的特许经营执照好比"特许印钞执照"。很长一段时间以来，制播一体的运作体制保证了充足的制作经费。一位从刻板的BBC跳槽到宽松的独立电视台的老演员曾回忆道："没有预算的限制，对于艺术来说就是天堂。"当时的税收政策也鼓励公司将赢利投资到节目制作。宽松的政策环境和自由的艺术创造空间共同印证了早期的独立电视台发展的黄金时期。这一黄金时期一直持续到1990年。

1989年天空卫视通过Astra卫星，在英国开始卫星直播电视业务。独立电视台突然意识到以旗下15个地区特许经营公司散兵游勇式的作业方式已经不足以和来势凶猛的天空卫视抗衡。眼看着天空卫视不受地区性节目编排的限制，在英伦三岛畅行无阻，独立电视台的总裁们如坐针毡。他们开始游说政府放松对商业电视台的管制。这正和撒切尔政府市场经济改革的目标不谋而合。《1990年广播法案》除了将独立电视网改名为三频道以外，在很多方面，从很深的层面上改变了英国商业电视的监管传统。这些改变以推动竞争和电视市场的发展为主要特征，体现在以下几个方面：跨媒体所有权政策的松动，宗教、艺术和儿童节目的份额取消，单个公司持有两个以上特许经营执照成为可能。本章以下将主要探讨自20世纪90年代以来，以放松管制为主要趋势的英国媒体产业政策给电视市场带来的主要影响。

1. 特许经营权花落富人家

撒切尔政府的自由市场改革彻底撼动了独立电视委员会授予特许经营执照的传统标准。最初撒切尔夫人执意要将特许经营权完全以招标的方式分配。最终妥协的结果是，所有参与竞标的公司都必须向独立电视委员会递交一份商业计划书，阐述将如何保证高质量的节目制作和编播。独立电视委员会经过对计划书的质量评估，决定该公司有没有资格参与竞标。虽说有质量评估在先，最终的决定因素却是出价的高低。决胜的标准从以前的综合考量转变为现在的金钱至上，从很大程度上削弱了监管机构的控制权。

结果不言而喻，中部电视公司虽然一贯以高质量的节目闻名，却以2000英镑的微弱差距输掉了特许经营权。西南电视竞标的资金虽较西部电视雄厚，由于独立电视委员会认为竞标已掏出血本，没有留下足够的资金保证节目质量，也与特许经营权失之交臂。早间电视TV-AM的特许经营执照被GMTV夺走。伦敦地区泰晤士电视台的特许经营执照被实力雄厚的卡尔顿公司成功收入囊中。观察家们认为，这与泰晤士电视台1988年因制作有关爱尔兰共和军的纪录片（Death on The Rock）而惹恼撒切尔夫人不无关系。这正应验了格里格·戴克（Greg Dyke）的预言："独立电视台的制片人如果知道他的节目将会导致政府通过法律来改变他们的命运，便不会再有胆量制作有争议的政治节目。"

2. 大即是美？

独立电视台近年来经营效益不佳。一方面企业在电视上的广告投放减少，另一方面来自默多克投资的天空电视台的竞争日益加强，卡尔顿和格兰纳达公司的合并正是要应对这种局面，格兰纳达和卡尔顿两家的总裁共同促成了这一合并。合并的主要目的是节省开支，避免不必要的重复播出，以便打造电视旗舰来和BBC、天空卫视以及其他外国电视台抗衡。

1995年12月，英国政府颁布《广播法案》计划取消过去一家公司不能拥有超过两张特许经营执照的限制。这项法令后来纳入英国《1996年广播法案》，允许独立电视台的特许经营公司在不超过整个市场收视份额15%的情况下，可以无限制持有特许经营执照。此后不久，独立电视台的15家按地区分布的特许经营公司便开始了一场大鱼吃小鱼的竞赛。到2004年为止，15个特许经营台中的11个被两大巨头卡尔顿和格兰纳达公司收购。目前的独立电视台，虽然保留了原先的名字，却已变成股份制的上市公司。原有的15家特许经营公司经过合并组成了以下四个公司：独立电视台（ITV，Plc），由卡尔顿和格兰纳达两家公司合并而成，拥有11个原有的特许经营公司；SMG（拥有苏格兰原有的两家特许经营公司）；以及位于北爱尔兰的UTV和海峡群岛频道。这样一来，英国本土的11个地区性的特许经营公司全部并入新的独立电视台，原有的地区性公司只在边缘的苏格兰、海峡群岛和北爱尔兰零星分布。

然而这个强强联手并不被观察家看好。合并后的独立电视台没有达到预期的目标却适得其反。削减了传统强项电视剧和地区性节目的制作经费，播出的节目一味追求娱乐化而格调低下，导致收视率不断下降。人们担心在放松管制的大趋势带来的也许不是放松管制而是放任自流。

3. 新闻时事流于庸俗

如果说以前“双头垄断”的竞争防止了电视领域出现英国小报式新闻的话，随着商营领域各个频道之间对广告竞争的出现，电视新闻小报化的倾向已经很明显了。独立电视台的新闻时事节目已被减少，一些时事性节目被安排到不重要的时间，严肃新闻的分量明显下降。比如，1990年至1995年之间，这一节目中的国际新闻从43%降到了15%，娱乐和体育新闻从8.5%增加到了17%。

独立电视新闻台的广告时段已经为独立电视网带来了每年9000万英镑的收入。然而在是否将独立电视一频道《十时新闻》挪出黄金时段的问题上，仍旧争议不断。支持派的观点认为，挪到11时之后（比全国平均睡觉时间10:30还晚半个小时）将会给黄金时间大片的播出腾出位置。广告收入当然会跟着上升。由于独立电视委员会的反对，一直未能得以实施。在20世纪90年代日益激烈的商业电视环境下，更多的人认为坚持将新闻时事节目放在10时的黄金时段是不识时务的做法。他们认为独立电视台本质上是商业电视台，应该以吸引观众和商业利润为主要目标。论战持续到1999年，《十时新闻》最终变为《十一时新闻》。

这一时段的调整导致独立电视台新闻的收视率骤然下降14%。紧跟着下降的还有新闻时事节目的质量。“独立电视网新闻节目的选材、新闻编排和播送正在日益‘小报化’，”一位独立电视新闻台的制片人曾这样形容当时的新闻节目，“该时段的新闻节目充斥着闭路电视监视器的录像内容，通常以车祸、伤员等骇人听闻，趣味低俗的短片来吸引观众。这对以往高质量的独立电视新闻台来说简直是一种讽刺。”独立电视新闻台的资深制作人联名上书独立电视委员会，痛斥该做法。很多国会议员和公众也提出反对意见。独立电视委员会经过一段时间的监控后发表声明说：《十一时新闻》的节目制作令人满意，9时到11时时段的节目也达到了预期的目的。但是作为肩负公共服务使命的电视台，新闻节目收视率的大幅下滑有力地说明了独立电视台没能提供有效的服务，命令其调整节目编排。

新闻时事节目质量的下滑早在20世纪90年代初就初露端倪。格兰纳达电视台时事节目总监、著名时事节目《世界在行动》（World in Action）制片人雷·费兹沃尔特（Ray Fitzwalter）由于不满独立电视网一味向钱看，曾言词激烈地批评日益下降的节目制作水平说："这些人正在以电视快餐式的节目盲目地追求收视率的最大化，他们以节目的多样化和质量为代价追求更多的利润"。《世界在行动》（World in Action）这个1963年开播的新闻调查节目曾因调查女王纳税情况、伯明翰六人帮和多起贿赂案而名噪一时。节目制片人雷·费兹沃尔特（Ray Fitzwalter）曾带头发起"高品质电视节目"的运动。这位众人皆醉我独醒的优秀新闻工作者，最终在1994年被排挤出了独立电视网。

4. 地区性制作和儿童电视节目面临灭顶之灾

2003年通信办公厅（Ofcom）成立后，独立电视委员会的监管传统也在慢慢退出历史舞台。根据《2003年广播法案》的要求，通信办公厅对公共服务电视台（BBC、独立电视台、第四频道、第五频道、电视文字服务）的服务依法进行评估。2005年2月，报告的分析和征求意见阶段结束，最终定稿《为质量而竞争》（Competition for Quality）出版，全面阐述了数字化时代电视将如何更好地服务公众。研究报告认为，独立电视台应该保留它最具特色的地方新闻时事节目、电视剧和原创节目的制作。同时削减非新闻类节目地方节目的制作，从原来的每周三小时到一个半小时。随着全面数字化的推行，这一份额还有可能进一步降低到每周半小时。该报告指出独立电视一频道应该更多地委托制作适合电视网播出的高品质制作从而取代低成本的地区性节目。

《为质量而竞争》的出版正式首肯了独立电视台削减每周播出的地区性节目的份额。紧接着，独立电视台便开始向儿童节目磨刀霍霍。由于儿童节目的利润率较低，2006年6月，独立电视一频道撤销了它的一个儿童节目制作中心"格兰纳达儿童"和其中的19个职位。独立电视台决定将儿童节目的时间从每周八小时降低到每周两小时，从而腾出时间给纪实片和娱乐节目。在禁播垃圾食品广告的影响下，儿童节目已经身陷囹圄。独立电视台取消对儿童节目的支持无疑更是雪上加霜。BBC推出的数字电视儿童频道 CBBC 和 CBeebies 专门为儿童市场服务。尽管如此，电影电视独立制作人联盟（Producers Alliance for Cinema and Television，简称PACT）资料显示，英国公共服务电视台播出的本地制作的首播儿童节目总时间从1998年的

2798小时下降到了2004年的2557小时。

独立电视台把节目经费8.5亿英镑的30%作为公共服务内容的预算。其中，儿童节目投资每年是2000万英镑，几乎是独立电视台、第四频道和第五频道儿童节目总投资4200万英镑的一半。著名儿童节目制片人齐斯·彻普曼（Keith Chapman）先生认为独立电视台在儿童节目上的撤资将会影响到整个儿童电视制作行业，儿童电视节目的总时间将会大幅度降低。独立制作力量之间的竞争将更加激烈。独立电视台儿童节目总监在6月的一次业界峰会上毫不夸张地说："'格兰纳达儿童'的关门只是整个儿童节目制作市场黯淡的开始。除非对公共服务电视的预算进行根本上的重组，否则儿童节目和独立制作力量都将会受到致命的创伤。在可以预见的未来，儿童电视产业将不复存在。"

PACT专门致信通信办公厅表达了他们对允许独立电视一频道放弃儿童节目的做法的担忧。PACT还对禁止在晚上9时分水岭之前播出垃圾食品广告的做法表达了不同意见。PACT认为对垃圾食品类广告的禁播会进一步影响对儿童节目的投资，甚至影响到所有商业电视台——独立电视台、第四频道和第五频道的儿童节目的资金来源。PACT主席约翰·麦克维不无担忧地说："《2003年通信法案》所保证的高质量、多种类的儿童节目很可能从此淡出英国电视屏幕，通信办公厅将会因此而背上渎职的罪名。"

第三节　第四频道（Channel 4）——叛逆的新生代

第四频道台标及台址。

1982年，为了打破BBC和ITV的双头垄断，英国第四频道创立。从此，英国电视史上的一颗明星出现了。与英国其他全国性频道相比，第四频道的电视节目内容极为丰富，形式大胆出位，令人耳目一新。特别是，它采用委托制作的方式，和300多家独立制作人合作创造了一系列收视奇迹。

第四频道建立之初是由当时的独立广播管理局（IBA）所有，并由独立电视台来承担起运作经费。作为回报，独立电视台有权出售第四频道的广告时段。这样的安排保证了第四频道早期的节目编播不受广告和收视率的影响。随着第四频道经营的成熟，一个颇有商业潜力的新兴商业电视台呼之欲出。第四频道的董事们开始游说政府将第四频道独立出来。这一想法也得到了孔雀委员会的支持。《1990年广播法案》从根本上改变了第四频道的所有制结构。首先，第四频道从独立电视局的下属单位，变成了法定非营利性的第四频道公司电视公司（Channel Four Television Corporation）。第四频道的运作由新成立的独立电视委员会任命的董事会来执行。其次，第四频道从此获得自主经营自己的广告时段的权利。

第四频道的观众群对广告商来说很有吸引力：他们多为年轻人或中上游购买力市场、挑剔的收视者和最早尝试新科技和服务的人群。1982年第四频道创建时，主要是为了满足“小众市场”的需求，并由ITV的广告收入来维持运作。1993年以来，第四频道开始经营自己的广告时段后，开始注意广告商的喜好。第四频道的节目编排只能吸引全英国5500万观众的5%~10%，但是收看第四频道的人群正是广告商要抓住的人群，因此从经济学的角度看，千人成本要比其他频道低很多。

自1993年第四频道开始经营自己的广告时段之后，收入从2.42亿英镑一跃至4.48亿英镑，实现了三年之内增长85%的纪录。第四频道占广告市场的份额也从13.9%上升到20.9%。第四频道可支配收入（即可投入节目制作和运营的资金）增长了28%，高于任何一家英国模拟电视台。同期独立电视台净收入增长为12%，BBC为15%。第四频道集团2005年的收入达到8.94亿英镑，比2004年增长了6%。

尽管这样，第四频道仍然不是一个简单的纯商业频道，事实上，它与美国的商业电视网有着很大的不同，属于公共服务广播机构，仍然归独立电视委员会管理。另外，在节目编排的根本原则上，第四频道还要履行公共服务电视的义务，即在节目制作和编排方面照顾小众偏好，补充BBC和独立电视台的节目类型空缺。第四频道的开播，可以说是英国社会对于多元化要求的一种积极响应。其节目政策开宗明义指出，第四频道意在为未尝试过、新奇的电视节目提供实验的场所，为新人、新点子提供孕育的温床，并让这些新血与创意，能拥有彼此交流、互相激荡的管道。直到现在它的主要节目策略还是多元、创新、挑战传统。

第四频道电视台的授权承诺（Licence Commitments）中明确保证：第四频道将

履行我们的授权承诺，保证播出公共服务性质的节目，其中时事报道至少每周4小时任意时间，其中黄金时间节目要达到每年80小时，教育类每周7小时，多文化类每周3小时，新闻每周4小时黄金时间，宗教节目每周1小时，教学类节目每年330小时。同时加上首播、首创和地方节目。

一、电视节目出版商模式

在经营方式上，第四频道最特别和引人关注的地方是完全没有自制节目，主要依靠委托制作来供给节目。业界也称之为“电视节目出版商”。第四频道的委托制作相当彻底，连新闻时段都交由ITN（ITV于1955年成立的新闻机构）在一定的规范下制播，包括午间新闻、7时的晚间新闻以及每周青少年板块新闻“第一手消息（First Edition）”，都是由ITN提供。其他节目，也全部委托制作，与全英国311个独立制作人合作。在1986年之前，它的节目43%来自独立制作人，39%来自ITV及ITN，18%来自电影剧情片。后来，为了发掘新秀、鼓励多元创意，第四频道还特别将30%的节目资源，投资在伦敦以外的制作公司。

第四频道成立之前，英国所有的电视节目制作几乎都出自BBC或独立电视台。在外国节目进口方面有严格的限制。政策规定，BBC和独立电视台所有播出节目的84%必须是英国国内制作的。20世纪80年代，保守党政府开始全面推行委托制作模式，以独立制作力量的繁荣来构成英国电视市场的新格局，并规定公共服务电视台每年必须播出25%的独立制作节目的份额。

英国委托制作的鲜明特色是：它被大力推广进而规定为广播电视制度的目的是促进国家的公共广播服务。它依据《安南报告》的发现和建议，以第四频道作为试点，为推进广播电视的多样化和电视机构的改革作出贡献，而且几十年来这一初衷始终没有改变，直到1993年，英国的广播法案令还硬性规定：第四频道要“保持适当比例的教育性节目并鼓励改革与实验”（Central Office of Information），公共服务的理想仍然在发挥着作用。

尽管第四频道播出的内容来自形形色色的独立制片公司，但是这并没有影响频道的整体特色和鲜明的个性特征。这也使它的节目独树一帜，频道的整体水准保持基本平衡。

第四频道的首任主席爱德蒙·戴尔（Edmund Dell）曾回忆说为了保证第四频道新闻节目编排的新颖和独特，第四频道董事会曾经专门和独立电视新闻台的主席和总编们就节目形式和内容进行了长达数周的专门讨论。尽管如此，独立电视新闻台的制作还是时常不能令第四频道的董事们满意。第四频道的首任主席爱德蒙·戴尔（Edmund Dell）曾给ITN的主席写信，言词激烈地向ITN下最后通牒，声称如果他们制作的节目再不符合我们的要求，就要让其他节目制作公司取而代之。最后，ITN方面派出资深制片人司徒尔特·普维斯（Stewart Purvis）殚精竭虑为第四频道打造自己的晚间新闻。

为了保证第四频道委托制作节目符合频道整体规划，董事会经常要围绕着节目样式的问题展开激烈的讨论，并且花大量时间和精力和各种各样的节目制作公司谈判。董事会常常要加强和节目制作公司谈判协商的力量，还要给他们的工作提出可供选择的合理化建议和要求。董事会的努力使得第四频道创办不久就取得巨大成功，各式各样创新的节目令观众们眼花缭乱。据第四频道网站介绍，目前超过3/4的英国人口每周收看该频道。

第四频道在英国的成功，不经意间造就了一个空前繁荣的独立制作力量和强大的电视节目版式市场。从《谁想成为百万富翁》（Who Wants to Be an Millionaire?）到《最薄弱环节》（Weakest Link），从《来跳舞》（Strictly Come Dancing）到《流行偶像》（Pop Idol），英国电视节目版式出口到了全世界。英国电视产业也以节目形式的创新闻名于世。欧洲著名媒体分析和顾问公司荧屏智讯（Screen Digest）在一份针对节目版式市场的研究报告中指出，在节目出口方面，英国仅次于美国名列全球第二。英国每年仅电视节目版式出口一项就创收五亿英镑。

所谓电视节目版式，其实是指在其他国以同样的名字或形式重新制作播出一个受知识产权保护的节目或节目概念的许可证。常见的节目版式有：排行榜、婚配节目、歌舞节目、游戏类、家庭装修类、杂志类、化妆美容类、真人秀等等。近年来，节目版式交易在各国之间盛行的原因主要是，购买节目版式相对开发新节目成本和风险大幅降低。一个超级流行的节目版式对另一个国家的观众来说也充满了诱惑。另外，将一个在别国成功的节目或节目概念搬上自己国家的电视屏幕本身也蕴涵了巨大的商机。

众多节目版式中，最长盛不衰的是各类游戏节目。从电视台的角度讲，这类节目造价低廉而且播出周期长。从观众的角度讲，游戏类节目交互性强，不在现场的观众往往也能在电视机前抢着回答提问。热线和短信参与在赋予观众的参与权和决定权的同时也给电视台带来了丰厚的收益，真是一石双鸟。拿《老大哥》的创作公司恩德摩（Endemol）来说，业内分析师预测其2006年推出的游戏节目《成交不成交？》（Deal or no Deal）的热线收入一项就将高达1000万英镑。一个能向全球出口的节目版式更是利润丰厚。据《最薄弱环节》（Weakest Link）的制作人透露，该节目形式的一个单页概述就卖了4亿英镑。2006年3月的MIP电视节传出电视行业新的信号，随着手机电视和网络电视的发展，电视节目的创作和买卖将达到一个新的高潮。

引领潮流（Do it First）、制造麻烦（Make Trouble）和激发变革（Inspire Change），20多年以来，第四频道以实际行动履行着它挑战传统、追求创新的信条。一项有关电视频道创新方面的调查问卷显示，认为第四频道最勇于尝试新的节目的观众比选其他电视频道的观众多出50%。然而，第四频道鲜明的个性和挑战传统的种种新的创意也使它的成功充满了争议。有人称赞第四频道是"将资本主义用于公共服务的成功典范"，也有人批评它是"披着公共服务羊皮的商业电视之狼"。这些争议正是目前英国电视产业监管机制面临的新课题。作为英国商业电视的异类，第四频道在不断创造历史的同时也给商业电视的监管提出了新的议题。

二、"将资本用于公共服务的成功典范"

"提供新闻、教育与娱乐并重"是英国公共服务电视的传统理念。第四频道2005年推出的《吉米的校园午餐》（Jamie's School Dinner）和《超级保姆》（Super Nanny）以及科教节目《认识人体奥秘》（Aantomy for Beginner）等节目均有很强的教育性，仍取得很高的收视率。第四频道2005年播出的《吉米的校园午餐》成功促成政府调整政策，增加2.8亿英镑预算用以改善学校营养午餐。该节目因此深得人心。《卫报》记者撰文称赞该节目是本世纪以来英国播出的最具公共服务性质的节日。

吉米·奥立弗（Jamie Oliver）是个电视厨师，最初在BBC做一系列的美食节目，后来成立了自己的电视制作公司。吉米签约第四频道后，开始筹划一系列新的制作。除了吉米的厨房外，吉米想出一系列颇具教育意义的创意。除了《吉米的校园午餐》以外，吉米还拍摄了另一个现实主题的节目，讲述吉米·奥立弗（Jamie Oliver）如何开办"Fifteen"餐厅，训练15位失业的年轻人转行为厨师的故事。该片的热播带动了英国国内厨艺相关的学科的报考热潮。以同样的制作班底，在"Fifteen"餐厅里，吉米·奥立弗提到对于公立学校午餐恶劣的现象，并决定为现状寻找出路。吉米·奥立弗将节目的构想提交给第四频道，希望主动制造议题，以英国人民普遍反感校园午餐作为节目的主轴，扩大成为一个有影响力的运动。但要如何吸引观众参与，又不卷入政治漩涡中，制作团队因此网罗了前BBC财经节目制作人，甚至将制作期延后两个月，来完成这一系列四集的拍摄与筹备工作。

四集节目播出后，不仅收视表现良好，同步推出的“吃得好一点”（Feed Me Better）的公民签名活动也引起广泛回响。英国首相布莱尔宣布成立独立学校餐饮基金会（Independent Food Trust），执政工党也将公立学校餐饮经费纳入白皮书，达到了节目初创时的预期效益。继《吉米的校园午餐》成功后，将继续投资具有教育意义的节目。不只吉米·奥立弗本人将在新年推出新制作，第四频道也将投入200万英镑以两年的时间推动《大艺术计划》（Big Art Project），以改造校园午餐同样的雄心，来改造英国各地的公共艺术。他们力求在全国打造6件永久性公共艺术作品。从2005年10月起，第四频道花了一个月的时间在英国各地投票决定哪些地点最需要公共艺术，预计将于2007年6月推出6集节目。第四频道总裁安迪·邓肯（Andy Duncan）期待说：“（我们的目的）不只是电视节目，而是能更进一步地实际地改造社区环境。”

英国广播电视专业杂志《广播》（Broadcast）发表评论文章说：“第四频道无论是《吉米的校园午餐》还是《超级保姆》都比标榜公共服务的BBC制作的类似节目更成功。相比较而言，BBC所推出的《肥胖国家》（Fat Nation）更显得教条主义。吉米的厨房系列节目以现实生活中的人和事为拍摄主题（Reality Show），通过创造性的主题来吸引观众，同时又不乏人文关怀。这一系列节目使得第四频道以商业运营模式成功发挥电视媒介的教育功能。说明教育节目不等于枯燥无聊。视角独特的教育节目，也可以让人大开眼界，甚至发人深省，同时获得不错的收视率。第四频道制订的2004~2005年度目标是要证明即使没有任何公共基金，第四频道也能在公共服务方面不打折扣，并且保持商业上的竞争力。在这方面，第四频道的确高人一筹，因此被称作‘将资本用于公共服务的成功典范’。”

三、“披着公共服务羊皮的商业电视之狼”

第四频道取得经济上的独立后，一直致力于达到或超过BBC 2频道的收视率，并在2005年首次超过BBC 2频道。就节目编排来说，第四频道播出的新闻节目、流行节目、电视剧和艺术节目都多于BBC 2。2005年第四频道的节目编排策略侧重多元化、创新和出位。随着《老大哥》[①]等一系列节目红遍英伦三岛，2005年第四频

① “老大哥”一词出自乔治·奥威尔 (George Orwell) 的著名政治小说《1984》中的一句话：“老大哥在看着你呢”。《1984》以苏联为蓝本，描写了一个遍布密探与监视系统的国家，该国家的所有人全处在“老大哥”(Big Brother) 的监视下，这个“老大哥”无处不在，人们无论是在户外还是户内，是在工作还是休息，都无法逃脱其严密的监视。

道的收视份额首次超过BBC 2。

第四频道在商业上的成功令对手们感到危机重重。第四频道节目编排上鼓励大胆出位，一方面吸引了观众的眼球，另一方面也给了对手攻击的把柄。格兰纳达媒体集团首席运营官史蒂夫·莫里森（Steve Morrison）曾经在1996年爱丁堡电视节的演说中称第四频道是“披着公共服务羊皮的商业电视之狼”，借此批评它现在的运作机制就像一个没有任何顾虑的私有化的电视台。近几年来，伴随着第四频道的摇钱树、颇具争议的真人秀《老大哥》节目屡次登上英伦三岛所有大小报纸的头条，第四频道也成了商业电视监管的焦点。

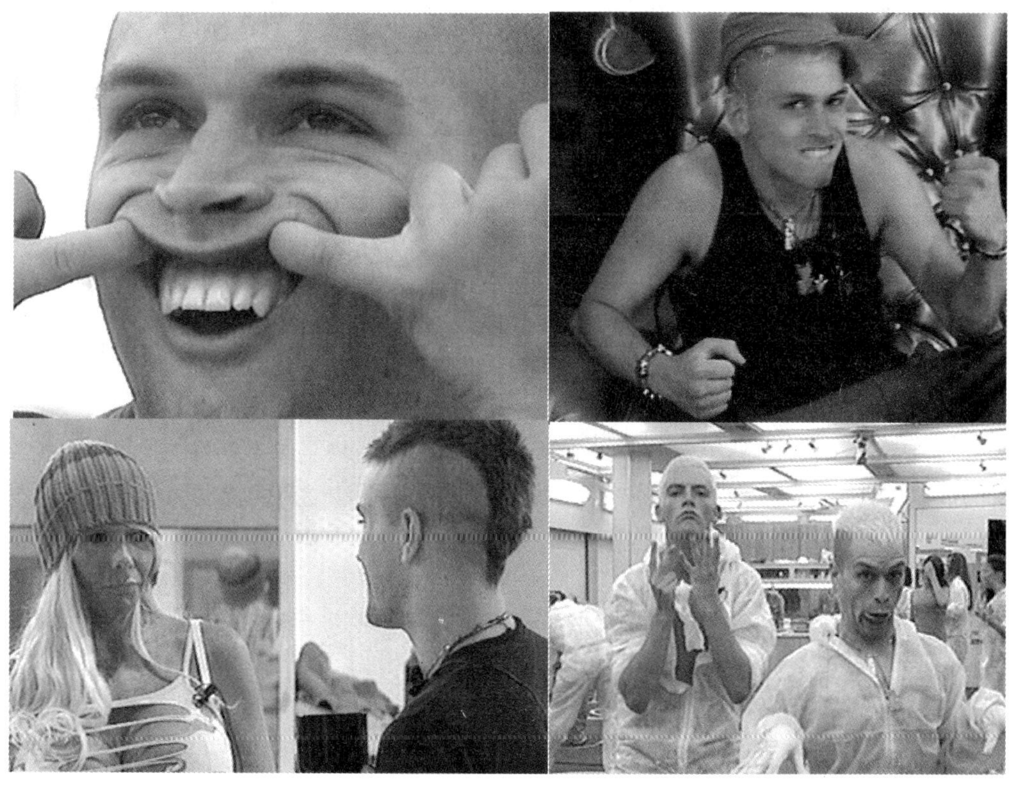

《老大哥》第七期赢家Pete。

《老大哥》2006版，继2005年之后再创开场收视率纪录。700万名电视观众，这个数字占当时英国收看电视总人数的1/3。《老大哥》节目最初由荷兰恩德摩（Endemol）公司首创，后来节目版式出售到欧洲和北美许多国家。英国《老大哥》于2000年夏天由第四频道电视台推出，吸引了大批观众，成为人们谈论的热门话题。

《老大哥》真人秀简单说来就是把一帮陌生的男女关进一个严密监视的公寓。所有13个室友同外界完全隔绝起来，没有电视，没有收音机，没有互联网，没有报纸书信，没有电话。《老大哥》的公寓看起来豪华，却专门为制造麻烦和争端而设计。比如墙壁的颜色据说让室内的人容易激动。最近几期的《老大哥》，不断将公寓的面积缩小，设计突出压抑感。第六期的节目中，制作人专门准备11张单人床和一张双人床，制造潜在的矛盾。为了方便拍摄，公寓里的很多家具和墙壁都是透明的。遍布在公寓个个角落的10个固定摄像机、26个移动式摄像机和40个麦克风在十几周的时间里，24小时不间断地捕捉每个人的一举一动以及他们之间的各种矛盾和交锋，供公众欣赏。第四频道除了每天定时播出录像精选和深夜现场直播之外，还通过自己的数字电视台“E4”24小时连续播出现场实况。

按照规则，电视观众需要在十几个星期的时间里根据自己的喜好对目前这期节目的13位参加者进行投票表决，平均每周淘汰一位，最后的幸存者将会获得10万英镑的奖金。即使是落选者，经过几周的时间，也成为妇孺皆知的明星，广告、片酬都会纷至沓来。

电视台从这个节目中获得的经济利益无疑是最大的。这些收入来自观众投票、广告、网上电视下载以及出售纪念品等等。真人秀投票不同于政治选举投票，政治选举每人只能投一票，但真人秀的制作者却在千方百计地引诱观众重复投票，次数越多越好，因为投一次票就需要交一次费（例如附加在电话费上），而投票收入占据着节目收入的最大份额。据统计，收看这个节目的一半观众平均会每周投1次票，大约1/10的观众每周投2~5次票，还有少数人每周投票的次数会高达50次或100次。

此外，随着手机技术的发展，奥伦治、沃达风和3号手机电话公司首次向用户24小时不间断地提供《老大哥》图像服务，3号公司的收费是每分钟75便士。根据估算，按照3号公司的收费标准，11个星期不间断地看完这个节目的账单将超过8万英镑。

面对这样一个具有巨大经济利益的节目，电视节目制作人用尽各种编排手段吸引观众的眼球。因此每年的《老大哥》节目人选的古怪程度都能刷新历史纪录。有幸被选中参加《老大哥》节目的人，要么个性孤僻，要么有某种精神病，要么是变性人或者同性恋，要么是黄色小报的明星。这些人聚集在封闭且压抑的公寓内，整天无所事事，剩下的就只有受制片人不断升级的恶作剧的摆布，在这十几周的时间里上演各种各样的恩怨情愁。

暴力、色情、脏话充斥着《老大哥》节目的画面。这个全新的节目版式不断令人瞠目结舌。自从2000年首播到2006年播出第七期，这个节目引起了英国社会的几次大讨论，一直是毁誉参半。批评者指出《老大哥》这种单纯追求金钱和收视率的节目是有害的。BBC著名新闻节目主持人约翰·汉弗莱斯（John Humphries）批评《老大哥》是英国最恶劣的电视节目，它展示给人们的是“只要邪恶就能提高收视率”。约翰·汉弗莱斯（John Humphries）呼吁加强对公共电视的管理，甚至以政府干预的方式保证电视节目的质量。英国著名戏剧广播艺术家乔纳森·米勒（Johnson Miller）认为《老大哥》就是“依靠一些人付钱观看其他人相互攻击相互羞辱而赚取大笔金钱的电子垃圾”。他说，现代电视可以以艺术品位极为低下的节目为电视商业家赚钱，这是现代生活的一部分。

《老大哥》也引起一些普通观众的批评。一些电视观众提出投诉说，《老大哥》节目参加者身体的暴露和有关的性言论无异于软性色情表演。特别是一些观众在2005年第五期《老大哥》节目的现场直播出现一场斗殴之后提出了正式投诉。英国电信传媒监管机构Ofcom后来指责当时的场面“过于暴力”，还批评第四频道没有尽早切断画面。

第四频道在2006年8月4日的一项新的创意再一次将它恶作剧的本事发挥到极至。第七期《老大哥》只剩最后一周。第四频道突然宣称要将已经出局的九位《老大哥》室友，由观众投票选出四位再送回《老大哥》节目，并得到10万英镑的奖金。这四位前室友将在8月9日周三的现场直播节目中被安排在《老大哥》公寓隔壁的几个密室里，等待11日下一轮的投票结束。此后这四名前室友中的一个将被剩下的三名室友挑选出来重返《老大哥》公寓。第四频道的一位发言人说：“这个创意的目的是给观众一个机会，把他们认为过早淘汰掉的人一个机会，共同创造另一个惊世骇俗的《老大哥》结局。”

此言一出，舆论哗然。据《泰晤士报》报道，1196名观众通过电话和电子邮件向Ofcom投诉，还有500多名观众直接向第四频道投诉。《卫报》网站的老大哥博客上也有很多观众留言表示反对。很多观众对自己出钱选出来的人又返回《老大哥》公寓表示不满。一位观众说：“只有傻子才会再浪费自己的钱在《老大哥》身上，他们这样做对这个节目的忠实观众非常不公平。”“干得好！《老大哥》，赢得了收视率，但是有没有想过，这么做的代价？”另一个观众愤怒地说：“简直就是骗钱！阴谋骗钱！”

当然也有很多人对这些指责不以为然。正如在2000年首次参加《老大哥》节目的竞争者尼克·巴特曼所说，有些人沉湎于这个节目，让电视台赚了大笔的钱。

他说："没有人把刀架在你的脖子上，如果不想花这个钱就不要花。"第四频道为平息观众的不满宣称每个观众投票所花的50便士中，短信投票的28便士和电话投票的36便士，将会捐给慈善机构，目前善款总额已达15万英镑。她还辩护说："每年《老大哥》节目都会受到各种各样的投诉，很多人都想借此机会发表自己的意见，今年也一样，不足为奇。"

针对观众投诉，Ofcom在其网站上发表回复说："Ofcom认为，观众的主要不满在于用手机短信和电话投票招回前室友导致他们浪费更多的钱。这一行为主要涉及电信服务的价格问题，所以裁决权应该归属独立电信服务监管委员会（Independent Committee for the Supervision of Standards of Telephone Information Services，简称ICSTIS）。"

但是，"低级趣味"也好，"助长偷窥癖"也好，《老大哥》依然是拥有一个庞大的观众群和极高收视率的节目。在是否符合公共服务电视传统这一问题上，恩德摩（Endemol）公司的制片人辩护说，投票招回《老大哥》室友的观众人数已经超出本期《老大哥》任何一次投票的人数。这项历史纪录说明相当多的观众期待这场好戏，这就是大众口味。上千个观众投诉也没能阻挡《老大哥》"邪恶"的脚步，Ofcom的袖手旁观也许真正的原因并不是真的力所不能及。什么是公共服务电视这个恒久的论战似乎还要进行下去。

第四节　第五频道（Channel 5）——绝处求生

1987年，英国政府委托商业部（Department of Trade and Industry）、独立广播局（Independent Broadcasting Authority）和BBC，针对成立第五家无线电视台的可行性进行研究。赞成成立的主要理由是基于：

（1）给英国观众更多的节目选择，且无额外的费用负担。

（2）可以增加商业电视台之间的竞争。

第五家无线电视台执照的申请与竞标从1992年开始。但是第一次只有Thames Television提出申请，因独立电视委员会（Independent Television Commission）质疑申请者的经营能力而流标。1995年开放第二次的申请与竞标，最后由MAI（现在称为United News & Media Plc）、CLT/UFA、皮尔森集团（Pearson Plc）、Warburg Pincus & Co.联合组成的Channel 5 Broadcasting获

第五频道台标。

得，并于1996年4月取得经营执照，1997年3月30日正式开播。

Channel 5的原始股东Warburg Pincus & Co.后来将其18%的股份售予其他股东。目前股东包括：

（1）RTL Group占64.625%（CLT/UFA和皮尔森电视两家公司在2000年合并后组成之泛欧洲媒体集团，经营电视、广播、内容和在线服务等业务）。

（2）United News & Media plc（英国最大的媒体集团）占35.375%。

英国传播学者安德鲁·格兰姆（Andrew Graham）指出，英国公共广播电视服务的设计有三个重要原则：

（1）有市场区隔性。

（2）负有告知、教育和娱乐的目的，并涵盖各类型节目，而不局限于特殊类型的节目。

（3）免费提供给所有观众。

所以，英国第5家无线电视台——Channel 5的成立，也是秉持如此的设计而产生。尽管和英国所有模拟地面电视台一样，都必须保证完成1989年欧盟《电视无国界》（Television Without Frontiers）制订的50%以上的节目必须来自欧洲大陆的指标，同是商业电视台，它的公共服务义务与独立电视台和第四频道相比却宽松很多。

Channel 5 1999年各类型节目播出比例

节目类型	播出比例(%)
电影	22.90
写实	19.08
戏剧	15.85
体育	14.18
儿童	9.93
娱乐	9.83
新闻	8.22

一、节目编排

由于政府可以分配给Channel 5的电波频率不够，Channel 5是目前英国唯一无法达到100%信号覆盖率的无线电视台。开播时拥有33个转播站、70%的家庭覆盖率，到目前已争取到有47个转播站、覆盖约81%的英国家庭。另外，Channel 5也积极通过有线电视和卫星电视同步转播Channel 5的节目，以服务更多无法接收之观众，让观众可以免费收视到节目。1997年开播时，每个礼拜只有超过1/3的成人观众会收看Channel 5；到1999年，已达1/2的成人观众每周收视该台。而在81%可收视Channel 5的家庭中，该频道有平均8%的收视率。研究显示，已有99%的人知道Channel 5这个频道。

与1982年开播的Channel 4相比较，1997年才开播的Channel 5面临媒体产业多频道的激烈竞争，但二者在开播头三年的成长率却相当（Channel 4：66%，Channel 5：69%）。1999年，第五频道市场收视占有率达5.4%。重要的增长是在深夜时段（晚上10：30以后），平均达8.1%。从1999年秋季以后，此时段占有率即超越BBC 2（从35周以后，Channel 5：8.9%、BBC 2：8.1%）。评论家认为，Channel 5的成功，归因于其播映足球赛和软情色节目（Erotic Programming），但是Channel 5指出，以1999年为例，这两类型节目只占Channel 5所有播映节目的2.5%，并非制胜主因。

英国无线电视台在1999~2000年收入增长率

	Channel 4	ITV	Channel 5	Other
1999年	7%	6%	30%	17%
2000年	6%	6%	26%	21%

第五频道正当英国电视市场群雄逐鹿时诞生。它不得不以小制作和特殊的节目编排来与其他无线电视台抗衡。Channel 5晚上9时播映电影，影片的选择特别注意与其他频道同时段所诉求的观众有所区别。晚上10：30以后播映成人节目，吸引广大的成人观众。有些节目如现场解剖、Family Confidential和The Moors Murders，不仅吸引原有深夜时段的观众群，也开发了新观众群，特别是先前不收视的妇女观众。Channel 5在黄金时段通常选择播映全新节目。如周日晚上8时，当ITV和BBC通常播映传统戏剧节目时，Channel 5选择播映功夫侦探影片（如Martial Law），成功地吸引不喜欢传统戏剧的年轻男性观众。周末和特别的节日，通常安排播映电影、纪录片和娱乐性节目。除了电影以外，Channel 5的写实系列节目、娱乐性节目、戏剧和纪录片也逐渐吸引观众来收视。

第五频道的两大股东皮尔森和联合新闻集团都有制作设备和节目素材的积累可以重播或以低价买进。第五频道还购进有限的足球赛事转播权和电影，并在晚间时段播出软成人内容，比如现场直播整容手术等。此举为第五频道挣得了不可多得的收视率，也赢得一定程度的宣传效应。这些低档的节目编排虽缓解了一时的收视率压力，却不是长久之计。已经习惯了其他四个无线电视台高水准大投入制作的挑剔的英国观众很难对一个不登大雅之堂的二流电视台产生长期的好感。

第五频道目前致力于改变自己的品牌形象，并采取了一系列措施。首先，第五频道计划削减老片的播放，并以一些新的创意替代。第五频道还特意请出克斯蒂杨来担纲第五频道新闻的主播，他们致力于打造轻松随意的新闻播报风格，并因此受到广泛欢迎。在与BBC争夺《新普森一家》播出权的交锋中，虽然败北，却也显示出第五频道不甘心做二流电视台的决心。

二、广告

Channel 5广告的影响力（即收看30秒广告的观众数量），从1997年4月的4.7%上升到1999年9月的10.1%。而近来其广告的收入已占全国电视总收入的6%。96%在ITV和Channel 4放映的全国性广告也可以在Channel 5看到。跟其他电视台不同，Channel 5有自行负责广告业务的人员。目前在伦敦有54位全职的人员，另外有4位地区性人员，负责广告推销业务。

节目中的广告（Spot Advertising）虽然是Channel 5收入的基础，但还无法成为该台单一的收入来源。节目赞助、举办主题活动和广告商赞助的节目等等是该台业务部门持续努力的目标。如Channel 5与百事可乐公司合作的 The Pepsi Chart节目，是一个吸引年轻观众、低花费、高质量的音乐节目，百事可乐公司赚取声誉，而Channel 5得以吸引大量音乐市场的广告经费。有些节目，如 Sea World是由Unilever出资制作的自然生态节目，Channel 5提供免费时段播映。

另外，以物易物的方式是另一项逐渐增加的业务。换句话说，Channel 5以节目时间来换取其他等值的物品或服务。1999年，Channel 5从节目赞助费、物品交换和其他来源获取约700万英镑的收入。

三、新业务

除了经营无线电视节目，Channel 5 也投资成立其他公司，提供其他与媒体相关的新服务。1999年至2000年新成立的子公司为5 Direct和5 International，与他人新合资成立之公司为produxion.com。

5text——广播信息服务，Channel 5 和BSkyB合组而成。免费提供给80％拥有无线电读（teletext）电视机的观众。信息内容包括最新头条新闻、天气预告、运动比赛结果、精彩节目介绍。此服务也适用于计算机网络上。

Channel 5 International——2000年1月成立。负责开发现有和未来的节目权利，并企图从合制业务开发可能的收入来源。此机构亦为British Television Distributors Association 的成员之一。

Channel 5 Interactive——负责想要延伸在线广告业务的电视广告主和想要从标题广告和赞助业务产生收入的网络业者，提供一个窗口。与其他媒体紧密联系，提供一个延伸进入欧洲的有利平台。

5direct——到宅零售配送服务。从Channel 5购买时段向消费者直接广告产品。假使观众喜欢，可以打电话订购产品。第一年，5direct集中于来自国际代理商的录像带贩卖。在第3个月5direct就达损益平衡，贩卖超过1万盘录像带。

produxion.com——提供电视制作产业独特服务的入口网站公司。包含电视制作公司的联络数据库、人才招募信息、器材买卖在线信息、免费电子信箱服务。此公司由Channel 5、Emap Plc 和Netdecisions公司合资成立。

第五章
三大电视平台各领风骚

【本章简介】

如果说英国传统的模拟地面电视模式是以公共服务为中心开展的，不夸张地说，整个英国商业电视系统是在撒切尔主义的政治主张——以自由市场为中心，最大限度地降低政府干预，推行自由经济——的基础上开展起来的。

1979年以来，政府有计划地逐步抛弃传统的公共服务电视理念，并以一种市场经济下的电视产业理念取而代之。无论是在传统模拟电视领域还是新兴的电视转播方式，科技的发展都带来了相应的市场机遇，比如有线电视、卫星电视和数字电视市场。本章所称的商业电视是不受公共服务理念严格限制的商业电视传输平台——有线、卫星和数字电视，要区别于传统的频谱资源有限的无线地面电视台。虽然严格地讲，数字电视在英国的发展并没有完全商业化，目前仍属于政府主导，但是从数字电视引发出来的付费电视、宽带网络、电话业务和网络电视等新商业模式却是新时期电视产业的主要增长点。

本章分别以三大平台为依托，介绍20世纪80年代以后英国电视政策的变化。主要讨论的政策问题有：有线和卫星平台的完全市场化，由此引出的跨媒体所有权问题，基本的数字电视发展策略，产业生态如何平衡等。

本章最后综合分析广播电视产业的发展趋势和相应的英国80年来的广播电视政策，并分析公共服务、商业化、收视费、市场准入和数字切换这五个关键词在不同发展阶段的意义。

数字化革命孕育的“信息社会”早在20世纪80年代初就成为英国电视政策讨论的主要议题。新技术带来的产业机遇成为政府和业界关注的重点。1981年7月的一次演说中，撒切尔夫人提到：政府已经充分认识到了信息技术对未来工商业的重要性，以及政府在推动这一发展趋势过程中的中心作用。卫星电视和宽带网络的快速推行无疑会带来电子产业的繁荣。卫星电视将会对英国航空航天事业的发展有所帮助，而宽带网络的推广更将广泛搭建交互平台，从而在普遍意义上为工业发展作出贡献。撒切尔政府推行有线和卫星电视显然不是出于发展传统意义电视产业的（观众或内容等方面）考虑。

第一节　政府完全放手——有线电视发展迟缓

1981年，英国政府首次任命信息和技术大臣，并设立信息科技顾问团（Information Technology Advisory Panel，简称ITAP）针对有线电视的发展前景提出建议。1982年2月，ITAP发表《有线系统报告》建议尽早发展宽带有线电视网络，形成全程全网。报告还建议成立新的权力机构发放宽带运营执照。1983年，英国政府在《有线电视系统的发展》的白皮书中，提出有线电视作为广播和电信的交集，有着巨大的发展空间，并将12个有线电视系统作为实验系统，目的是对执照颁发和节目播放进行考察。同年，英国政府向其中的11个有线电视系统授予了有线电视特许经营执照。

然而，出于推广自由市场考虑的撒切尔政府并没有积极投资有线电视。撒切尔政府宣称，政府将不投资任何上述电视台，所有利益只能由私人投资来驱动。1984年的《有线电视和广播法案》首先开发电视市场，新成立的有线电视管理机构（CA，1990年与IBA合并成了独立电视委员会——ITC）不仅在有线电视建台和节目内容方面没有IBA管理无线广播电视那样严格，而且为了鼓励私人投资，政府还相应放宽了对内容的管制。虽然模拟广播电视仍为严格监管下的公共服务模式，但新的基于数字模式的电视的发行方式将在较为宽松的框架下，由私人资本推动发展。[①]

《1990年广播法案》的颁布，影响了英国传统电视业的发展进程，它推出了一系列新政策。其中包括：独立电视台特许经营权施行拍卖制，频道获得独立广告经营权，等等。这些新政策虽然集中代表了保守党政府推动市场竞争和自由经济的主张，然而有线和卫星电视平台的发展被彻底推向市场这一事实似乎更能体现什么是“自由经济政策”。

① see Home Office, 1981; ITAP, 1982.

英国早在20世纪40年代就有了有线电视。当时主要是用同轴线通过主天线接入社区。但由于地形或距离的关系，往往收视质量不高。1972年，格林尼治有线电视（Greenwich Cablevision）首创了地区有线电视台。随后，五家地区有线电视台在布里斯托、谢菲尔德、斯文登、威灵堡、Milton Keynes开播。苏格兰也有两家有线电视台试营。

20世纪80年代，有线电视被划作了私有投资者的保留地，为了鼓励私人投资，保守党政府相应放宽了有线电视在公共服务方面的管制。然而巨大的初始网络建设投资、不可预测的回报周期再加上英国现有的地面电视频道广受欢迎等一系列原因，导致英国有线电视产业的发展长期停滞不前。到1988年为止，英国有线电视网覆盖用户只有30万户，接通用户仅有4.5万户。所谓的巨大发展空间苦于没有投资也就流于空谈，由此而来的商机和产业发展并没有如期实现。因此所谓的“信息社会”（information society）在80年代英国的电视政策中逐渐销声匿迹。

由于有线电视仍然发展不快，90年代，这一领域管理被进一步放宽，到了可以允许外资进入和利用有线电视来提供电信服务的地步。结果美国的有线电视公司和电话公司很快进入了英国市场，并基本控制了英国的有线电视业。[①]最初的20年中，英国有线网络运营商一直是作为播送电视节目的电话公司出现的。而在美国，有线电视公司是以电视业务为主。进入90年代后，有线宽带的普及才带动了整个英国有线电视的发展。到1999年7月，在英国的1950万家庭中，有1200万家庭被有线网覆盖，其中430万家庭与线缆电话连接，提供电话服务的有线电视宽带特许经营商共有134个，容量达460万线。

1998年，天空卫视直播卫星频道开播后，丰富的付费频道资源才最终唤醒了有线电视用户的视觉神经。有人说，天空卫视是英国有线电视的“救星”，更有人说“英国有线电视天生无法和天空卫视抗衡，只能在一旁抱怨”。对此，英国西部有线的总裁大卫·厄斯坦（David Elstein）并不否认。但是他补充说：“英国的有线电视规模小，并且地区性强，当然无法和全国统一营销的天空卫视相提并论。”

有线电视在英国发展缓慢的原因很多。除了上面提到的政策性因素、高额的投入和漫长的回报期以外，很重要的一点是其原有的四个强势的模拟电视频道。由于现有节目质量高，形态多样化，观众对现有频道满意度高，因此对新传播方式的渴求并不强烈。一直到20世纪90年代，有线电视才初具规模。卫星电视通过“体育转播战”也赢得了一定的观众。另一个重要原因是录像机在英国市场的普及。作为

① Edward Herman and Robert McChesney, p.168

世界上录像机普及率较高的国家，英国民众经常把电视节目录下来在方便的时间收看。这也说明了观众对电视节目的满意程度。录像机的另一个主要用途——租看录像带也很普遍。特别是英国相当多的少数民族，比如印巴人，把看亚洲生产的电影和电视录像作为凝聚民族文化的有效手段。

第二节　卫星电视——默多克势不可当

2006年3月13日，默多克在伦敦庆祝75岁生日。在过去的60多年里，默多克无疑是英国媒体圈最有影响力的人物。不仅如此，默多克的影响已经遍布政治、流行文化、体育和产业关系等多个领域。他的影响也许还无法正确估计，有人说他赢得的竞选远多于托尼·布莱尔（Tony Blair）。他不顾英国报业工会的反抗迁址沃坪（Wapping），通过一桩桩丑闻动摇了英国王室的地位，把足球变成一种金钱的运动，通过天空卫视改组了英国电视产业的格局。目前为止，天空卫视用户接近800万，已经占领英国大部分付费电视市场。

美国媒体大亨百瑞·迪乐（Barry Diller）曾经把默多克形容为“全世界媒体界唯一的国际型企业家”。在英国以外的很多国家，默多克的成功为他赢得了无比的尊重。尽管成功地改变了英国人的媒体消费观念和方式，但默多克并不认为英国人对他的贡献心存感激。自天空卫视“侵略”英国市场以来，默多克一直是英国主流媒体的眼中钉。他也因此无法进入被伊顿、剑桥、牛津校友霸占的英国主流媒体大亨的圈子，尽管默多克本人也是牛津校友。默多克自我解嘲说：“他们都因为天空卫视对我耿耿于怀甚至有些神经质，这很正常。”

一、最初的闭门羹

默多克想要涉足电视产业已久。1969年，刚刚收购《世界新闻》和《太阳报》的默多克已经开始积极寻找进入英国电视业的机会。在他自己的祖国澳大利亚，默多克涉足广电的尝试并不那么顺利。跨媒体所有权的控制一度收紧，导致默多克不得不放弃当时已有的一些公司的股份。默多克在美国的扩张似乎比较顺利，代价是他不得不面对星条旗发誓成为美国公民。

20世纪60年代，英国在媒体所有权方面的政策非常模糊。虽然对持牌人或公司的英国国籍进行了明确的规定，在跨媒体所有权方面，除了要求经过所谓的“公共利益测试”以外没有更多的规定。这对默多克来说不能不说是福音。

1969年，独立电视管理局（ITA）管辖下的伦敦周末电视台（LWT）虽然获得了新一轮六年的特许经营执照，但广告收入不利，资金严重匮乏。LWT总裁汤姆·马格里森（Tom Margerison）在一次偶然会面中曾暗示默多克投资LWT。同年秋，LWT财政状况日益严峻，董事会开始出现分歧。阿诺德·温斯多克（Arnold Weinstock）决定将他持有的LWT 7.5%的股权出售给默多克。经ITA同意，股权转让成功。这更进一步刺激了默多克扩张的野心。随着LWT资金日益紧张，默多克提出的50万英镑的投资，换来了LWT 35% 的股份和出席高层管理会议的权利。

迫不及待掌权的默多克在此后的三周便成功策划开除了原总裁汤姆·马格里森（Tom Margerison），并且宣布要主持高层管理会议。默多克从接手便干涉节目编排，并扬言要对LWT的节目表进行全面调整。这一消息，最终激怒了独立电视管理局（ITA）。1970年2月，ITA向LWT 发出最后通牒：LWT所有的节目编排必须提交ITA审核，必须任命一位新总裁和节目总编，默多克不能担任总裁职务。默多克虽然对ITA的干涉大发雷霆，对于他觊觎已久的英国电视产业终究还是悻悻而归。默多克曾回忆说：“他们始终不允许我们涉足英国的地面电视行业。当时的管理层也更倾向于讨好监管机构（ITA）而不是股东。而ITA所做的无非是延长双头垄断而已。”

回忆20世纪60年代的媒介政策，后来的独立电视委员会（ITC）主席彼得·罗杰斯（Peter Rogers）曾说：当时的英国电视界对默多克和试图控股苏格兰电视的加拿大报业大亨汤姆森爵士（Lord Thomson）一直怀有很深的抵触情绪。在默多克眼里，英国的电视产业毫无希望地掌握在一群所谓的精英阶级手里。商业电视是政府许可下的地区性垄断，监管机构享有绝对的控制权，特许经营执照的颁发过程“主观武断、缺乏透明度”。这一切都使默多克进军英国电视界障碍重重。LWT的失败经历也让默多克意识到，涉足英国传统的地面电视系统已经不可能，下一步他只能在边缘寻找机会。

二、玩转政治长驱直入

政策都是人订的，精明的默多克显然明白这个简单的道理。在其媒体帝国的扩张运动中，充满了撒切尔夫人、里根、梅杰、布莱尔和布什等英美领导人的身影。默多克与英国政界的紧密结合并不意味着默多克有什么鲜明的政治主张，在他眼里，政治只是他扩张其传媒帝国、攫取巨额商业利润的工具。为了讨好英国政府，默多克旗下的媒体见风使舵，八面玲珑。20世纪80年代不遗余力地打击撒切尔夫人的眼中钉——BBC和大选对手工党，此后又支持梅杰政府。后又在保守党眼看要下台的时候转而讨好工党。默多克一位资深助手感叹说："在操纵政客为自身利益服务方面，我从未见过比默多克更精明的人。"

1982年，英国与阿根廷为争夺马尔维纳斯群岛爆发战争。默多克旗下的媒体极力支持当时英国首相撒切尔夫人的强硬立场，不遗余力地打击铁娘子的政敌。在默多克媒体的鼓动下，BBC在马岛战争中的客观报道竟然被听众指责为卖国行为。战争结束之后，撒切尔首相投桃报李。1981年，默多克接管《泰晤士报》和《星期天泰晤士报》却没有受到垄断和兼并委员会的审查。尽管多方人士控告默多克垄断了英国1/3的报业，但是撒切尔夫人置若罔闻，听任默多克继续他的兼并事业。撒切尔夫人在一封写给《太阳报》的信中曾说："你对一个任职11年半的首相来讲是极大的鼓舞。"

《1990年广播法案》颁布，规定拥有20%以上发行量的全国大报，就不能控股英国地面电视，却不包括卫星电视。坊间盛传此举的原因也是撒切尔夫人对默多克的恩惠。1990年11月，天空卫星频道（Sky）兼并英国卫星广播公司（BSB），并更名为天空卫视（BSkyB）。合并后的天空卫视延续PAL传输模式通过Astra卫星转播，从而免受英国政府的管制。也正是因为这样，天空卫视才能对英国卫星广播公司原有的公共服务电视义务的制约熟视无睹。不仅如此，BSkyB还被免去了普通电视必须遵守的欧盟有关欧洲节目内容的规定，而且它的新闻也不受任何质量方面的管制。有宽松的节目政策，又有新闻公司在英国报业的高额利润作后盾，BSkyB在头几年亏本数亿英镑以后，到1993年开始赢利，在英国电视业中站稳了脚跟。[①]到1997年为止，天空卫视覆盖900万英国家庭，用户多达200万。严格地讲，英国政府对天空卫视兼并案并不是完全束手无策。但是一贯的"自由经济政策"和撒切尔夫人对默多克商业帝国的景仰促成了默多克多年的心愿。

保守党政府1995年就跨媒体所有权出版的绿皮书将自动提交垄断和兼并委员会处理的案例标准从原来的报纸发行量2.5万份提高到5万份。1995年底，国家遗产部大臣弗吉尼亚·伯特姆利（Virgina Bottomley）提交《广播议案》，允许报业集团控股独立电视台特许经营公司。虽然镜报集团和默多克因各持有20%以上的全国大报发行量而不能控股，但此议案仍没有规定两者不能涉足有线、卫星和数字电视。这对默多克来讲不能说不是一个恩赐。

① Bob Franklin, pp.199–201.

默多克本人和他的媒体帝国无疑是撒切尔政权20世纪80年代商业化运动和放松管制的最大受益者。尽管他的名字没能荣幸地收录在撒切尔夫人的回忆录中，这一点无论在当时还是将来都毋庸置疑。撒切尔夫人声称竞争的加剧无疑将带来进步，无论从标准还是品位方面来说。然而反观世界各地，无限制的竞争带来的只有电视节目的低俗化。撒切尔夫人显然是对默多克先生提高大众品位的能力充满了信心——尽管在大多数英国人眼中，他的功绩仅限于重新包装《太阳报》。[①]

1997年，看到保守党气数已尽的默多克，在年轻的工党领袖布莱尔身上找到了希望。布莱尔为在1997年大选期间争取默多克的支持，应默多克邀请乘头等舱飞到澳大利亚的海岛游玩。当时这位未来的英国首相在演讲中说："科技的发展已经超出了政策制订的速度……到了重新审视现有跨媒体所有权政策的时候……"并承诺把媒体交还给像默多克这样的"企业"。在当年的英国大选中，默多克控制的英国四大报纸之一、发行量达到250万份的《太阳报》不遗余力地为布莱尔大造声势，使布莱尔最后奇迹般地问鼎宝座，以致有人将布莱尔竞选的最后三周称为"英国新闻史上最黑暗的时代"。

此后，在2003年凯利事件中，默多克不遗余力地利用旗下的报纸打击BBC，支持布莱尔。当BBC在凯利死后公开承认凯利确实是BBC的消息来源后，《世界新闻周报》指责："对BBC的傲慢自大就没有什么限制了吗？凯利饱受精神创伤后自杀了。BBC带着伪善的虔诚向凯利家属表现出了同情。"后来人们发现，这些报刊在抨击BBC时的用词甚至与英国政府的声明一字不差。

英国伦敦城市大学新闻系主任罗德·艾伦说："毫无疑问，默多克不会喜欢BBC，不过这种反感不是因为BBC拥有他所没有的执业牌照，也不在于BBC宣称的自由立场与他的媒体截然不同的报道理念，而是BBC在英国的收视率和所受到的英国人的信任度。默多克旗下媒体现在所做的只有一件事：打击BBC，降低它的收视率，使它的报道不再为英国人所信任。英国当时正在修订《通信法案》，默多克将有机会参与英国国内电视的经营。如果默多克能够讨得英国政府的欢心，对于他的媒体帝国抢占英国传媒市场的制高点将会产生的影响是不言而喻的。而布莱尔急需得到传媒的支持，这似乎是一桩两厢情愿的'买卖'。"

布莱尔于1999年出任首相两年后，就撤掉了支持BBC公共服务性质的英国文化、媒体和体育部部长克里斯·史密斯，换上了他自己的人泰萨·乔尔。事实证

① James Curran and Jean Season, Power Without Responsibility: The Press and broadcasting in Britain (London and New York: Routledge), 1998, p. 211.

明，这位女将不负“默”望。2003年5月间，她在英国上议院针对是否应放宽无线电视股权持有限制进行辩论时力挺默多克。

默多克的新闻集团在英国拥有五家全国性报纸，包括最老牌的大报《泰晤士报》和最畅销的小报《太阳报》，占英国报纸市场达37%。本书第二章提到《2003年传播法案》放松了《1990年广播法案》媒介所有权的规定。虽然拥有全国20%以上的报纸市场，但根据新的《通信法案》，默多克集团可以买ITV以外的商业无线电视台。迪斯尼（Disney）和维亚康姆（Viacom）等跨国集团，本身不经营报纸，在投资英国无线电视方面更不受限制。即使并不算完全解除限制，但在传统上几乎被视为神圣不可侵犯的无线电视领域的让步，在英国境内一度引起相当剧烈的反对意见。

在为政府的修法立场辩护时，文化、媒体和体育部部长泰莎·乔尔对外指出，英国的媒体已经被“过度管制、过度保护太久了”。她说：“法国、意大利、德国公司都可以有英国无线电视的股权，为什么澳大利亚或加拿大的公司就不行？意大利前总理贝卢斯科尼（Silvio Berlusconi）可以买无线电视股权，为何美国在线就不行？”工党政府显然想改变过去仅愿意与欧陆国家分享无线电视经营权，而排除美洲、大洋洲等地区的规定。

英国独立电视台（ITV）总裁斯图尔特·普莱博（Stuart Prebble）批评说：“如果英国政府最后允许默多克集团进入无线电视，这将是电视史上最大的错误之一。”因为默多克将无所不用其极地运用无线电视台来宣传其旗下其他媒体。未来的（足）球赛转播，“观众会在第五频道（目前是默多克最可能买到的无线电视台）看到开始罚球的镜头，然后就必须付钱才会知道罚球的结果”。普莱博非常尖锐地批评政府“似乎允许由默多克来决定修法走向”。

经常在《卫报》上撰写媒体评论的威斯敏斯特（Westminster）大学传播学教授斯帝夫·巴奈特（Steve Barnett）对工党政府的批评也很直接，他认为布莱尔政府在此次修法行动中，“显然偏向其财团盟友”。出于某种未曾言明的默契，默多克旗下的《太阳报》传统上都倾向支持保守党，但在近年来对工党布莱尔内阁的施政却相当捧场。

修正案在经下议院表决通过后，却在上议院被阻拦。英国的上议院对法案虽没有决定权，但却可以从程序上进行阻挠，导致时程延宕。上下两院遇有分歧，通常会以政治协商方式寻求妥协折中。这次也不例外。为了将这一承诺付诸实施，并让修法顺利通过，乔尔最后与帕特男爵士（Lord Putnam）达成政治妥协，同意今后任何重要的媒体股权转移案，都必须通过一项“股权多元性审查”（plurality test），由新法通过后正式成立的广播电视管理机构通信办公厅（Ofcom）根据公众意见及公共利益来做决定。乔尔辩称工党政府要推法案将解除“不必要”的管制，但会“加强对媒体内容多样性及多元性的维护”。

这或许可以减缓默多克集团进入无线电视的速度，但并不会减损他进入无线电视的机会。也就是说，默多克买下英国的无线电视台第五频道将是指日可待的事。届时默多克集团将在英国境内成为拥有平面电视、卫星电视及无线电视等跨平台媒体，其影响力将比目前更大。

三、风险无限，商机无限

虽得到英国连续三任首相的支持，但默多克投资卫星电视产业的道路似乎还是危机四伏。巨大的利益是建立在巨大的风险之上的。但在世界各地频频得手的默多克，似乎不介意这场豪赌。无论默多克种种政治手段多么地令人不齿，所有人都必须得承认他是运作媒体市场的高手，具有无与伦比的商业嗅觉。

1977年，世界无线电行政大会（World Administrative Radio Conference，简称WARC）分配给英国五个直播卫星频道（Direct-to-Home，简称DTH）。保守党政府最初的决定是将直播卫星平台纳入公共服务范围，并把这五个频道中的两个专门分配给BBC使用。但是巨大的投资和政府的袖手旁观政策使BBC最终决定放弃发展直播卫星频道。

由于不希望受制于日本的MUSE传输标准，欧洲各国相继采用了欧洲标准（Europe Wide Satellite Broadcasters，简称MAC）。由于MAC标准本身又细分出3个不同的分支，所以欧洲不同国家采用的标准也有不同。1982年，英国政府接受内政部的建议采纳新的D-MAC格式发展卫星电视。1986年，保守党政府要求当时的商业电视监管机构独立广播局（IBA）为直播卫星吸引商业投资，以期在1990年以前推出满足一定公共服务标准的直播卫星电视频道。同年，卫星直播电视执照最终授予了英国卫星广播公司（British Satellite Broadcasting，简称BSB）。但由于欧洲各国采用的传输标准不统一，理想中的共同标准形成的规模经济利益因此受到威胁。BSB的发展不断受到挑战，开播时间不得不一再推迟，到1990年才正式开播。

在卫星电视领域，英国政府对默多克的强硬手段显得无能为力。作为卫星电视，因为其发射端不受单一国家法规限制，天空卫星频道躲过了严格的英国境内诸多有关电视产业的限制。天空卫视的开播是英国政府以公共服务电视标准控制市场准入而彻底失败的案例。1989年，默多克在卢森堡注册了专门面向英国的卫视频道天空卫星频道（Sky），通过Astra通信卫星在欧洲正式开播。天空卫视没有采用MAC标准而是通过Astra卫星和PAL传输系统，天空卫视抢先一步进入英国市场。天空卫星频道（Sky）同时也向地面有线台发送信号，再通过有线信号入户。

然而机顶盒的销售并不顺利，用户增长缓慢，到1989年中期，Sky每周损失200万英镑，相当于默多克维持全球传媒帝国运转的费用。于是，默多克与英国有线电视运营商签署有线电视收视用户协议，把频道促销到用户家中。这等于是Sky付钱给有线电视运营商使用Sky的频道。1990年2月，默多克拥有的新闻集团的子公司NDS的加密技术将Sky的电影频道变为加密频道，随之有了收视费的收入。

直播卫星电视支出巨大而市场局面老也打不开，天空卫星频道（Sky）运营头一年亏损达9.5亿英磅，而英国卫星广播公司的问题更大。1990年10月天空卫视（BSkyB）在两家兼并的基础上成立。默多克从20世纪70年代中期收费电视在美国市场的崛起看到，人们愿意额外付费收看的只有三种节目：电影、体育和色情片。高级足球赛事将成为收费电视的顶尖模式。兼并之前，两家公司分别与好莱坞签署电影播放协议；当Sky与BSB由竞争变为合作，关于好莱坞电影的转播合同谈判重新拉开，他们对好莱坞的开价也大为降低。经过84天的艰苦谈判，天空卫视（BSkyB）以比合并前低的价格购买到好莱坞的电影片源。

紧接着争取到的MTV、家庭频道、乡村音乐频道、美国生活频道和购物频道，使BSkyB变成多频道的节目传送平台，尽管这些频道在全球其他地方是默多克的竞争对手。1993年秋，BSkyB多频道组合正式成立，BSkyB在各频道持股。因为频道众多，拥有机顶盒的家庭愿意为基本频道付费，而这些用户逐渐也希望收看收费频道。1993年底，BSkyB每周利润达到200万英镑。

买下英超5年转播权是BSkyB奇迹般成功的重要原因。但从1993年起，真正促进公司发展的动力是基本频道和收费频道的联姻，而联姻的前提是BSkyB成为多频道平台。BSkyB不懈地推销卫星机顶盒；投资新技术，开发卫星节目用户接收BSkyB电视信号所需的机顶盒；用广告手段促销电视频道；建立了英国最佳收视预订管理体制；实现了电视也可以像任何商品一样预订的概念。

英国传统电视工作者此时才意识到收费电视给电视体制带来巨大震动，而此前的主流电视媒体认为收费电视不过是个玩笑。默多克认为应将所有频道变成收费电视。如果BSkyB坚持用户必须购买基本频道才能获得优惠体育节目和电影节目收看权，业务发展将大大前进，基本用户可提供新的收入来源。BSkyB按照50：50的比例与维亚康姆（Viacom）开通尼克隆顿（Nickelodeon）儿童频道，并承诺不开播与之竞争的其他儿童频道。

Select a Premium Package below	Select an Entertainment Package - click price for details					
	Sky Entertainment Packages					
Premium Channels/ Packages	Family Pack	Popular Mix Pack	Knowledge Pack	Kids/Music Pack	Lifestyle Pack	Value Pack
Sky World	£ 38 order now	£ 37	£ 37	£ 37	£ 37	£ 36
Sky Movie World	£ 33 order now	£ 32	£ 32	£ 32	£ 32	£ 31
Sky Sports World	£ 31 order now	£ 30	£ 30	£ 30	£ 30	£ 29
Sky Sports 1 and 2 + Sky Premier	£ 34	£ 33	£ 33	£ 33	£ 33	£ 32
Sky Sports 1 + Sky Premier + Sky MovieMax	£ 35	£ 34	£ 34	£ 34	£ 34	£ 33
Sky Sports 2 + Sky Premier + Sky MovieMax	£ 35	£ 34	£ 34	£ 34	£ 34	£ 33
Sky Sports 1 and 2 + Sky MovieMax	£ 34	£ 33	£ 33	£ 33	£ 33	£ 32
Sky Sports 1 + Sky Premier	£ 32	£ 31	£ 31	£ 31	£ 31	£ 30
Sky Sports 2 + Sky Premier	£ 32	£ 31	£ 31	£ 31	£ 31	£ 30
Sky Sports 1 + Sky MovieMax	£ 32	£ 31	£ 31	£ 31	£ 31	£ 30
Sky Sports 2 + Sky MovieMax	£ 32	£ 31	£ 31	£ 31	£ 31	£ 30
Sky Premier	£ 28	£ 27	£ 27	£ 27	£ 27	£ 26
Sky Sports 1	£ 27	£ 26	£ 26	£ 26	£ 26	£ 25
Sky Sports 2	£ 27	£ 26	£ 26	£ 26	£ 26	£ 25
Sky MovieMax	£ 28	£ 27	£ 27	£ 27	£ 27	£ 26
Sky Entertainment Package	£ 18.50	£ 15.50	£ 15.50	£ 15.50	£ 15.50	£ 12.50

天空卫视96种频道组合与收费。

BSkyB没有从英国传统电视经营中分取广告收入，而是创立了规模巨大的付费电视市场。这对英国传统电视体制产生了极大冲击，迫使强大的BBC重塑自己作为商业电视台在市场上的形象。BSkyB也因此成为全球付费电视成功运营的典范。随着数字技术的出现，新的互动技术则为BSkyB添加了新的服务模式，互动电视成为BSkyB新的利润源泉。

第三节　数字电视平台——政府主导、以商辅公

英国是目前全世界数字电视普及率最高的国家。据通信办公厅（Ofcom）最新统计数据，至2006年第一季度，数字卫星电视（BSkyB）用户超过800万，数字有线电视（NTL及Telewest）有279万用户，收看数字无线电视（Freeview）的户数也超过700万，全国收看数字电视的用户比例达72.5%。

1994年，当时的国家遗产部预计模拟信号关闭后的频率资源可以带来每年5亿英镑的收入。早在《1990年广播法案》颁布之时已经允许在卫星和有线电视平台上发展数字电视。但同时也意味着在进一步的立法之前，地面电视还不能发展数字科技。1996年，天空卫视开始直播卫星服务，英国政府虽然不想公开表示要和默多克的直播卫星服务抗衡，但数字地面电视技术在英国早已成熟，为什么偏要迫不及待地在1997年开播地面数字电视？

从经济学的角度讲，付费电视和数字电视市场都具有极强的"市场预占"（foreclosure）潜力，从垂直预占的角度看，一旦控制者掌握了资源的瓶颈，便可利用这一资源提高其在上游和下游市场的占有度。①这是因为，付费电视用户一旦接受了付费模式，再推广其他节目资源就变得非常容易，而免费平台的观众就有一道心理鸿沟。另外，有条件接受高昂的技术成本，制造商和消费者都必须为机顶盒付出相当的成本。而消费者通常不愿意装两个机顶盒，所以在付费电视市场里，抢第一是非常重要的。

英国政府决定于1995年引入数字地面电视，并于1996年修改《广播法案》，发放六个复用通道执照（Multiplex Licenses），供有意经营数字电视的经营者申请。其中的三个执照分配给了现有的地面无线电视台。发射面积最广的首先分配给BBC，其余五个再由独立电视委员会进行分配。跟模拟电视执照不同的是，数字复用通道执照公开竞标不以出价的高低决胜负，也不征收收视许可费。《1996年广播法案》就数字地面电视执照竞标人取舍的标准做了六点详细的规定：覆盖面积、推广速度、提供和保证服务质量的能力、提供的服务是否能够满足大众的多样的需求、推广数字地面电视机顶盒的计划和提供的节目和服务是否符合公

① 详见C. Cowie and P. Crowther, Review of the Allocation of Digital Multiplex Licences and its Implications for Competition in UK Broadcasting, Unpublished.

平、有效竞争的原则。

英国地面电视的覆盖率介乎62%~90%之间，而卫星电视约达70%~80%。虽然在较偏远的郊区卫星电视的覆盖率较佳，但以现时英国公营电视整体的覆盖率而言，让公营电视从速开展数字电视广播，对巩固公营电视的市场地位有极大的帮助。故此六个复用通道执照中有三个由公营电视机构取得，足见英国政府保障和强化公共服务电视在未来广播及多媒体市场的角色。

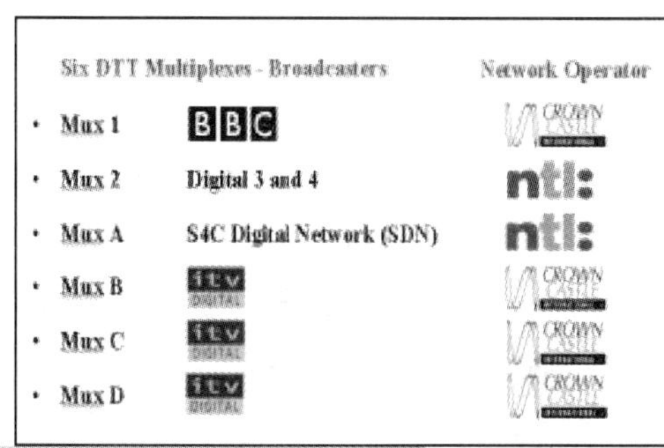

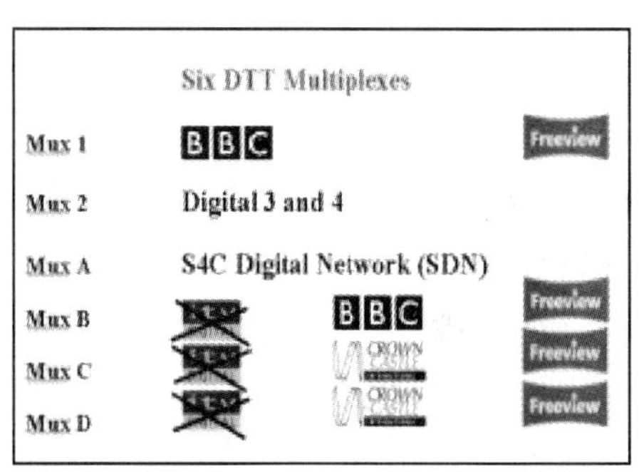

英国1997年与2002年复用通道分配情况。

1997年，两家商业竞标人表示对剩下的三个复用通道执照感兴趣。一家是由卡尔顿、格兰纳达和天空卫视控股的英国数字广播公司（British Digital Broadcasting, 简称BDB），另一家是拥有英国有线运营商的CableTel公司旗下的数字电视网（Digital Television Network, 简称DTN）。经过综合考虑，独立电视委员会决定将执照颁发给BDB，条件是天空卫视从该集团撤资，当仍保证长期提供竞标时所提出的节目。

BDB 以OnDigital为商号在1998年11月开始提供服务。但是从一开始就受到天空卫视提出的“免费机顶盒”的巨大竞争压力。2000年4月，OnDigital改名为ITV Digital重新出发，以3.15亿英镑的巨资购买了足协的赛季转播。但是由于用户成长和广告收入未如预期，终于在2002年3月宣告破产，同年5月所有付费服务全部取消。其拥有的三个DTT复用通道执照由独立电视委员会（ITC，现已并入Ofcom）重新招标，最终颁发给了决定采用免费收视运营模式、由BBC与传输公司Crown Castle组成的联盟FreeView。2002年10月，FreeView正式开始运营。

一、 新技术，新问题

无线电视传输设备全部数字化的成本相当高昂，比起用卫星传输是相当不经济的做法。不过由于政策性考虑，英国政府决定强力主导数字无线电视平台的建立，使传输和频道经营者各自独立，并由另外独立的业者经营条件式接取系统（其中有不少是互相转投资的情况之下成立的公司），减少了数字无线平台整合的成本。这种“传送商”和“广播服务”的分别，也有利于网络供货商把部分频道出租，为其他广播机构传送服务，不单有助于提高使用网络的效益，亦配合媒体日趋汇流的趋势。

此外英国的复用通道执照亦规定持牌机构可提供不超过 90% 的广播节目，其余 10% 可用作其他服务，例如数据传送或其他互动服务。而另一点特别的规定是，数字电视广播机构在开播后十年，至少50%的电视节目必须具备字幕，让听觉残疾者亦能分享数字电视带来的好处。有关规定反映了英国政府一贯坚持的广播规划必须体现公众利益的原则。

数字电视走向收费模式也带来多项技术性问题。收费服务一般涉及两个问题：一是解码技术的应用，即把将要传送的节目加上密码（encryption），用户必须使用特定机顶盒才能接收广播节目。另一点是用户资料的保密问题。由于传送服务的机构必须锁定用户的数据和使用记录，才能发出收费通知书收取用户费用，故提供收费电视服务的机构必然掌握大量的用户资料。前面提到的复用通道执照容许传送者、节目提供者、客户及解码技术管理商可由不同的机构负责，更凸显了共享机顶盒及共同管理用户数据的问题。

最明显的例子是 BSkyB 除了是复用通道执照的持牌机构外，它同时提供广播节目，并通过其联营公司提供机顶盒。由于业界忧虑默多克包揽多项服务于一身（如网络传送、节目及机顶盒），可能出现滥用市场优势的问题，因此，政府规定经营机顶盒必须向英国的电信机构申请有限接入服务特别执照（Conditional Access Services Class License），要求经营者必须以公平、合理和非歧视性的收费，为其他广播服务机构提供解码服务。虽然广播服务机构与解码服务供货商之间的合作属商业合约，电信局不宜过分干预，但在公平竞争和一视同仁的原则下，政府要求解码服务供货商披露计算成本的方法，以及与其他机构达成协议的主要内容，从而增加商业协议的透明度。

在数字化后，频道资源不再稀缺，英国政府难以再对进入市场者做严格的把关，也渐渐使得英国数字电视政策的决定权移转到少数几家掌握技术的私人公司手中。例如英国政府原本想整合数字机顶盒的规格，使卫星电视、无线电视、有线电视三种平台在全欧洲只要一种机顶盒就可以收视，但因研发数字传输技术的DVB（Digital Video Broadcasting Group）没能配合，导致现在平台之间各自为政，消费者一旦选择了一种平台，装了碟形天线或机顶盒之后，就难以灵活更换了。[①]

当然，英国政府认识到这些措施不一定能使各广播机构使用单一的机顶盒，免除用户因订购不同机构提供的收费电视而添置多部机顶盒的苦恼。英国政府也拒绝制订统一的机顶盒标准，或强制要求个别解码服务机构为所有广播机构提供服务，认为在市场的推动下，机顶盒最终会走向标准统一和资源共享的局面。

另一个技术问题则属不同广播网络之间的汇合问题。英国有线电视的覆盖率将接近 80%，为了确保有线电视观众亦能接收地面电视，《广播法案》以往均要求有线电视必须传送（Must Carry Provision）公营电视节目。虽然新的《广播法案》并没有要求有线电视必须传送数字地面电视的节目，但英国有线电视的执照费部分早已预定拨作资助公营电视，商营电视回馈公营电视的原则仍贯彻始终。

二、以商辅公——维护电视产业生态平衡

天空卫视以“选台革命”（the choice revolution）来夸耀自己在英国市场带来的冲击。虽然频道更多并不一定表示选择更多，但像对少数族裔提供多国语言频道服务、满足各宗教利用电视频道传教的需求，确实是无线电视台以有限频宽无法做到的。以天空卫视目前已经横扫英国市场的状况来看，当初英国电视产业的精英们，实在太低估消费者对于多频道所提供的更多收视选择的胃口了。到20世纪90年代中期，英国电视政策的核心问题已经转变为，如何阻止天空卫视在地面付费电视领域的势力扩展到数字电视领域。

本书下编第二章已经谈到，为了维护英国电视产业的生态平衡，在发展数字电视方面BBC和政府为了共同的利益联袂出击。2003年3月间，戴克主动表示由于不满其收费太贵，决定要把通过天空卫视上链的BBC各个频道，全部转到别的卫星上链，并扬言将游说其他无线电视台共组另一个卫星平台，要“完全切断与天空卫视的所有合作关系”。他又宣称，卫星上链并非什么独占技术，天空卫视却因为是英国境内唯一卫星平台，便对无线电视台又收上链费，又收接取费，他宣称要联合其他无线电视台，不再付昂贵费用给天空卫视，“去买一个节目表中的位置”。

当初ITV在推动OnDigital计划时，为了推广自己的付费数字无线电视平台，也曾经拒绝将节目信号上链天空卫视的平台，结果因为不少家庭已是通过卫星平台收视，在看电视时往往懒得再切换进入无线平台，以致ITV一下子损失了1/4的收视

① Department of National Heritage, UK, News Release, 14 July 1994.

率，最后还是得向天空卫视妥协。但不同于ITV当初的情形，虽然天空卫视一度威胁要把BBC从现在节目表中的领衔位置往后挪到冷门或色情频道之间，但毕竟还是不愿损失BBC家族的频道，同时也担心其他无线电视台起而效尤，再加上天空卫视当时正同BBC联手竞标足球赛转播权，在合则两利的情况下，天空卫视最后不但同意让BBC维持原有频道位置，还大幅减少上链相关收费，并承诺将开发一套选单程序，让英国各地区观众都可以在当地通过卫星平台，选看其他地区的BBC地方无线电视台节目（例如，伦敦看得到威尔士电视台的节目，北爱尔兰也看得到伦敦的节目）。

除了收拾OnDigital留下的烂摊子，BBC的总裁戴克意识到争取其他商业无线电视台的生存空间的重要性。为维持电视生态的平衡，戴克在2003年爱丁堡电视节的演说中提出三足鼎立的主张——无线公共电视、无线商业电视及商业卫星电视能各据一方。他解释说必须有“三只八百磅重的大猩猩，才能维持电视环境的生态平衡”。戴克强调电视媒体必须肩负公共服务责任的传统价值，为了在日益竞争的电视市场中，要求无线电视台继续背负传统的公共服务责任，他呼吁英国政府慎重考虑减免ITV每年高达3亿英镑的执照费，以免在广告利益逐渐被卫星电视瓜分之下，让ITV面临困境，最后让电视生态圈中只剩BBC及天空卫视两只“大猩猩”。而斯帝夫·巴奈特（Steve Barnett）教授认为戴克低估了情势的险峻，他嘲讽说，BBC因为拿公众的钱，在各种决策上都显得碍手碍脚，天空卫视将成为未来英国电视生态中唯一的大猩猩。他直言：“猩猩只有一只，其他都会变成猴子。”

为了保持电视产业的生态平衡，推动数字地面电视的发展，英国政府特别要求BSkyB入股FreeView的营运以达到以商辅公的目的。此举有两方面的原因：第一，在英国严格管制电视媒体的法令环境中，天空卫视作为唯一独占市场的卫星电视，很容易成为众矢之的。对天空卫视而言，入股FreeView可减低与以BBC为首的无线电视台的尖锐对立情势，况且两面押注，分散风险。第二，由于全英国有高比例的人口收看BSkyB的节目，若BSkyB不提供节目，恐怕将使FreeView难以生存。而从BBC角度来看，拥有最多频道的天空卫视加入，对吸引观众有益无害，在营运初期可以降低失败的风险。

三、付费频道——钱从哪里来?

商业电视台在数字化潮流当中，最常问的问题是：“钱从哪里来？”面临数字化设备更新的庞大支出，与多频道时代必须付出的额外内容投资，任谁都想找出能够获利的营运模式，找出所谓“杀手模式”（killer applications）。BBC可以提高执照费，但广告大饼却是有限的，商业电视台如何在这样艰险的环境中求生存呢？其实在付费频道上商业电视台已经有许多新的空间可以开发新的商机，而这个商机应该是跨平台的。

英国数字电视起步较早，对于各种运用也经过了多次的尝试错误，也归结出一些真正可以赚得到钱的应用与服务。NDS 资深技术顾问James Cunningham的简报显示，成功的应用包括：付费频道、互动广告、观众投票活动、电视游戏、体育节目等。现举例说明如下：

1. 观众投票活动

以观众投票活动为摇钱树的节目首推第四频道的招牌真人秀节目《老大哥》。在四周内有超过130万人投票。投一次票的费用是50便士（约人民币7.5元），等于一个月内这个活动就有65万英镑（折合人民币975万元）的收入。尼克隆顿（Nickelodeon）儿童频道曾于2001年发动儿童观众投票选出他们接下来想要看的卡通，并且在票选结果出来后半小时就播出赢得较多票的那一部卡通。在这个活动的一周内，透过机顶盒投票的共有29万票，透过电话投票的有18万票，通过短信的有6万票，每一票的费用是25 便士，一周内赚进13万英镑（折合人民币195万元）。MTV 欧洲奖颁奖前两周内开放观众投票，选出自己心目中的最佳歌手、最佳专辑等，结果共收到25万票，投一张票的费用为25~50便士，两周内赚进6万多英镑（折合人民币93万元）。

2. 体育节目

50%的足球赛观众都会使用互动服务，而订购Sky Sports 套装频道的用户，86%都会使用互动服务。根据Continental Research 2001年7月的调查，互动足球是第二常用的互动功能。而许多用户也是因为Sky Sports的互动功能，而决定订BSkyB数字卫星的。

3. 购物频道

QVC Active频道：在Sky Digital平台上，QVC 30%的交易是通过遥控器上的按键进行的，同时每48秒 QVC Active就会卖出一样商品。而业绩成长额中的25%是来自互动电视平台。

4. 电视游戏

Free2Play 游戏频道：2003年5月，Free2Play频道在FreeView平台上推出。由于FreeView平台没有收费机制，所以Free2Play是以广告、赞助的方式或以电话费拆账的方式赚取利润。Free2Play采每周七天，每天24小时播出，同一时间有三种游戏可供选择。Free2Play也可搭配节目播出的时间提供互动游戏，例如其中一个游戏就是搭配第四频道的当红节目《老大哥》设计的。

Game Star游戏频道：在BSkyB数字卫星平台上的这个电视游戏频道采用Pay-per-play的方式，根据BSkyB表示，其中最受欢迎的游戏“俄罗斯方块”在一年半之内就为他们赚得250万英镑，以每次游戏费用0.5英镑计算，总共有500万人次付费玩过这个游戏。根据BSkyB的调查，玩游戏的人年龄层非常广泛，而有40%是女性，此外他们多半会在节目的广告时间玩。现在BSkyB除了提供“俄罗斯方块”或“小蜜蜂”这类简单的游戏之外，也开始提供“古墓奇兵”这类较复杂的游戏。

除以上这些应用之外，另外还有一个在欧洲盛行的互动应用是有极高利润的，那就是赌博。Sky Bet频道2002到2003年为Sky赚进了1.17亿英镑（约人民币16亿元），是所有互动应用服务带来的收益的一半。2004年，Sky Bet还推出Live节目，特别是和体育竞赛同步，除了赌谁赢谁输之外，还可以赌某一次的罚球是进还是不进，借此强化下注的动机，增加下注的人数。

四、数字切换任重道远

虽然英国的DTV普及率在经历了ITV Digital倒闭后重新有了令人鼓舞的进展，2005年底，英国政府宣布数字转换将在2008到2012年之间按照独立电视台地区的划分从远及近地完成转换，但要完成数字切换还任重道远。Ofcom在2004年4月发表的报告《推动数字转换》（Driving Digital Switchover）中指出，如果政府不更进一步地采取有关行动，靠市场驱动DTV的普及率最终可能会达到自然增长的极限，因此数字切换的难度将很大。具体问题主要表现在消费者、传统广播电视、技术、政府等几大方面。

第一，2003年英国消费者态度调查表明，5%的家庭情愿不看电视也不愿意转向DTV，而15%的人认为DTV提供的更多选择没有什么价值。只有少数人目前表示支持全面数字切换的政策。此外，消费者对将家里第二台电视数字化的兴趣不大，因此解决家庭中第二台电视机的数字转换问题比较棘手。

第二，广播公司对数字切换的实现至关重要，但是他们缺乏明确的动机促成数字切换。对一些商业广播公司来说，一方面无须同时广播模拟与数字信号可以减少运营成本，另一方面，数字切换将使得频道容量剧增，直接导致广告收入下降。这对公共广播公司BBC也是一样。一方面，数字切换可以减少传输成本，但另一方面，频道增多导致的观众流失，将削弱公众对电视执照费的支持程度。

第三，FreeView近期内仍将扮演非常重要的角色，然而技术障碍使得约1/4的英国家庭无法接收到FreeView的信号。尽管覆盖率接近100%的BSkyB目前提供169英镑即可安装卫星机顶盒的服务，但是不付每月收视费的用户无法接收5个传统的主要电视频道。

第四，就政府而言，数字切换计划应考虑针对模拟家庭用户开展的DTV营销与沟通、录制数字频道节目的简易程度、关闭模拟电视的区域次序以及完成数字切换所需多方合作与有效管理、数字切换完成后空余频率的再利用等一系列问题。

英国数字电视切换时间表（来源：DCMS）。

附录：
英国主要广电法规、文献及摘要

《1980年广播法案》The 1980 Broadcasting Act

《1981年广播法案》The 1981 Broadcasting Act

《1984年有线电视和广播法案》Cable and Broadcasting Act 1984

《1986年广播法案》 The 1986 Broadcasting Act

《1990年广播法案》 The 1990 Broadcasting Act

《1996年广播法案》 The 1996 Broadcasting Act

《2003年通信法案》The 2003 Communications Act

《藐视法庭法案》Contempt of Court Act

《淫秽出版物法案》Obscene Publications Act

《警匪证据法案》Police and Criminal Evidence Act

《独立电视委员会节目准则》The ITC Programme Code

《英国广播公司制作人守则》BBC Producer' s Guidelines （1993）

《广播标准委员会准则手册》Broadcasting Standards Commission' s Codes of Guidance.

《独立电视委员会广告业行为标准准则》ITC Advertising Standards Code

《广播局广告和赞助准则》Radio Authority' s Advertising and Sponsorship Code

英国《独立电视委员会节目准则》摘要
（1998年秋季发布）

目 录

前 言

（a）《1990年广播法案》第六条和第七条规定了独立电视委员会的法律责任，由独立电视委员会负责，根据实际情况制定和实施一套有关适度公正的准则和一套涉及描写暴力、吁请捐助以及其他有关节目标准及其实施事宜的准则。《1990年广播法案》中与此有关的部分见附录一。

（b）本节目准则是独立电视委员会为履行对节目的法律责任而制定，其中，第三条是根据广播法第六条（3）（a）的要求制定的关于适度公正的内容，有些部分具有更广泛的适用范围。

（c）《独立电视委员会节目准则》的制定使《欧洲共同体关于电视广播的指

令》以及《欧洲委员会关于跨国电视的决定》中有关电视节目的内容同时在英国生效。

（d）《独立电视委员会节目准则》适用于由独立电视委员会根据《1990年广播法案》第一部分和《1996年广播法案》第一部分颁发牌照的所有地面电视、有线电视和卫星电视。它也适用于由独立电视委员会根据《1990年广播法案》第二部分颁发牌照的地方机构在节目中播出的某些国外卫星节目。在某些情况下，《独立电视委员会节目准则》对不同类型的服务做出了不同的规定。（《图文服务准则》另文发布。）

（e）所有持牌人应当确保他们播出的节目符合本节目准则的要求，并使独立电视委员会确信他们为满足要求而采取了切实的措施。持牌人应当确保让其雇员和节目制作人，包括节目制作委托人在内，了解《独立电视委员会节目准则》的内容和意义。持牌人还应当采取措施确保其节目制作人在公司内部能就该节目准则的有关问题得到高级职员的指导。

（f）独立电视委员会有权制定和修改《独立电视委员会节目准则》，有权监督其实施并对投诉进行调查。根据《1990年广播法案》和《1996年广播法案》，独立电视委员会有权对违反《独立电视委员会节目准则》的持牌人实施惩处，包括罚款。

（g）尽管独立电视委员会有义务对本节目准则的解释做出原则性指导，但是它不对节目进行预审或在制作前对某个具体的剧本进行审批。提供节目的独立制片人等应当就某个剧本寻求相关持牌人的指导。

（h）本节目准则不试图涵盖与独立电视委员会和持牌人有关的节目事宜的所有方面。这并不是因为这些节目事宜不重要，而是因为这些节目事宜尚没有必要由独立电视委员会做出指导。因此，不能将《独立电视委员会节目准则》视为一部无论何时何地都适宜的指南。同样，也没有必要将该节目准则视为处理节目事宜的定论。人们的观点和态度在不断变化，对提供和制作节目的人提出的种种要求也因而会变得不完整，甚至不合时宜。《独立电视委员会节目准则》要根据不断变化的情况做出解释，并在必要时对某些问题做出新的规定或建议。

（i）除非另有说明，《独立电视委员会节目准则》中所指的“儿童”是指 15 岁或 15 岁以下，“少年”是指 16 岁或 17 岁。

（j）为便于持牌人等阅读本节目准则，独立电视委员会所制定的具体法规用粗体印刷并缩进排列。但是，这些黑体印刷的法规没有上下文是无法理解的。因而，独立电视委员会将根据该节目准则，从总体上对持牌人的行为做出评估，或做出惩处的决定。持牌人应当仔细研读本节目准则。

（k）虽然在制定本节目准则时，独立电视委员会根据《1996年广播法案》第107条和第108条，对广播标准委员会制定的准则做出了“总体的反映”，但是，持牌人仍然应当注意遵循广播标准委员会制定的准则。

（l）本节目准则中的某些条款不适用于海峡群岛。

第一条　关于违反良好品位或违反礼仪的内容及描写暴力内容的规定

1–1 总要求

《1990年广播法案》第六条（1）（a）要求独立电视委员会确保所有持牌的广播机构在它们播出的节目中不含有违反良好品位或违反礼仪的内容，不含有鼓励或煽动犯罪的内容，不含有导致混乱或冒犯公众感情的内容。同法第七条（1）（a）要求独立电视委员会制定一个在电视节目中，尤其是在大量儿童和少年有可能观看的节目中，对暴力内容或表现暴力内容的音响的使用所应遵守的指导准则。

1–2 时间编排

1–2（i）《家庭收看政策》

[参见1–2（ii）以及1–2（iii）的特别规定。]

儿童不宜的内容绝不得在大量儿童有可能观看电视的时间内播出。

（略182字）

晚上9时通常被定为：持牌人有责任确保不播出儿童不宜的节目内容。

（略184字）

1–2（ii）额外付费频道

如果节目服务是以额外付费方式获得，则该节目服务应当限制儿童接触。此时，家长应当对所收视的内容负责，其负责任的时间从晚上9时提前到晚上8时。同时，仅适宜成人的节目应当在晚上10时到清晨5时半之间在额外付费频道播出或在成人专用频道播出。

1–2（iii）按次计费服务

关于按次计费订户的节目（包括纪录片），有专门规定。参见附录五。

1–2（iv）专题片等非自制节目

《独立电视委员会节目准则》不仅适用于自制节目，也适用于电影等非自制节目。英国电影审查局对电影或节目做出的播出等级认证可以被作为时间编排的指导。

以下是适用的基本规定：

（a）任何频道不得在晚上 8 时以前播出“12”级内容。

（b）晚上 9 时以前不得播出“15”级内容（换言之，不得播出允许晚上 8 时在额外付费频道中播出的内容）。

（c）任何频道不得在晚上 10 时以前播出“18”级内容。

注：对于 15 年以前被划分为“18”级并显然适宜在晚间早些时段播出的影片，本规定可以放宽。

（d）在任何时间均不得播出“R18”级内容。

（e）在任何时间均不得播出被英国电影审查局拒绝颁发证书的内容。

（略163字）

1–2（v）节目预告以及宣传广告

节目预告的内容必须符合《家庭收看政策》的有关规定。如果在晚上 9 时以前为“成人节目”作预告，这种节目预告必须适合家庭收看。

1–3 节目警告

在家庭收看时间内不适宜播出节目警告（略74字）

在夜间较晚的时段，对有可能引起观众不安的内容要提供清楚明确的警告（或提供“标签”，诸如英国电影审查局或其他机构提供的内容分类证书）。（略40字）

1–4 节目语言

（略143字）

粗劣语言（包括亵渎性语言）不应当在专门为儿童制作的节目中使用。

最具冒犯性的语言不应当在晚上 9 时以前使用。在晚上 9 时以后使用最具冒犯性的语言也要经过持牌人的最高负责人等的批准。

参见1–9。

1–5 性和裸体

（略170字）

在晚上 9 时以前，不得有表现性行为的内容。本规定的例外情况是，表现大自然的内容，用于教学的严肃内容，以及用非图像方式表现的内容。这些例外内容的播出必须事先经过持牌人的最高负责人等的批准。

用图像表现性行为暴力在极其特殊的情况下才是允许的。其批准程序同上。

1–6 描写暴力

（略327字）

1–6（i）节目中描写暴力的内容

（略364字）

（g）使用容易模仿的怪异手段制造痛苦或造成伤害的内容应当被禁止。

（略185字）

在一个如此敏感的领域，我们遵循一条特别原则——如果有疑惑，就剪掉。

1–6（ii）自杀和自杀企图

（略138字）

1–6（iii）新闻中的暴力

（略277字）

1–7 危险行为

要尽量避免描写容易被公众模仿的危险行为，除非节目编辑和剧情需要。

（略83字）

1–8 自缢镜头

自缢镜头容易被模仿。含有自缢镜头的电影或节目不得在家庭收看时间播放。

1–9 少数民族问题

1–9（i）少数种族

应当避免使用种族主义词汇。（略137字）

1–9（ii）残疾人

对残疾人的描写也应当予以同样的关注。（略126字）

应当经常请各种残疾人到节目中来，在节目中，不要特别提及他们的残疾。

（略70字）

1–9（iii）其他少数人群体

在节目中，还要对某些少数人群体予以同样的考虑，这些人群是不太显著也不太容易受到伤害的人群，包括老年人、同性恋者、某些宗教信徒以及某些语言群体等。

1–10 催眠术

（略45字）

要特别注意，不得使用正面镜头展示催眠术。

1–11 神秘方术

不允许在节目中表现咒语、巫师和奥秘方术等，除非它们被作为合法调查的对象。

含有上述内容的虚构题材的节目不得在晚上 9 时以前播出。

同时参见5–11。

（略1–12， 13，14条）

第二条　关于个人隐私保护和信息收集等的规定

2–1 总规定

广播机构获取信息的自由和发表信息的自由要接受某些限制。这些限制来自对国家安全的考虑，来自广播法的要求，来自公民对个人隐私保护的权利。有的时候，个人的隐私权必须与公众利益取得平衡。

确保公众利益包括：（i）发现并揭露犯罪。（ii）保护公众健康和安全。（iii）防止公众被某些个人或组织的言论或行动所误导。（iv）揭露公务中显而易见的低效率。为公众利益服务的范围，就是公众利益需要保护的范围。

2–2 拍摄和录制公共场所中的人物

（略197字）

2–2（i）在机关单位中拍摄和录制

（略207字）

当他们的镜头不属于伴随性镜头时，当专门选定他们并知道他们的姓名时，或当他们被置于敏感环境（如作为精神病患者或特护患者）时，虽然没有使用他们的姓名，这些镜头的使用必须事先征得他们个人的同意。只有在公众利益需要时，才可以例外。

当一个人由于残疾或健康等原因不能签署或拒绝签署协议时，应当先征得最近的亲属或照顾他们的人同意后，方可使用上述素材。

（略698字）

2–3 电话采访录音

（略125字）

当制片人认为出现了无法遵守上述规定的情况时，必须获得持牌人的最高节目负责人等的明确同意，才可在节目中播出这些内容。

广播机构应当保存记载同意书的日志，并能够证明对随后出现的投诉采取了措施。

2–4 使用隐蔽麦克风和隐蔽摄像机

只有当隐蔽采访能够确立内容的可信度和权威性，只有当内容本身重要而且有利于公众利益时，才被允许使用隐蔽的麦克风和隐蔽的摄像机去获取未被告知人的声音和图像。当制片人认为有必要这样做时，必须获得持牌人的最高节目负责人等的明确同意，才可以录制这些内容（无论是否准备播出）。 在这些秘密录制的内容播出之前，必须再次获得持牌人的最高节目负责人等的明确同意才可以播出。无论该素材是持牌人自己录制的，委托制作的，还是从外部得到的，本规定都适用。持牌人必须对每一次向最高节目负责人等咨询的过程以及对录制和播出的此类任何内容进行详细记录。独立电视委员会将定期查看该种记录。如果持牌人没有能够随时进行记载，独立电视委员会可以因此进行处罚。

2–5 极度磨难和极度痛苦的镜头

（略127字）

（参见2–2）

个人在丧亲或极度痛苦时的隐私权尤其应当得到尊重。

（略31字）

2–6 采访儿童

采访儿童要谨慎。不得质问儿童，或引诱儿童说出家庭事务隐私，也不得要求儿童表达超出他们的判断能力的观点。其他涉及儿童的事宜在 5–8（少年犯罪的报道）和6–4（儿童在节目中的参与）。

2–7 儿童作为性犯罪受害者的报道

即使法律不禁止，在报道性犯罪时也不得将涉及警务询问或涉及法院程序的16岁以下儿童的身份公开，无论是作为受害者，作为证人，还是作为辩护人。作为性犯罪受害儿童，法律禁止公布他们的身份，只有律师才有资格不受该规定的限制。

（略154字）

同时参见5–8（少年犯罪的报道）

2–8 随意拍摄

（略84字）

素材录制后，应当获得被拍摄者的同意后才可以将其作播出使用。在现场播出时，尤其要注意避免冒犯有关个人。一旦被要求离开个人场所或被要求停止拍摄，应当立即遵守。

（略60字）

必须有充分的理由说明是为了公众的利益，否则，未经被拍摄对象允许不得使用随意拍摄的内容。在适当的情况下，应当在获得持牌人最高节目负责人的同意后才可以进行录制。在播出前，必须再次获得持牌人的最高节目负责人的批准。

（略2—9、2—10 两条）

第三条　关于适度公正的规定

说明

（a）前言中指出，《1990年广播法案》规定了独立电视委员会的法律责任，负责制定一部持牌人需要遵守的关于适度公正的规定，关于政治争议和劳工争议的规定，以及与目前的公共政策有关的规定，并不时对这些规定进行修订。《公正条例》与广播法第六条（1）（c）相一致，是根据广播法第六条（3）、第六条（5）和第六条（6）制定的。该条例根据广播法第六条（7）发布。

（b）为了参阅方便，有些相关内容也列入了本条，包括第六条（1）（b）关于新闻要求准确和公正的要求，第六条（4）关于持牌人在其节目中发表意见和观点的规定等。此外，还列入了关于戏剧、戏剧纪录片和戏剧改编等内容。将有些相关内容列入本条是基于广播法第七条（1）（c）授予独立电视委员会制定法规的权利，以及根据广播法第六条（3）所派生出来的权利。广播法第47条允许独立电视委员会在第六条（1）（c）的基础上制定一部关于对地方节目实行牌照管理的规定。本节目准则中的3-9是有关的指导性规定。

（c）除了文中特别指出的以外，本节目准则的规定与广播法第六条（1）（c）相一致，即主要涉及政治争议、劳工争议或者涉及当前的公共政策。为了简洁起见，“争议”一词在本节目准则中的含义是——在3-2，3-3，3-4，3-6 和 3-9 中与广播法中的定义相同，仅指有争议的节目。在3-1，3-5，3-7 和 3-8中指节目是否有争议。

《独立电视委员会节目准则》

3-1 目的

持牌人可以选择任何题材制作节目。只有为履行公平的义务和尊重事实的义务时，持牌人的自由才受到限制。这两种义务也是两种基本的美德，是事实性节目的基础，无论事实本身是否有争议。

公正并不意味着广播机构在每一个有争议的问题上必须绝对中立。但是，他们在民主辩论的角斗场上必须不偏不倚地处理对立的观点。观点与事实之间必须有清晰的界限。

3-2 法律地位

3-2（i）适度公正

广播法要求独立电视委员会尽其所能确保提供节目者在政治争议、劳工争议以及当前公众政策等问题上保证了适度公正原则的落实。

（略316字）

强调“提供节目者”必须保证适度公正的规定也具有重要的意义。它将责任落实到了持牌人身上，而不是各个节目制作人身上。根据本节目准则中的保证条款，本条规定允许个人在节目中发表个人的，或称主观的观点，或者允许这种观点在节目中得到反映。每个持牌人，通过其组织编排节目的管理人员，应当保证在他们提供的节目中政治争议、劳工争议以及当前公众政策等问题得到了妥善的处理。

3–2（ii）社论

（略157字）

如果在一个持牌人的节目中，持牌人的导演或高级职员不是提供节目服务，而是针对某些有争议的问题发表看法，则节目前后的内容必须明确区分，说明所表达的观点不是持牌人的观点。

在议会中的发言不受本条规定的限制。

3–3 公正的时间周期

在某些时期，持牌人需要确保在一个节目中或在节目的某个栏目中，主要的反对意见都得到反映。这或者是由于持牌人在一定时期内不再可能涉及到该题材，或者由于该题材是当前争议的焦点。而在另外一些时期，在各个节目中反映较窄范围的观点则比较适宜。独立电视委员会认为，对此类题材需要根据特定的环境做出编辑判断。同时，公正的节目服务不一定意味着在某个节目中，或在节目的某个栏目中，所有观点都有说话的机会。

（略239字）

要想以这种方式获得公正，需要事先有所安排并设法让观众明白。

3–4 节目内容之“重大事件”

（略244字）

处理重大事件不得混淆这样一个事实，即在涉及政治争议、劳工争议或当前公众政策的所有问题上都需要适度公正。下列各条规定了在各种不同类型的节目中如何做到适度公正。

3–5 新闻节目

除了关于政治争议、劳工争议或当前公众政策问题的一般规定外，广播法要求无论何种形式的新闻必须做到准确和适度公正。

（略122字）

3–6 个人观点节目

（略111字）

（a） 每个表达个人观点的节目，无论是在节目前的预告中，还是在节目本身开始时，都必须明确说明。

（b） 事实必须得到尊重。持牌人有义务尽其所能，确保即使是偏激的观点，其证据也不得是虚假的。

（c） 适当地为节目提供反馈的机会。例如在适宜的情况下回答节目提出的问题，或在讨论类的节目前举办预备节目等。

（略1331字）

3–8 采访中的公平

（略408字）

3–8（i）采访的编辑

公正和公平不仅适用于采访方式，同样适用于采访的编辑。当对采访内容进行压缩时，不得歪曲或错误解释被采访人的已知观点。

（略436字）

为了保证适度公正，现实活跃的政治家不得作为采访者或记者参与任何新闻节目，除非有明确的理由，且其政党倾向必须明确公开。

对于现实活跃的政治家参与其他节目的内容也要极其谨慎适用，包括演播室讨论或时事节目。公正的原则要求参与节目的人应当来自广泛的政治背景。

（略3–9 条，685字）

第四条　关于政党政治广播和议会广播的规定

4–1 政党政治广播和政党选举广播

（略308字）

有关政党政治广播和政党选举广播的争议，包括时段、长度和频率等，必须由持牌人或持牌人代表提交给独立电视委员会。

4–2 选举期间候选人参与节目

附录三是关于在选举期间候选人参与节目的详细规定，其中包括1983年《人民法说明》的概要。

4–3 使用议会程序的录音

使用议会程序的录音需要谨慎。这些内容仅限用于新闻节目、杂志型新闻节目、时事节目、纪录片和教育节目等。在使用这些内容时，不得对议会的程序加以评论，无论是直白的评论还是隐含的评论。当议会程序内容被用于杂志型节目时，必须将节目中的音乐或幽默等内容与之分离。

第五条　关于恐怖主义犯罪和反社会行为等的规定

任何节目，如果有理由认为它是鼓励、教唆犯罪或导致混乱的，都是不可接受的。

5-1 采访犯罪人

除了《1990年广播法案》第六条（1）（a）的规定以外，其他也应当牢记，尤其是《1961年刑事公正法》第22条（2）和《1967年刑法》第四条（1）。

5-2 支付

在没有做出判决前，不得向犯罪人支付报酬。

前犯罪人不得因为被采访过去的犯罪事实而获得报酬，除非是为了重要的公众利益。

不得由于采访某个人的严重的反社会行为而支付给这个人报酬，无论这个人是否被判有罪，除非是为了重要的公众利益。在刑事审判中不得在裁定做出前承诺支付给证人报酬。

5-3 恐怖主义者和犯罪行为

（略201字）

5-4 劫机和绑架事件的报道

不得播出任何可能使生命受到威胁或不利于打击劫机和绑架事件的信息，无论该信息是来自通信监听机构还是来自其他信息源。

（略143字）

（略 5-7、8、9、10、11条共939字）

（略第六、七、八、九、十条）

附录一　《1990年广播法案》内容节选

6. 对持牌人的节目的总要求

6-1 独立电视委员会将尽其所能确保每一个持牌人的节目符合下述要求——

（a）在节目中不含有违反良好品位或违反礼仪的内容，不含有可能会鼓励或诱导犯罪的内容，不含有导致社会不安定的内容，不含有冒犯公众感情的内容。

（b）节目中的任何新闻（无论以何种形式）都准确和适度公正。

（c）提供服务的人在政治争议、劳工争议以及当前公众政策等问题上保持适度公正。

（d）对任何节目的内容，尤其是宗教节目内容，担负充分责任。同时，尤其注意使其节目——

（i）不利用观看节目者的感情作不恰当的宣传。

（ii）不对某些特定宗教和教派的宗教观点或信仰作不适当的处置。

（e）节目中不得含有某种技巧或手法，借以通过这些技巧或手法，如使用瞬间图像或其他手段，在不知不觉中将信息传达给观众，或在观众没有意识到发生了什么的情况下影响观众的思想。

6-2 在实施第（1）款（c）时，可以把节目系列视为一个整体。

6-3 独立电视委员会应当——

（a）制定一部准则，对实施涉及持牌人节目的第（1）款（c）的规定做出指导，并不时对它进行修改。

（b）尽一切努力确保《独立电视委员会节目准则》的规定在持牌人的节目中得到遵守。

独立电视委员会可以根据不同案例和不同情况，在节目准则中做出不同的规定。

6-4 在不违背第（1）款原则的情况下，独立电视委员会应当尽其所能确保将节目制作人提供给持牌人的节目中涉及政治争议、劳工争议或当前公众政策等问题的个人观点措辞（而非节目本身）删除。

6-5 第（3）款所指《独立电视委员会节目准则》中的规定将特别包括——

（a）提供服务的持牌人在涉及（1）款（c）的重大事件上以及其他有关事宜上要保持适度公正。

（b）确定第（2）款所指系列节目的定义。

6-6 独立电视委员会在认为适宜时可以对这些规定进行适当的权衡——

（a）从总体上或针对某种具体情况做出判断，何种是所需要的适度公正，何种是不需要的适度公正。

（b）在某些特殊节目中保持适度公正的方式。

（c）为了根据第（1）款（c）规定对该节目以及先前在服务中所插播的节目保持适度公正，规定在持牌人服务中应当插播的某个特定节目的时间周期。

（d）在持牌人服务中插播规定中所描述的系列节目——

（i）在插播的系列节目中，其他内容的播出日期和次数应当在播出系列节目中的第一个节目时予以公布。

（ii）如果不能做到在播出系列节目中的第一个节目时将播出日期和次数予以公布，则应当在连续的节目中以其他方式提前予以通知。这些连续节目的内容意在确保或有助于使系列节目的整体保持适度公正。

应当注意的是，这些规定表明，适度公正并不意味着在每一个问题上的绝对中立，也不意味着脱离基本的民主原则。

6–7 独立电视委员会应当以适宜的方式，将根据第（3）款制定的《独立电视委员会节目准则》及其每一次的修正稿予以发布。

6–8 本条和第 7 到 12 条的内容与持牌人的附加服务无关，与第49（2）所指的图文服务也无关。

7. 节目总则

7–1 独立电视委员会必须制定指导下列事宜的准则，并不时对其进行修改——

（a）涉及持牌人在节目中播出表现暴力的内容以及表现暴力的音响所应当遵守的规定，尤其是在大量儿童和少年有可能在观看节目的时候。

（b）关于在节目中播出吁请捐助的内容所应当遵守的规定。

（c）独立电视委员会认为应当列入节目准则中的任何有关节目标准和实践的其他规定。

独立电视委员会应当尽其所能，确保持牌人在其提供的服务中遵守节目准则的有关规定。

7–2 在根据第（1）款（c）考虑何种其他事宜应当被包括在节目准则中的时候，独立电视委员会应当特别考虑当大量儿童和少年有可能观看节目的时候，要对持牌人的节目予以特别管理。

7–3 独立电视委员会根据本条制定或修正节目准则时，应当考虑诸如英国的国际义务等问题。国务大臣将会根据本款就这些事宜进行通知。

7–4 独立电视委员会应当以适宜的方式，将根据本条制定的节目准则及其每一次的修正稿予以发布。

附录二 《关于描写暴力电视内容的共同原则报告》

（略）

附录三 关于选举期间的节目规定

（略6627字）